서울교통공사

제1회 모의고사

성명		생년월일	
문제 수(배점)	80문항	풀이시간	/ 100분
영역	직업기초능력평가, 직무수행능력평가(기계일반)		
비고	객관식 5지선다형		

※ 유의사항

- 문제지 및 답안지의 해당란에 문제유형, 성명, 응시번호를 정확히 기재하세요.
- 모든 기재 및 표기사항은 "컴퓨터용 흑색 수성 사인펜"만 사용합니다.
- 예비 마킹은 중복 답안으로 판독될 수 있습니다.

✎ **직업기초능력평가(40문항/50분)**

1. 다음은 서울교통공사 공고문의 일부이다. 빈칸에 공통적으로 들어갈 단어로 가장 적절한 것은?

> 지하철 (　　　)운행 안내
>
> 　설 연휴를 맞아 귀경객의 교통편의를 위하여 서울지하철 1~8호선을 (　　　)운행하오니 많은 이용 바랍니다.
>
> • 설 연휴 : 2019.2.2.(토)~2.6.(수)/ 5일간
> • 지하철 (　　　)운행 : 2019.2.5.(화)~2.6(수)/ 2일간
>
> ※ 종착역 도착기준 다음날 02시까지 (　　　)운행

① 지연　　　　　　　　② 지속
③ 지체　　　　　　　　④ 연장
⑤ 연속

2. 다음 글과 어울리는 사자성어로 적절한 것은?

> 　진나라의 사마위강은 자신이 모시는 도공에게 이런 말을 하였다. "전하, 나라가 편안할 때일수록 위기가 닥쳐올 것을 대비해야 합니다. 위기가 닥칠 것을 대비해 항상 만반의 준비를 하고 있어야 합니다. 미리 준비를 하고 있으면 걱정할 것이 아무 것도 없습니다." 이 말을 깊이 새겨들은 도강은 위기에 대처할 수 있도록 준비하였고, 마침내 천하통일을 이루었다.

① 토사구팽(兎死狗烹)　　② 유비무환(有備無患)
③ 와신상담(臥薪嘗膽)　　④ 선공후사(先公後私)
⑤ 맥수지탄(麥秀之嘆)

▌3~4▐ 다음 지문을 읽고 이어지는 질문에 답하시오.

> 　고객들에게 자사 제품과 브랜드를 최소의 비용으로 최대의 효과를 내며 알릴 수 있는 비법이 있다면, 마케팅 담당자들의 스트레스는 훨씬 줄어들 것이다. 이런 측면에서 웹2.0 시대의 UCC를 활용한 마케팅 전략은 자사 제품의 사용 상황이나 대상에 따라 약간의 차이는 보이겠지만, 마케팅 활동에 있어 굉장한 기회가 될 것이다. 그러나 마케팅 교육을 담당하는 입장에서 보면, 아직까지는 인터넷 업종을 제외한 주요 기업 마케팅 담당자들의 UCC에 대한 이해 수준이 생각보다 깊지 않다. 우선 웹2.0에 대한 정확한 이해가 부족하고, 자사 제품이나 브랜드를 어떻게 적용할 것인가 하는 고민은 많지만, 활용 전략에서 많은 어려움을 겪는다. 그래서 후년부터 (　　　　　　　　)을(를) 주제로 강의를 할 예정이다. 이 강좌를 통해 국내 대표 인터넷 기업들의 웹2.0 비즈니스 성공 모델을 분석하면서 어떻게 활용할 것인가를 함께 고민하고자 한다.

3. 윗글의 예상 독자는 누구인가?

① UCC 제작 교육을 원하는 기업 마케터들
② UCC 활용 교육을 원하는 기업 마케터들
③ UCC 이해 교육을 원하는 기업 웹담당자들
④ UCC 전략 교육을 원하는 기업 웹담당자들
⑤ UCC를 마케팅에 활용하고 있는 인터넷 기업 대표들

4. 윗글의 괄호 안에 들어갈 강의 제목으로 가장 적절한 것은 무엇인가?

① 웹2.0 시대의 마케팅 담당자
② 웹2.0 시대의 비즈니스 성공 열쇠
③ 웹2.0 시대 비즈니스 성공 모델 완벽 분석
④ 웹2.0 시대 UCC를 통한 마케팅 활용 전략
⑤ 웹2.0 시대 국내 대표 인터넷 기업들

5. 다음 글의 주제로 가장 적절한 것을 고른 것은?

> 유럽의 도시들을 여행하다 보면 여기저기서 벼룩시장이 열리는 것을 볼 수 있다. 벼룩시장에서 사람들은 낡고 오래된 물건들을 보면서 추억을 되살린다. 유럽 도시들의 독특한 분위기는 오래된 것을 쉽게 버리지 않는 이런 정신이 반영된 것이다.
>
> 영국의 옥스팜(Oxfam)이라는 시민단체는 헌옷을 수선해 파는 전문 상점을 운영해, 그 수익금으로 제3세계를 지원하고 있다. 파리 시민들에게는 유행이 따로 없다. 서로 다른 시절의 옷들을 예술적으로 배합해 자기만의 개성을 연출한다.
>
> 땀과 기억이 배어 있는 오래된 물건은 실용적 가치만으로 따질 수 없는 보편적 가치를 지닌다. 선물로 받아서 10년 이상 써 온 손때 묻은 만년필을 잃어버렸을 때 느끼는 상실감은 새 만년필을 산다고 해서 사라지지 않는다. 그것은 그 만년필이 개인의 오랜 추억을 담고 있는 증거물이자 애착의 대상이 되었기 때문이다. 그러기에 실용성과 상관없이 오래된 것은 그 자체로 아름답다.

① 서양인들의 개성은 시대를 넘나드는 예술적 가치관으로부터 표현된다.
② 실용적 가치보다 보편적인 가치를 중요시해야 한다.
③ 만년필은 선물해 준 사람과의 아름다운 기억과 오랜 추억이 담긴 물건이다.
④ 오래된 물건은 실용적인 가치보다 더 중요한 가치를 지니고 있다.
⑤ 오래된 물건은 실용적 가치만으로 따질 수 없는 개인의 추억과 같은 보편적 가치를 지니기에 그 자체로 아름답다.

6. 다음 글은 「철도안전법」에 규정되어 있는 철도종사자의 안전교육 대상 등에 대한 내용이다. 이를 보고 잘못 이해한 사람은 누구인가?

> 철도종사자의 안전교육 대상 등〈「철도안전법 시행규칙」 제41조의2〉
>
> ① 철도운영자 등이 철도안전에 관한 교육(이하 "철도안전교육"이라 한다)을 실시하여야 하는 대상은 다음과 같다.
> • 철도차량의 운전업무에 종사하는 사람(이하 "운전업무 종사자"라 한다)
> • 철도차량의 운행을 집중 제어·통제·감시하는 업무(이하 "관제업무"라 한다)에 종사하는 사람
> • 여객에게 승무(乘務) 서비스를 제공하는 사람(이하 "여객승무원"이라 한다)
> • 여객에게 역무(驛務) 서비스를 제공하는 사람(이하 "여객역무원"이라 한다)
> • 철도차량의 운행선로 또는 그 인근에서 철도시설의 건설 또는 관리와 관련된 작업의 현장감독업무를 수행하는 사람
> • 철도시설 또는 철도차량을 보호하기 위한 순회점검업무 또는 경비업무를 수행하는 사람
> • 정거장에서 철도신호기·선로전환기 또는 조작판 등을 취급하거나 열차의 조성업무를 수행하는 사람
> • 철도에 공급되는 전력의 원격제어장치를 운영하는 사람
> ② 철도운영자 등은 철도안전교육을 강의 및 실습의 방법으로 매 분기마다 6시간 이상 실시하여야 한다. 다만, 다른 법령에 따라 시행하는 교육에서 제3항에 따른 내용의 교육을 받은 경우 그 교육시간은 철도안전교육을 받은 것으로 본다.
> ③ 철도안전교육의 내용은 아래와 같으며, 교육방법은 강의 및 실습에 의한다.
> • 철도안전법령 및 안전관련 규정
> • 철도운전 및 관제이론 등 분야별 안전업무수행 관련 사항
> • 철도사고 사례 및 사고예방대책
> • 철도사고 및 운행장애 등 비상 시 응급조치 및 수습복구대책
> • 안전관리의 중요성 등 정신교육
> • 근로자의 건강관리 등 안전·보건관리에 관한 사항
> • 철도안전관리체계 및 철도안전관리시스템
> • 위기대응체계 및 위기대응 매뉴얼 등
> ④ 철도운영자 등은 철도안전교육을 법 제69조에 따른 안전전문기관 등 안전에 관한 업무를 수행하는 전문기관에 위탁하여 실시할 수 있다.
> ⑤ 제1항부터 제4항까지에서 규정한 사항 외에 철도안전교육의 평가방법 등에 필요한 세부사항은 국토교통부장관이 정하여 고시한다.

① 동수 : 운전업무 종사자, 관제업무 종사자, 여객승무원, 여
객역무원은 철도안전교육을 받아야 하는구나.

② 영수 : 철도안전교육은 강의 및 실습의 방법으로 매 분기
마다 6시간 이상 실시하는구나.

③ 미희 : 철도안전교육은 전문기관에 위탁하여 실시하기에는
너무나 어렵구나.

④ 지민 : 철도안전교육에 철도운전 및 관제이론 등 분야별
안전업무수행 관련 사항, 철도사고 사례 및 사고예방대책
등도 포함되는구나.

⑤ 현민 : 정거장에서 철도신호기 · 선로전환기 또는 조작판
등을 취급하거나 열차의 조성업무를 수행하는 사람도 철
도안전교육을 받아야 하는구나.

7. 다음 글을 읽고 추론할 수 없는 내용은?

우리나라의 고분, 즉 무덤은 크게 나누어 세 가지 요소로
구성되어 있다. 첫째는 목관(木棺), 옹관(甕棺)과 같이 시신을
넣어두는 용기이다. 둘째는 이들 용기를 수용하는 내부 시설
로 광(壙), 곽(槨), 실(室) 등이 있다. 셋째는 매장시설을 감
싸는 외부 시설로 이에는 무덤에서 지상에 성토한, 즉 흙을
쌓아 올린 부분에 해당하는 분구(墳丘)와 분구 주위를 둘러
성토된 부분을 보호하는 호석(護石) 등이 있다.

일반적으로 고고학계에서는 무덤에 대해 '묘(墓)−분(墳)−
총(塚)'의 발전단계를 상정한다. 이러한 구분은 성토의 정도를
기준으로 삼은 것이다. 매장시설이 지하에 설치되고 성토하
지 않은 무덤을 묘라고 한다. 묘는 또 목관묘와 같이 매장시
설, 즉 용기를 가리킬 때도 사용된다. 분은 지상에 분명하게
성토한 무덤을 가리킨다. 이 중 성토를 높게 하여 뚜렷하게
구분되는 대형 분구를 가리켜 총이라고 한다.

고분 연구에서는 지금까지 설명한 매장시설 이외에도 함께
묻힌 피장자(被葬者)와 부장품이 그 대상이 된다. 부장품에는
일상품, 위세품, 신분표상품이 있다. 일상품은 일상생활에 필
요한 물품들로 생산 및 생활도구 등이 이에 해당한다. 위세
품은 정치, 사회적 관계를 표현하기 위해 사용된 물품이다.
당사자 사이에만 거래되어 일반인이 입수하기 어려운 물건으
로 피장자가 착장(着裝)하여 위세를 드러내던 것을 착장형 위
세품이라고 한다. 생산도구나 무기 및 마구 등은 일상품이기
도 하지만 물자의 장악이나 군사력을 상징하는 부장품이기도
하다. 이것들은 피장자의 신분이나 지위를 상징하는 물건으
로 일상품적 위세품이라고 한다. 이러한 위세품 중에 6세기
중엽 삼국의 국가체제 및 신분질서가 정비되어 관등(官等)이
체계화된 이후 사용된 물품을 신분표상품이라고 한다.

① 묘에는 분구와 호석이 발견되지 않는다.

② 묘는 무덤의 구성요소뿐 아니라 무덤 발전단계를 가리킬
때에도 사용되는 말이다.

③ 피장자의 정치, 사회적 신분 관계를 표현하기 위해 장식
한 칼을 사용하였다면 이는 위세품에 해당한다.

④ 생산도구가 물자의 장악이나 군사력을 상징하는 부장품에
사용되었다면, 이는 위세품이지 일상품은 아니다.

⑤ 성토를 높게 할수록 신분이 높다면, 같은 시대 같은 지역
에 묻힌 두 피장자 중 분보다는 총에 묻힌 피장자의 신분
이 높다.

8. 다음은 어느 시민사회단체의 발기 선언문이다. 이 단체에 대해 판단한 내용으로 적절하지 않은 것은?

우리 사회의 경제적 불의는 더 이상 방치할 수 없는 상태에 이르렀다. 도시 빈민가와 농촌에 잔존하고 있는 빈곤은 인간다운 삶의 가능성을 원천적으로 박탈하고 있으며, 경제력을 독점하고 있는 소수계층은 각계에 영향력을 행사하여 대다수 국민들의 의사에 반하는 결정들을 관철시키고 있다. 만연된 사치와 향락은 근면과 저축의욕을 감퇴시키고 손쉬운 투기와 불로소득은 기업들의 창의력과 투자의욕을 감소시킴으로써 경제성장의 토대가 와해되고 있다. 부익부빈익빈의 극심한 양극화는 국민 간의 균열을 심화시킴으로써 사회 안정 기반이 동요되고 있으며 공공연한 비윤리적 축적은 공동체의 기본 규범인 윤리 전반을 문란케 하여 우리와 우리 자손들의 소중한 삶의 터전인 이 땅을 약육강식의 살벌한 세상으로 만들고 있다.

부동산 투기, 정경유착, 불로소득과 탈세를 공인하는 차명계좌의 허용, 극심한 소득차, 불공정한 노사관계, 농촌과 중소기업의 피폐 및 이 모든 것들의 결과인 부와 소득의 불공정한 분배, 그리고 재벌로의 경제적 집중, 사치와 향락, 환경오염 등 이 사회에 범람하고 있는 경제적 불의를 척결하고 경제정의를 실천함은 이 시대 우리 사회의 역사적 과제이다.

이의 실천이 없이는 경제 성장도 산업 평화도 민주복지 사회의 건설도 한갓 꿈에 불과하다. 이 중에서도 부동산 문제의 해결은 가장 시급한 우리의 당면 과제이다. 인위적으로 생산될 수 없는 귀중한 국토는 모든 국민들의 복지 증진을 위하여 생산과 생활에만 사용되어야 함에도 불구하고 소수의 재산 증식 수단으로 악용되고 있다. 토지 소유의 극심한 편중과 투기화, 그로 인한 지가의 폭등은 국민생활의 근거인 주택의 원활한 공급을 극도로 곤란하게 하고 있을 뿐만 아니라 물가 폭등 및 노사 분규의 격화, 거대한 투기 소득의 발생 등을 초래함으로써 현재 이 사회가 당면하고 있는 대부분의 경제적 사회적 불안과 부정의의 가장 중요한 원인으로 작용하고 있다.

정부 정책에 대한 국민들의 자유로운 선택권이 보장되며 경제적으로 시장 경제의 효율성과 역동성을 살리면서 깨끗하고 유능한 정부의 적절한 개입으로 분배의 편중, 독과점 및 공해 등 시장 경제의 결함을 해결하는 민주복지사회를 실현하여야 한다. 그리고 이것이 자유와 평등, 정의와 평화의 공동체로서 우리가 지향할 목표이다.

① 이 단체는 극빈층을 포함한 사회적 취약계층의 객관적인 생활수준은 향상되었지만 불공정한 분배, 비윤리적 부의 축적 그리고 사치와 향락 분위기 만연으로 상대적 빈곤은 심각해지고 있다고 인식한다.

② 이 단체는 정책 결정 과정이 소수의 특정 집단에 좌우되고 있다고 보고 있으므로, 정책 결정 과정에 국민 다수의 참여 보장을 주장할 가능성이 크다.

③ 이 단체는 윤리 정립과 불의 척결 등의 요소도 경제 성장에 기여할 수 있다고 본다.

④ 이 단체는 '기업의 비사업용 토지소유 제한을 완화하는 정책'에 비판적일 것이다.

⑤ 이 단체는 경제 성장의 조건으로 저축과 기업의 투자 등을 꼽고 있다.

9. 두 기업 서원각, 소정의 작년 상반기 매출액의 합계는 91억 원이었다. 올해 상반기 두 기업 서원각, 소정의 매출액은 작년 상반기에 비해 각각 10%, 20% 증가하였고, 두 기업 서원각, 소정의 매출액 증가량의 비가 2 : 3이라고 할 때, 올해 상반기 두 기업 서원각, 소정의 매출액의 합계는?

① 96억 원 　　　② 100억 원

③ 104억 원 　　④ 108억 원

⑤ 112억 원

10. 다음은 한 통신사의 요금제별 요금 및 할인 혜택에 관한 표이다. 이번 달에 전화통화와 함께 100건 이상의 문자메시지를 사용하였는데, A요금제를 이용했을 경우 청구되는 요금은 14,000원, B요금제를 이용했을 경우 청구되는 요금은 16,250원이다. 이번 달에 사용한 문자메시지는 모두 몇 건인가?

요금제	기본료	통화요금	문자메시지 요금	할인 혜택
A	없음	5원/초	10원/건	전체 요금의 20% 할인
B	5,000원/월	3원/초	15원/건	문자메시지 월 100건 무료

① 125건
② 150건
③ 200건
④ 225건
⑤ 250건

11. 김정은과 시진핑은 양국의 우정을 돈독히 하기 위해 함께 서울에 방문하여 용산역에서 목포역까지 열차를 활용한 우정 휴가를 계획하고 있다. 아래의 표는 인터넷 사용법에 능숙한 김정은과 시진핑이 서울—목포 간 열차종류 및 이에 해당하는 요소들을 배치해 알아보기 쉽게 도표화한 것이다. 아래의 표를 참조하여 이 둘이 선택할 수 있는 대안(열차종류)을 보완적 방식을 통해 고르면 어떠한 열차를 선택하게 되겠는가? (단, 각 대안에 대한 최종결과 값 수치에 대한 반올림은 없는 것으로 한다.)

평가 기준	중요도	KTX 산천	ITX 새마을	무궁화호	ITX 청춘	누리로
경제성	60	3	5	4	6	6
디자인	40	9	7	2	4	5
서비스	20	8	4	3	4	4

① ITX 새마을
② ITX 청춘
③ 무궁화호
④ 누리로
⑤ KTX 산천

12. 다음 주어진 〈상황〉을 근거로 판단할 때, ○○씨가 지원받을 수 있는 주택보수비용의 최대 액수는?

- 주택을 소유하고 해당 주택에 거주하는 가구를 대상으로 주택 노후도 평가를 실시하여 그 결과(경·중·대보수)에 따라 다음과 같이 주택보수비용을 지원한다.

[주택보수비용 지원 내용]

구분	경보수	중보수	대보수
보수항목	도배 또는 장판	수도시설 또는 난방시설	지붕 또는 기둥
주택당 보수비용 지원한도액	350만 원	650만 원	950만 원

- 소득인정액에 따라 위 보수비용 지원한도액의 80~100% 차등 지원

구분	중위소득 25% 미만	중위소득 25% 이상 35% 미만	중위소득 35% 이상 43% 미만
지원율	100%	90%	80%

〈상황〉

○○씨는 현재 거주하고 있는 A주택의 소유자이며, 소득인정액이 중위 40%에 해당한다. A주택 노후도 평가 결과, 지붕의 수선이 필요한 주택보수비용 지원 대상에 선정되었다.

① 520만 원
② 650만 원
③ 760만 원
④ 855만 원
⑤ 950만 원

13. 다음 〈그림〉은 연도별 연어의 포획량과 회귀율을 나타낸 것이다. 이에 대한 설명 중 옳지 않은 것은?

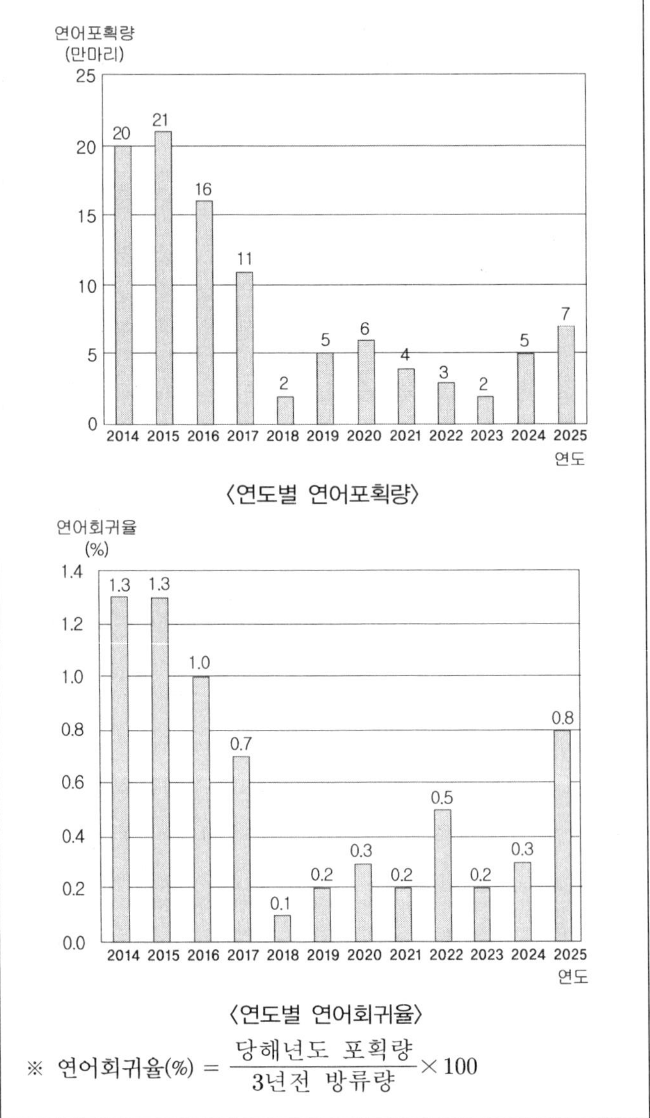

$$ ※\ 연어회귀율(\%) = \frac{당해년도\ 포획량}{3년전\ 방류량} \times 100 $$

① 2017년도와 2018년도의 연어방류량은 동일하다.

② 연어포획량이 가장 많은 해와 가장 적은 해의 차이는 20만 마리를 넘지 않는다.

③ 연어회귀율은 증감을 거듭하고 있다.

④ 2022년도 연어방류량은 1,500만 마리가 넘는다.

⑤ 2018년도는 연어포획량이 가장 적고, 연어회귀율도 가장 낮다.

14. 다음 표는 A지역 전체 가구를 대상으로 원자력발전소 사고 전·후 식수 조달원 변경에 대해 사고 후 설문조사한 결과이다. 사고 전에 비해 사고 후에 이용 가구 수가 감소한 식수 조달원의 수는 몇 개인가? (단, A지역 가구의 식수 조달원은 수돗물, 정수, 약수, 생수로 구성되며, 각 가구는 한 종류의 식수 조달원만 이용한다.)

〈원자력발전소 사고 전·후 A지역 조달원별 가구 수〉

(단위 : 가구)

사고 전 조달원 \ 사고 후 조달원	수돗물	정수	약수	생수
수돗물	40	30	20	30
정수	10	50	10	30
약수	20	10	10	40
생수	10	10	10	40

① 0개　　　　② 1개

③ 2개　　　　④ 3개

⑤ 4개

구분	계약자	계약기간	수량	계약방법
조례시설물	580	–	–	–
음료수 자판기	4명	21.12.23 ~27.01.20	4역 4대	공모 추첨
	9명	22.03.01 ~27.02.28	9역 9대	
	215명	22.10.01 ~27.09.30	112역 215대	
	185명	23.07.25 ~28.08.09	137역 185대	
	5명	22.03.01 ~27.02.28	5역 5대	
통합 판매대	5명	22.03.01 ~27.02.28	5역 5대	
	90명	22.10.01 ~27.09.30	60역 90대	
	40명	23.07.26 ~28.08.09	34역 40대	
스낵 자판기	25명	21.12.23 ~27.01.20	24역 25대	
	3명	23.08.03 ~28.08.09	3역 3대	
일반시설물	7명	–	5종 1219대	–
현금 인출기	㈜○○러스	24.01.22 ~29.01.21	114역 228대	공개 경쟁 입찰
	㈜○○링크	21.04.29 ~26.07.28	155역 184대	
위생용품 자동판매기	㈜○○실업	21.10.14 ~26.10.31	117역 129대	
		22.06.30 ~27.08.29	144역 149대	
스낵 자판기	㈜○○시스	22.01.02 ~27.01.01	106역 184대	
자동칼라 사진기	㈜○○양행	25.07.10 ~28.06.01	91역 91대	
		23.03.02 ~28.06.01	100역 100대	
무인택배 보관함	㈜○○새누	20.03.06 ~25.12.31	98역 154개소	
물품보관 · 전달함	㈜○○박스	23.11.10 ~26.11.09	151역 157개소	협상에 의한 계약

15. 공모추첨을 통해 계약한 시설물 중 가장 많은 계약자를 기록하고 있는 시설물은?

① 조례시설물 　　　　② 음료수자판기

③ 통합판매대 　　　　④ 스낵자판기

⑤ 일반시설물

16. 2027년에 계약이 만료되는 계약자는 총 몇 명인가? (단, 단일 계약자는 제외한다.)

① 353 　　　　② 368

③ 371 　　　　④ 385

⑤ 392

〈연도별 수출실적〉

(단위 : 천 달러, %)

구분	2024년	2025년
합계	128,994	155,292
1차 산품	68,685	61,401
농산물	24,530	21,441
수산물	41,996	38,555
축산물	2,159	1,405
공산품	60,309	93,891

〈부문별 수출실적〉

(단위 : 천 달러, %)

구분		농산물	수산물	축산물	공산품
2021년	금액	27,895	50,868	1,587	22,935
	비중	27.0	49.2	1.5	22.2
2022년	금액	23,905	41,088	1,086	40,336
	비중	22.5	38.6	1.0	37.9
2023년	금액	21,430	38,974	1,366	59,298
	비중	17.7	32.2	1.1	49.0
2024년	금액	24,530	41,996	2,159	60,309
	비중	19.0	32.6	1.7	46.7
2025년	금액	21,441	38,555	1,405	93,891
	비중	13.8	24.8	0.9	60.5

17. 위의 자료에 대한 올바른 설명을 〈보기〉에서 모두 고른 것은
어느 것인가?

〈보기〉

㈎ 2024년과 2025년의 수산물 수출실적은 1차 산품에서 50%
　～60%의 비중을 차지한다.
㈏ 2021년～2025년 기간 동안 수출실적의 증감 추이는 농산
　물과 수산물이 동일하다.
㈐ 2021년～2025년 기간 동안 농산물, 수산물, 축산물, 공산
　품의 수출실적 순위는 매년 동일하다.
㈑ 2021년～2025년 기간 동안 전체 수출실적은 매년 꾸준히
　증가하였다.

① ㈎, ㈏

② ㈏, ㈑

③ ㈐, ㈑

④ ㈎, ㈏, ㈐

⑤ ㈏, ㈐, ㈑

18. 다음 중 2021년 대비 2025년의 수출금액 감소율이 가장 큰 1
차 산품부터 순서대로 올바르게 나열한 것은 어느 것인가?

① 농산물 > 축산물 > 수산물

② 농산물 > 수산물 > 축산물

③ 수산물 > 농산물 > 축산물

④ 수산물 > 축산물 > 농산물

⑤ 축산물 > 수산물 > 농산물

19. 다음 주어진 조건을 모두 고려했을 때 옳은 것은?

> 〈조건〉
> - A, B, C, D, E의 월급은 각각 10만 원, 20만 원, 30만 원, 40만 원, 50만 원 중 하나이다.
> - A의 월급은 C의 월급보다 많고, E의 월급보다는 적다.
> - D의 월급은 B의 월급보다 많고, A의 월급도 B의 월급보다 많다.
> - C의 월급은 B의 월급보다 많고, D의 월급보다는 적다.
> - D는 가장 많은 월급을 받지는 않는다.

① 월급이 세 번째로 많은 사람은 A이다.
② E와 C의 월급은 20만 원 차이가 난다.
③ B와 E의 월급의 합은 A와 C의 월급의 합보다 많다.
④ 월급이 제일 많은 사람은 E이다.
⑤ 월급이 가장 적은 사람은 C이다.

20. 다음을 보고 옳은 것을 모두 고르면?

> 서울교통공사에서 문건 유출 사건이 발생하여 관련자 다섯 명을 소환하였다. 다섯 명의 이름을 편의상 갑, 을, 병, 정, 무라 부르기로 한다. 다음은 관련자들을 소환하여 조사한 결과 참으로 밝혀진 내용들이다.
> ㉠ 소환된 다섯 명이 모두 가담한 것은 아니다.
> ㉡ 갑이 가담했다면 을도 가담했고, 갑이 가담하지 않았다면 을도 가담하지 않았다.
> ㉢ 을이 가담했다면 병이 가담했거나 갑이 가담하지 않았다.
> ㉣ 갑이 가담하지 않았다면 정도 가담하지 않았다.
> ㉤ 정이 가담하지 않았다면 갑이 가담했고 병은 가담하지 않았다.
> ㉥ 갑이 가담하지 않았다면 무도 가담하지 않았다.
> ㉦ 무가 가담했다면 병은 가담하지 않았다.

① 가담한 사람은 갑, 을, 병 세 사람뿐이다.
② 가담하지 않은 사람은 무 한 사람뿐이다.
③ 가담한 사람은 을과 병 두 사람뿐이다.
④ 가담한 사람은 병과 정 두 사람뿐이다.
⑤ 가담한 사람은 갑, 을, 병, 무 이렇게 네 사람이다.

21. 다음 글의 내용과 날씨를 근거로 판단할 경우 종아가 여행을 다녀온 시기로 가능한 것은?

> - 종아는 선박으로 '포항 → 울릉도 → 독도 → 울릉도 → 포항' 순으로 3박 4일의 여행을 다녀왔다.
> - '포항 → 울릉도' 선박은 매일 오전 10시, '울릉도 → 포항' 선박은 매일 오후 3시에 출발하며, 편도 운항에 3시간이 소요된다.
> - 울릉도에서 출발해 독도를 돌아보는 선박은 매주 화요일과 목요일 오전 8시에 출발하여 당일 오전 11시에 돌아온다.
> - 최대 파고가 3m 이상인 날은 모든 노선의 선박이 운항되지 않는다.
> - 종아는 매주 금요일에 술을 마시는데, 술을 마신 다음날은 멀미가 심해 선박을 탈 수 없다.
> - 이번 여행 중 종아는 울릉도에서 호박엿 만들기 체험을 했는데, 호박엿 만들기 체험은 매주 월·금요일 오후 6시에만 할 수 있다.

〈날씨〉

(㊀ : 최대 파고)

日	月	火	水	木	金	土
16 ㊀ 1.0m	17 ㊀ 1.4m	18 ㊀ 3.2m	19 ㊀ 2.7m	20 ㊀ 2.8m	21 ㊀ 3.7m	22 ㊀ 2.0m
23 ㊀ 0.7m	24 ㊀ 3.3m	25 ㊀ 2.8m	26 ㊀ 2.7m	27 ㊀ 0.5m	28 ㊀ 3.7m	29 ㊀ 3.3m

① 19일(水) ~ 22일(土)
② 20일(木) ~ 23일(日)
③ 23일(日) ~ 26일(水)
④ 25일(火) ~ 28일(金)
⑤ 26일(水) ~ 29일(土)

휴가종류		휴가사유	휴가일수
연가		정신적, 육체적 휴식 및 사생활 편의	재직기간에 따라 3~21일
병가		질병 또는 부상으로 직무를 수행할 수 없거나 전염병으로 다른 직원의 건강에 영향을 미칠 우려가 있을 경우	−일반병가 : 60일 이내 −공적병가 : 180일 이내
공가		징병검사, 동원훈련, 투표, 건강검진, 헌혈, 천재지변, 단체교섭 등	공가 목적에 직접 필요한 시간
특별휴가	경조사 휴가	결혼, 배우자 출산, 입양, 사망 등 경조사	대상에 따라 1~20일
	출산 휴가	임신 또는 출산 직원	출산 전후 총 90일(한 번에 두 자녀 출산 시 120일)
	여성보건 휴가	매 생리기 및 임신한 여직원의 검진	매월 1일
	육아시간 및 모성보호시간 휴가	생후 1년 미만 유아를 가진 여직원 및 임신 직원	1일 1~2시간
	유산·사산 휴가	유산 또는 사산한 경우	임신기간에 따라 5~90일
	불임치료 휴가	불임치료 시술을 받는 직원	1일
	수업 휴가	한국방송통신대학에 재학 중인 직원 중 연가일수를 초과하여 출석 수업에 참석 시	연가일수를 초과하는 출석수업 일수
	재해 구호 휴가	풍수해, 화재 등 재해피해 직원 및 재해지역 자원봉사 직원	5일 이내
	성과우수자 휴가	직무수행에 탁월한 성과를 거둔 직원	5일 이내
	장기재직 휴가	10~19년, 20~29년, 30년 이상 재직자	10~20일
	자녀 입대 휴가	군 입대 자녀를 둔 직원	입대 당일 1일
	자녀 돌봄 휴가	어린이집~고등학교 재학 자녀를 둔 직원	2일(3자녀인 경우 3일)

※ 휴가일수의 계산

• 연가, 병가, 공가 및 특별휴가 등의 휴가일수는 휴가 종류별로 따로 계산

• 반일연가 등의 계산

−반일연가는 14시를 기준으로 오전, 오후로 사용, 1회 사용을 4시간으로 계산

−반일연가 2회는 연가 1일로 계산

−지각, 조퇴, 외출 및 반일연가는 별도 구분 없이 계산, 누계 8시간을 연가 1일로 계산하고, 8시간 미만의 잔여 시간은 연가일수 미산입

22. 다음 중 위의 휴가 규정에 대한 올바른 설명이 아닌 것은?

① 출산휴가와 육아시간 및 모성보호시간 휴가는 출산한 여성이 사용할 수 있는 휴가다.

② 15세 이상 자녀가 있는 경우에도 자녀를 돌보기 위하여 휴가를 사용할 수 있다.

③ 재직기간에 따라 휴가 일수가 달라지는 휴가 종류는 연가밖에 없다.

④ 징병검사나 동원훈련에 따른 휴가 일수는 정해져 있지 않다.

⑤ 30년 이상 재직한 직원의 최대 장기재직 특별휴가 일수는 20일이다.

23. C공공기관에 근무하는 T대리는 지난 1년간 다음과 같은 근무 기록을 가지고 있다. 다음 기록만을 참고할 때, T대리의 연가 사용 일수에 대한 올바른 설명은?

T대리는 지난 1년간 개인적인 용도로 외출 16시간을 사용하였다. 또한, 반일연가 사용횟수는 없으며, 인사기록지에는 조퇴가 9시간, 지각이 5시간이 각각 기록되어 있다.

① 연가를 4일 사용하였다.

② 연가를 4일 사용하였으며, 외출이 1시간 추가되면 연가일수가 5일이 된다.

③ 연가를 3일 사용하였다.

④ 연가를 3일 사용하였으며, 외출이 2시간 추가되어도 연가일수가 추가되지 않는다.

⑤ 연가를 3일과 반일연가 1회를 사용하였다.

〈김치에 대한 잦은 질문〉

구분	확인 사항
김치가 얼었어요.	• 김치 종류, 염도에 따라 저장하는 온도가 다르므로 김치의 종류를 확인하여 주세요. • 저염김치나 물김치류는 얼기 쉬우므로 '김치저장−약냉'으로 보관하세요.
김치가 너무 빨리 시어요.	• 저장 온도가 너무 높지 않은지 확인하세요. 저염김치의 경우는 낮은 온도에서는 얼 수 있으므로 빨리 시어지더라도 '김치저장−약냉'으로 보관하세요. • 김치를 담글 때 양념을 너무 많이 넣으면 빨리 시어질 수 있습니다.
김치가 변색되었어요.	• 김치를 담글 때 물빼기가 덜 되었거나 숙성되며 양념이 어우러지지 않아 발생할 수 있습니다. • 탈색된 김치는 효모 등에 의한 것이므로 걷어내고, 김치 국물에 잠기도록 하여 저장하세요.
김치 표면에 하얀 것이 생겼어요.	• 김치 표면이 공기와 접촉하면서 생길 수 있으므로 보관 시 공기가 닿지 않도록 우거지를 덮고 소금을 뿌리거나 위생비닐로 덮어주세요. • 김치를 젖은 손으로 꺼내지는 않으시나요? 외부 수분이 닿을 경우에도 효모가 생길 수 있으니 마른 손 혹은 위생장갑을 사용해 주시고, 남은 김치는 꾹꾹 눌러 국물에 잠기도록 해주세요. • 효모가 생긴 상태에서 그대로 방치하면 더 번질 수 있으며, 김치를 무르게 할 수 있으므로 생긴 부분은 바로 제거해 주세요. • 김치냉장고에서도 시간이 경과하면 발생할 수 있습니다.
김치가 물러졌어요.	• 물빼기가 덜 된 배추를 사용할 경우 혹은 덜 절여진 상태에서 공기에 노출되거나 너무 오래 절일 경우 발생할 수 있습니다. 저염 김치의 경우에서 빈번하게 발생하므로 적당히 간을 하는 것이 좋습니다. 또한 설탕을 많이 사용할 경우에도 물러질 수 있습니다. • 무김치의 경우는 무를 너무 오래 절이면 무에서 많은 양의 수분이 빠져나오게 되어 물러질 수 있습니다. 절임 시간은 1시간을 넘지 않도록 하세요. • 김치 국물에 잠긴 상태에서 저장하는 것이 중요합니다. 특히 저염 김치의 경우는 주의해주세요.
김치에서 이상한 냄새가 나요.	• 초기에 마늘, 젓갈 등의 양념에 의해 발생할 수 있으나 숙성되면서 점차 사라질 수 있습니다. 마늘, 양파, 파를 많이 넣으면 노린내나 군덕내가 날 수 있으니 적당히 넣어주세요. • 발효가 시작되지 않은 상태에서 김치냉장고에 바로 저장할 경우 발생할 수 있습니다. • 김치가 공기와 많이 접촉했거나 시어지면서 생기는 효모가 원인이 될 수 있습니다. • 김치를 담근 후 공기와의 접촉을 막고, 김치를 약간 맛들인 상태에서 저장하면 예방할 수 있습니다.
김치에서 쓴맛이 나요.	• 김치가 숙성되기 전에 나타날 수 있는 현상으로, 숙성되면 줄거나 사라질 수 있습니다. • 품질이 좋지 않은 소금이나 마그네슘 함량이 높은 소금으로 배추를 절였을 경우에도 쓴맛이 날 수 있습니다. • 열무김치의 경우, 절인 후 씻으면 쓴맛이 날 수 있으므로 주의하세요.
배추에 양념이 잘 배지 않아요.	• 김치를 담근 직후 바로 낮은 온도에 보관하면 양념이 잘 배지 못하므로 적당한 숙성을 거쳐 보관해 주세요.

24. 다음 상황에 적절한 확인 사항으로 보기 어려운 것은?

> 나영씨는 주말에 김치냉장고에서 김치를 꺼내고는 이상한 냄새에 얼굴을 찌푸렸다. 담근 지 세 달 정도 지났는데도 잘 익은 김치냄새가 아닌 꿉꿉한 냄새가 나서 어떻게 처리해야 할지 고민이다.

① 초기에 마늘, 양파, 파를 많이 넣었는지 확인한다.
② 발효가 시작되지 않은 상태에서 김치냉장고에 바로 넣었는지 확인한다.
③ 김치가 공기와 많이 접촉했는지 확인한다.
④ 김치를 젖은 손으로 꺼냈는지 확인한다.
⑤ 시어지면서 생기는 효모가 원인인지 확인한다.

25. 위 매뉴얼을 참고하여 확인할 수 없는 사례는?

① 쓴 맛이 나는 김치

② 양념이 잘 배지 않는 배추

③ 김치의 나트륨 문제

④ 물러진 김치

⑤ 겉면에 하얀 것이 생긴 김치

┃26~27┃ 다음은 특정 시점 A국의 B국에 대한 주요 품목의 수출입 내역을 나타낸 것이다. 이를 보고 이어지는 물음에 답하시오.

(단위 : 천 달러)

수출		수입		합계	
품목	금액	품목	금액	품목	금액
섬유류	352,165	섬유류	475,894	섬유류	828,059
전자전기	241,677	전자전기	453,907	전자전기	695,584
잡제품	187,132	생활용품	110,620	생활용품	198,974
생활용품	88,354	기계류	82,626	잡제품	188,254
기계류	84,008	화학공업	38,873	기계류	166,634
화학공업	65,880	플라스틱/고무	26,957	화학공업	104,753
광산물	39,456	철강금속	9,966	플라스틱/고무	51,038
농림수산물	31,803	농림수산물	6,260	광산물	39,975
플라스틱/고무	24,081	잡제품	1,122	농림수산물	38,063
철강금속	21,818	광산물	519	철강금속	31,784

26. 다음 중 위의 도표에서 알 수 있는 A국 ↔ B국간의 주요 품목 수출입 내용이 아닌 것은? (단, 언급되지 않은 품목은 고려하지 않는다)

① A국은 B국과의 교역에서 수출보다 수입을 더 많이 한다.

② B국은 1차 산업의 생산 또는 수출 기반이 A국에 비해 열악하다고 볼 수 있다.

③ 양국의 상호 수출입 액 차이가 가장 적은 품목은 기계류이다.

④ A국의 입장에서, 총 교역액에서 수출액이 차지하는 비중이 가장 큰 품목은 광산물이다.

⑤ 수입보다 수출을 더 많이 하는 품목 수는 A국이 B국보다 많다.

27. A국에서 무역수지가 가장 큰 품목의 무역수지 액은 얼마인가? (단, 무역수지=수출액−수입액)

① 27,007천 달러

② 38,937천 달러

③ 186,010천 달러

④ 25,543천 달러

⑤ 11,852천 달러

28. 서울교통공사는 서울지하철 1~8호선, 9호선 2·3단계 구간(290역, 313.7km)을 운영하는 세계적 수준의 도시철도 운영기관으로서, 하루 600만 명이 넘는 시민에게 안전하고 편리한 도시철도 서비스를 제공하고 있는 공기업이다. 다음 중 서울교통공사에서 수행하는 사업의 범위에 해당하지 않는 것은?

① 도시철도 건설·운영에 따른 도시계획사업

② 「도시철도법」에 따른 도시철도부대사업

③ 시각장애인 등 교통약자를 위한 시설의 개선과 확충

④ 도시철도와 다른 교통수단의 연계수송을 위한 각종 시설의 건설·운영

⑤ 기존 버스운송사업자의 노선과 중복되는 버스운송사업

29. 다음에서 설명하고 있는 것은 서울교통공사의 공사이미지 중 무엇에 대한 내용인가?

> 누구나 안전하고 행복하게 이용할 수 있는 서울교통공사가 될 수 있도록 최선을 다하겠습니다.
> 장난꾸러기 지하철 친구
> "또타"
> 또, 또, 타고 싶은 서울지하철!
> 시민들에게 어떻게 웃음을 주나 늘 고민하는 장난꾸러기 친구, "또타"를 소개합니다.
>
> 서울교통공사의 공식 캐릭터 "또타"는 시민 여러분과 늘 함께하는 서울지하철의 모습을 밝고 유쾌한 이미지로 표현합니다.
>
> 전동차 측면 모양으로 캐릭터 얼굴을 디자인하여 일상적으로 이용하는 대중교통수단의 모습을 참신한 느낌으로 담아냈고, 메인 컬러로 사용한 파란색은 시민과 공사 간의 두터운 신뢰를 상징하고 있습니다.
>
> 안전하며 편리한 서울지하철, 개구쟁이 "또타"와 함께라면 자꾸만 타고 싶은 즐겁고 행복한 공간이 됩니다.

① 슬로건
② 캐릭터
③ 로고송
④ 홍보영화
⑤ 사이버홍보관

30. 다음은 「철도안전법」상 운전업무 종사자와 관제업무 종사자의 준수사항이다. 다음 자료를 참고할 때 희재(운전업무 종사자)와 수호(관제업무 종사자)에 대한 설명으로 옳은 것은?

> 〈운전업무 종사자의 준수사항〉
> ㉠ 철도차량이 차량정비기지에서 출발하는 경우 다음의 기능에 대하여 이상 여부를 확인할 것
> • 운전제어와 관련된 장치의 기능
> • 제동장치 기능
> • 그 밖에 운전 시 사용하는 각종 계기판의 기능
> ㉡ 철도차량이 역시설에서 출발하는 경우 여객의 승하차 여부를 확인할 것. 다만, 여객승무원이 대신하여 확인하는 경우에는 그러하지 아니하다.
> ㉢ 철도신호에 따라 철도차량을 운행할 것
> ㉣ 철도차량의 운행 중에 휴대전화 등 전자기기를 사용하지 아니할 것. 다만, 다음의 어느 하나에 해당하는 경우로서 철도운영자가 운행의 안전을 저해하지 아니하는 범위에서 사전에 사용을 허용한 경우에는 그러하지 아니하다.
> • 철도사고 등 또는 철도차량의 기능장애가 발생하는 등 비상상황이 발생한 경우
> • 철도차량의 안전운행을 위하여 전자기기의 사용이 필요한 경우
> • 그 밖에 철도운영자가 철도차량의 안전운행에 지장을 주지 아니한다고 판단하는 경우
> ㉤ 철도운영자가 정하는 구간별 제한속도에 따라 운행할 것
> ㉥ 열차를 후진하지 아니할 것. 다만, 비상상황 발생 등의 사유로 관제업무 종사자의 지시를 받는 경우에는 그러하지 아니하다.
> ㉦ 정거장 외에는 정차를 하지 아니할 것. 다만, 정지신호의 준수 등 철도차량의 안전운행을 위하여 정차를 하여야 하는 경우에는 그러하지 아니하다.
> ㉧ 운행구간의 이상이 발견된 경우 관제업무 종사자에게 즉시 보고할 것
> ㉨ 관제업무 종사자의 지시를 따를 것
> 〈관제업무 종사자의 준수사항〉
> ㉠ 관제업무 종사자는 다음의 정보를 운전업무 종사자, 여객승무원에게 제공하여야 한다.
> • 열차의 출발, 정차 및 노선변경 등 열차 운행의 변경에 관한 정보
> • 열차 운행에 영향을 줄 수 있는 다음의 정보
> －철도차량이 운행하는 선로 주변의 공사 · 작업의 변경 정보

    －철도사고등에 관련된 정보

    －재난 관련 정보

    －테러 발생 등 그 밖의 비상상황에 관한 정보

  ⓛ 철도사고 등이 발생하는 경우 여객 대피 및 철도차량 보호 조치 여부 등 사고현장 현황을 파악할 것

  ⓒ 철도사고 등의 수습을 위하여 필요한 경우 다음의 조치를 할 것

    • 사고현장의 열차운행 통제

    • 의료기관 및 소방서 등 관계기관에 지원 요청

    • 사고 수습을 위한 철도종사자의 파견 요청

    • 2차 사고 예방을 위하여 철도차량이 구르지 아니하도록 하는 조치 지시

    • 안내방송 등 여객 대피를 위한 필요한 조치 지시

    • 전차선(電車線, 선로를 통하여 철도차량에 전기를 공급하는 장치를 말한다)의 전기공급 차단 조치

    • 구원(救援)열차 또는 임시열차의 운행 지시

    • 열차의 운행간격 조정

① 희재는 차량정비기지에서 자신이 운전하는 철도 차량의 2가지 기능의 이상여부를 확인 후 출발하였다.

② 철도차량의 기능 고장에 따른 비상상황에서도 희재는 핸드폰을 사용할 수 없다.

③ 철도사고의 수습을 위하여 필요한 경우 희재는 전차선의 전기공급 차단 조치를 해야 한다.

④ 수호는 운행구간의 이상이 발생하면 희재에게 보고해야 한다.

⑤ 비상상황에 따른 수호의 지시가 있을 경우 희재는 열차를 후진할 수 있다.

▌31~32 ▌ 다음은 서울교통공사의 조직도이다. 물음에 답하시오.

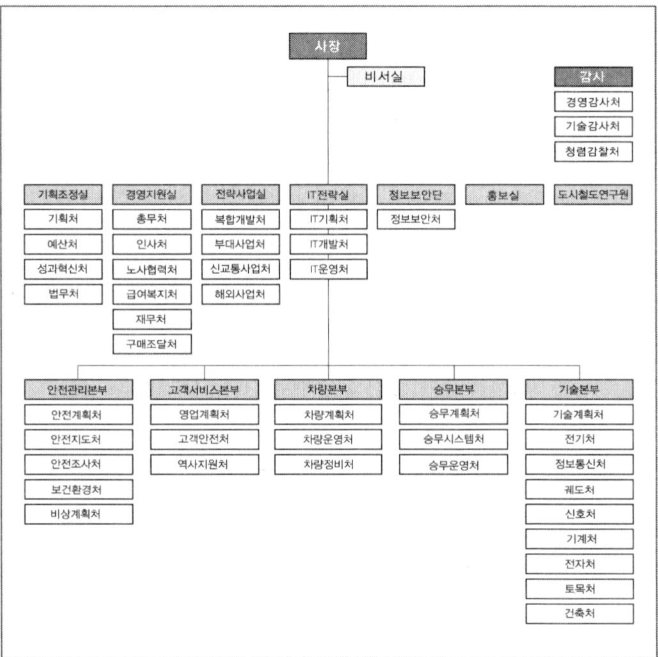

31. 위 조직도를 참고하여 다음 빈칸에 들어갈 말로 적절한 것은?

> 서울교통공사는 (㉠)개의 실과 5개의 본부, (㉡)개의 처로 이루어져 있다.

	㉠	㉡
①	8	42
②	7	43
③	6	44
④	5	45
⑤	4	46

32. 다음 중 조직도를 올바르게 이해한 사람을 고르면?

> ㉠ 진우 : 승무계획처, 역사지원처, 보건환경처는 본부 소속이다.
> ㉡ 수향 : 경영감사처, 기술감사처, 정보보안처는 같은 소속
> 이다.
> ㉢ 진두 : 노사협력처, 급여복지처, 성과혁신처는 같은 소
> 속이다.
> ㉣ 상우 : 도시철도연구원 아래 안전계획처와 안전지도처가
> 있다.
> ㉤ 연경 : 홍보실 아래 영업계획처, 해외사업처가 있다.

① 진우 　　　② 수향
③ 진두 　　　④ 상우
⑤ 연경

33. 다음은 엑셀 함수의 사용에 따른 결과 값을 나타낸 것이다. 옳은 값을 모두 고른 것은?

> ㉠ =ROUND(2.145, 2) → 2.15
> ㉡ =MAX(100, 200, 300) → 200
> ㉢ =IF(5 > 4, "보통", "미달") → 미달
> ㉣ =AVERAGE(100, 200, 300) → 200

① ㉠, ㉡ 　　　② ㉠, ㉣
③ ㉡, ㉢ 　　　④ ㉡, ㉣
⑤ ㉢, ㉣

34. 다음 파일/폴더에 관한 특징 중, 올바른 설명을 모두 고른 것은?

> ㉮ 파일은 쉼표(,)를 이용하여 파일명과 확장자를 구분한다.
> ㉯ 폴더는 일반 항목, 문서, 사진, 음악, 비디오 등의 유형을
> 선택하여 각 유형에 최적화된 폴더로 사용할 수 있다.
> ㉰ 파일/폴더는 새로 만들기, 이름 바꾸기, 삭제, 복사 등이
> 가능하며, 파일이 포함된 폴더도 삭제할 수 있다.
> ㉱ 파일/폴더의 이름에는 ₩, /, :, *, ?, ", 〈, 〉 등의 문자
> 는 사용할 수 없으며, 255자 이내로(공백 미포함) 작성할
> 수 있다.
> ㉲ 하나의 폴더 내에 같은 이름의 파일이나 폴더가 존재할
> 수 없다.
> ㉳ 폴더의 '속성' 창에서 해당 폴더에 포함된 파일과 폴더의
> 개수를 확인할 수 있다.

① ㉯, ㉰, ㉱, ㉲ 　　　② ㉮, ㉱, ㉲, ㉳
③ ㉯, ㉰, ㉲, ㉳ 　　　④ ㉮, ㉯, ㉱, ㉲
⑤ ㉯, ㉱, ㉲, ㉳

35. 다음 자료는 '발전량' 필드를 기준으로 발전량과 발전량이 많은 순위를 엑셀로 나타낸 표이다. 태양광의 발전량 순위를 구하기 위한 함수식으로 'C3'셀에 들어가야 할 알맞은 것은 어느 것인가?

	A	B	C
1	<에너지원별 발전량(단위: Mwh)>		
2	에너지원	발전량	순위
3	태양광	88	2
4	풍력	100	1
5	수력	70	4
6	바이오	75	3
7	양수	65	5

① =ROUND(B3,$B$3:$B$7,0)
② =ROUND(B3,$B$3:$B$7,1)
③ =RANK(B3,$B$3:$B$7,1)
④ =RANK(B3,$B$2:$B$7,0)
⑤ =RANK(B3,$B$3:$B$7,0)

36. 다음은 B사의 어느 시점 경영 상황을 나타내고 있는 자료이다. 다음 자료를 보고 판단한 의견 중 적절하지 않은 것은?

계정과목		금액(단위 : 백만 원)
1. 매출액		5,882
2. 매출원가		4,818
상품매출원가		4,818
3. 매출총이익		1,064
4. 판매/일반관리비		576
직접비용	직원급여	256
	복리후생비	56
	보험료	3.7
	출장비	5.8
	시설비	54
간접비용	지급임차료	44
	통신비	2.9
	세금과공과	77
	잡비	4.5
	여비교통비	3.8
	장비구매비	6
	사무용품비	0.3
	소모품비	1
	광고선전비	33
	건물관리비	28
5. 영업이익		488

① 영업이익이 해당 기간의 최종 순이익이라고 볼 수 없다.

② 여비교통비는 직접비용에 포함되어야 한다.

③ 위와 같은 표는 특정한 시점에서 그 기업의 자본 상황을 알 수 있는 자료이다.

④ 매출원가는 기초재고액에 당기 제조원가를 합하고 기말 재고액을 차감하여 산출한다.

⑤ 지급보험료는 간접비용에 포함되어야 한다.

┃37~38┃ 다음은 명령어에 따른 도형의 변화에 관한 설명이다. 물음에 답하시오.

〈명령어〉	
명령어	도형의 변화
□	1번과 2번을 180도 회전시킨다.
■	1번과 3번을 180도 회전시킨다.
◇	2번과 3번을 180도 회전시킨다.
◆	2번과 4번을 180도 회전시킨다.
○	1번과 3번의 작동상태를 다른 상태로 바꾼다. (숫자 → 숫자)
●	2번과 4번의 작동상태를 다른 상태로 바꾼다. (숫자 → 숫자)

37. 도형이 다음과 같이 변하려면, 어떤 명령어를 입력해야 하는가?

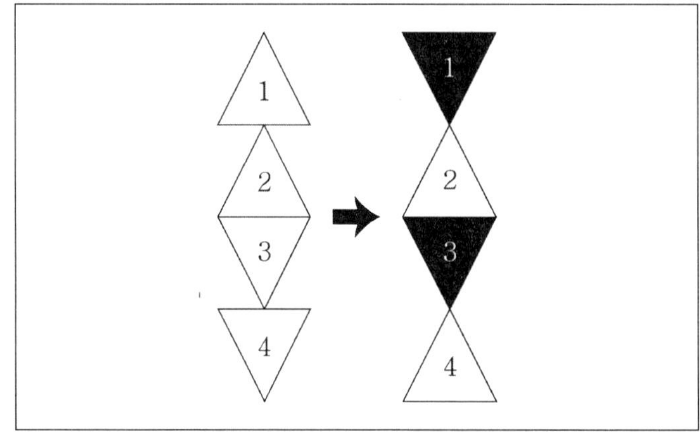

① □◆○

② ■◇●

③ ○◇◆

④ ◆◇■

⑤ ◇■□

38. 다음 상태에서 명령어 ◆■●○을 입력한 경우의 결과로 적절한 것은?

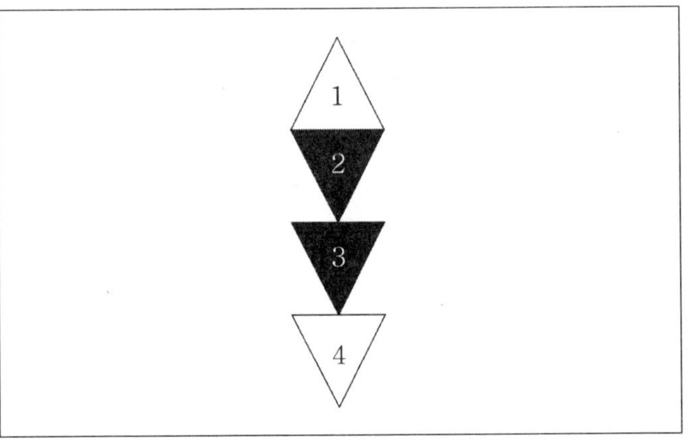

① 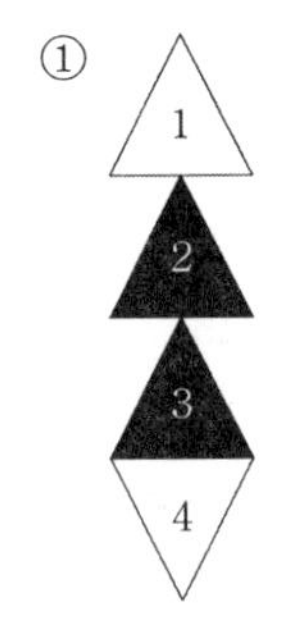

② 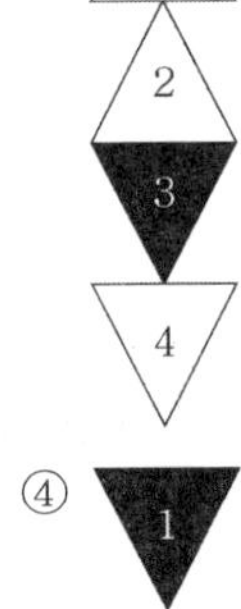

③ 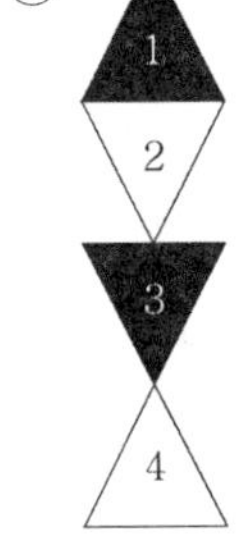

④ 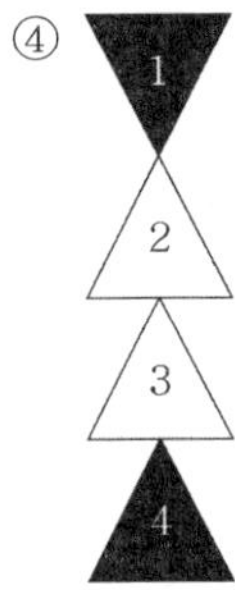

⑤ 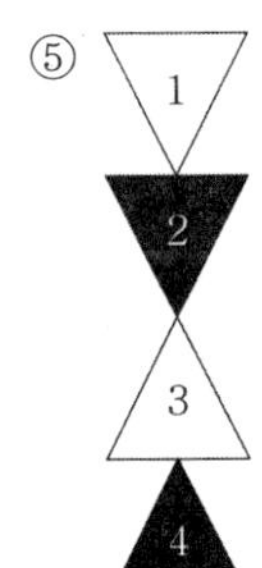

39. 철도 관련 소기업 G사의 사장은 최근 경영상황이 악화되었으나 스마트 트레인과 관련하여 자사가 가지고 있는 기술을 활용할 수 있음을 확인하고 지금의 위기 상황을 탈출하기 위한 방침을 설명하며 절대 사기를 잃지 말 것을 주문하고자 한다. 다음 중 G사의 사장이 바람직한 리더로서 직원들에게 해야 할 연설의 내용으로 적절하지 않은 것은?

① "지금의 어려움뿐 아니라 항상 미래의 지향점을 잊지 않고 반드시 이 위기를 극복하겠습니다."

② "여러분들이 해 주어야 할 일들을 하나하나 제가 지시하기보다 모두가 자발적으로 우러나오는 마음을 가질 수 있는 길이 무엇인지 고민할 것입니다."

③ "저는 어떠한 일이 있어도 위험이 따르는 도전을 거부할 것이니 모두들 안심하고 업무에 만전을 기해주시길 바랍니다."

④ "우리 모두 지금 상황에 안주하지 말고 도전과 혁신을 위해 지속적으로 노력해야 합니다."

⑤ "저는 이 난관을 극복하기 위해 당면한 과제를 어떻게 해결할까 하는 문제보다 무엇을 해야 하는지에 집중하며 여러분을 이끌어 나가겠습니다."

40. 직장 내에서의 성희롱 문제는 많은 부분 성희롱의 판단 기준에 대한 확실한 인식 부족에서 기인하기도 한다. 다음 중, 성희롱에 대한 인식과 그 판단 기준으로 적절하지 않은 것은?

① 성희롱은 행위자가 성적 의도를 가지고 한 행동이냐 아니냐를 밝혀내는 것이 가장 중요한 판단 기준으로 인정된다.

② 피해자와 비슷한 조건과 상황에 있는 사람이 피해자의 입장이라면 문제가 되는 성적 언동에 대해 어떻게 반응했을까를 함께 고려하여야 한다.

③ 성적 수치심은 성적 언동 등으로 인해 피해자가 느끼는 불쾌한 감정으로 그 느낌은 행위자가 아닌 피해자의 관점을 기초로 판단되어야 한다.

④ 성적 언동 및 요구는 신체의 접촉이나 성적인 의사표현 뿐만 아니라 성적 함의가 담긴 모든 언행과 요구를 말한다.

⑤ 성희롱은 「남녀차별금지 및 구제에 관한 법률」과 「남녀고용평등법」 등에 명문화 되어 있다.

1 다음은 어떤 주조법의 특징을 설명한 것인가?

> - 영구주형을 사용한다.
> - 비철금속의 주조에 적용한다.
> - 고온챔버식과 저온챔버식으로 나뉜다.
> - 용융금속이 응고될 때까지 압력을 가한다.

① 가압단조
② 원심 주조법
③ 다이캐스팅
④ 인베스트먼트 주조법
⑤ 진공 주조법

2 다음 중 금속의 접촉부를 상온 또는 가열한 상태에서 압력을 가하여 결합시키는 용접은?

① 가스 용접
② 아크 용접
③ 전자빔 용접
④ 저항 용접
⑤ 스터드 용접

3 다음 중 인베스트먼트 주조법의 설명으로 옳지 않은 것은?

① 모형을 왁스로 만들어 로스트 왁스 주조법이라고도 한다.
② 생산성이 높은 경제적인 주조법이다.
③ 주물의 표면이 깨끗하고 치수 정밀도가 높다.
④ 복잡한 형상의 주조에 적합하다.
⑤ 사형주조법에 비해 인건비가 많이 든다.

4 다음 중 응력집중현상 완화법으로 바르지 않은 내용은?

① 몇 개의 단면 변화부를 순차적으로 설치한다.
② 응력집중부에 보강재를 결합한다.
③ 단면의 변화가 완만하게 변화하도록 테이퍼 지게 한다.
④ 표면 거칠기를 정밀하게 한다.
⑤ 단이 진 부분의 곡률반지름을 작게 한다.

5 다음 중 소재에 없던 구멍을 가공하는 데 적합한 것은?

① 브로칭(broaching)
② 드릴링(drilling)
③ 셰이핑(shaping)
④ 리밍(reaming)
⑤ 밀링(milling)

6 다음 중 회주철을 급랭하여 얻을 수 있으며 다량의 시멘타이트(cementite)를 포함하는 주철로 옳은 것은?

① 백주철
② 주강
③ 가단주철
④ 구상흑연주철
⑤ 칠드주철

7 다음 중 안전밸브라고도 하며, 회로 내 압력을 설정치로 유지하는 밸브를 무엇이라고 하는가?

① 릴리프 밸브
② 시퀀스 밸브
③ 무부하 밸브
④ 카운터 밸런스 밸브
⑤ 감압 밸브

8 다음 중 기계요소의 하나인 리벳을 이용하여 부재를 연결하는 리벳이음 작업 중에 코킹을 하는 이유로 적합한 것은?

① 강판의 강도를 향상시키기 위하여

② 패킹 재료를 용이하게 끼우기 위하여

③ 리벳 구멍의 가공을 용이하게 하기 위하여

④ 강판의 기밀성을 향상시키기 위하여

⑤ 제품의 변형응력을 낮추기 위하여

9 하중을 들어 올릴 때 효율이 30%이고 피치가 4mm인 1줄 나사를 40N·mm의 토크로 회전시킬 때, 나사에 작용하는 축방향의 하중[N]은? (단, π는 3으로 계산한다.)

① 18   ② 19

③ 20   ④ 21

⑤ 33

10 다음 중 냉간가공의 특징으로 바르지 않은 것은?

① 가공 면이 아름답다.

② 작은 변형응력을 요구한다.

③ 제품의 치수를 정확히 할 수 있다.

④ 가공경화로 인해 강도가 증가하고 연신율이 감소한다.

⑤ 가공방향으로 섬유조직이 되어 방향에 따라 강도가 달라진다.

11 다음 중 가공물을 지지해주는 부속품은?

① 센터   ② 바이트

③ 방진구   ④ 심봉

⑤ 척

12 다음 중 전달 토크가 크고 정밀도가 높아 가장 널리 사용되는 키(key)로서, 벨트풀리와 축에 모두 홈을 파서 때려 박는 키는?

① 평 키

② 안장 키

③ 접선 키

④ 묻힘 키

⑤ 납작 키

13 다음 중 재료의 원래 성질을 유지하면서 내마멸성을 강화시키는 데 가장 적합한 열처리 공정은?

① 풀림(annealing)

② 뜨임(tempering)

③ 담금질(quenching)

④ 고주파 경화법(induction hardening)

⑤ 접합(conjugation)

14 길이가 L이고 스프링 상수가 k인 균일한 스프링이 있다. 이 스프링 길이의 $\frac{2}{3}$를 잘라내고 남은 길이가 $\frac{1}{3}$인 스프링의 스프링 상수는 얼마인가? (단, 스프링에는 길이 방향 하중만 작용한다.)

① $\dfrac{k}{3}$ ② $\dfrac{2k}{3}$

③ $\dfrac{3k}{2}$ ④ $3k$

⑤ $5k$

15 탄소 함유량이 0.77%인 강을 오스테나이트 구역으로 가열한 후 공석변태온도 이하로 냉각시킬 때, 페라이트와 시멘타이트의 조직이 층상으로 나타나는 조직으로 옳은 것은?

① 오스테나이트 조직

② 베이나이트 조직

③ 마르텐사이트 조직

④ 펄라이트 조직

⑤ 레데뷰라이트 조직

16 주조에서 주입된 쇳물이 주형 속에서 냉각될 때 응고 수축에 따른 부피 감소를 막기 위해 쇳물을 계속 보급하는 기능을 하는 장치는?

① 압탕   ② 탕구

③ 주물   ④ 조형기

⑤ 탕도

17 보의 길이가 l 인 외팔보에 단위길이 당 균일등분포 하중 w 가 작용할 때, 외팔보에 작용하는 최대 굽힘 모멘트로 옳은 것은?

① wl ② $\dfrac{wl^2}{4}$

③ $\dfrac{wl}{2}$ ④ $\dfrac{wl^2}{3}$

⑤ $\dfrac{wl^2}{2}$

18 균일 분포하중 $w = 10N/mm$ 가 전 길이에 작용할 때, 길이 50cm인 단순지지보에 생기는 최대 전단력은?

① 0.25kN   ② 2.5kN

③ 25kN   ④ 250kN

⑤ 350kN

19 다음의 공구재료를 200℃ 이상의 고온에서 경도가 높은 순으로 옳게 나열한 것은?

> 탄소공구강, 세라믹공구, 고속도강, 초경합금

① 초경합금＞세라믹공구＞고속도강＞탄소공구강

② 초경합금＞세라믹공구＞탄소공구강＞고속도강

③ 세라믹공구＞초경합금＞고속도강＞탄소공구강

④ 고속도강＞초경합금＞탄소공구강＞세라믹공구

⑤ 탄소공구강＞고속도강＞세라믹공구＞초경합금

20 아래 그림은 마이크로미터의 측정 눈금을 나타낸 것이다. 측정값은 얼마인가?

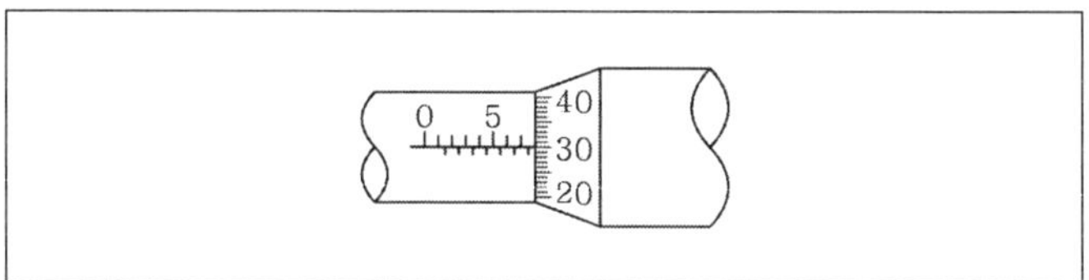

① 1.35mm   ② 1.85mm

③ 7.35mm   ④ 7.80mm

⑤ 9.32mm

21 피치원 지름 D, 기어잇수 Z, 공구압력각 α 인 평기어의 기초원 피치로 옳은 것은?

① $\dfrac{\pi D}{Z}sin\alpha$ ② $\dfrac{\pi D}{Z}cos\alpha$

③ $\dfrac{Z}{\pi D}sin\alpha$ ④ $\dfrac{\pi D^2}{Z}cos\alpha$

⑤ $\dfrac{\pi D^2}{Z^2}sin\alpha^2$

22 축 방향의 압축하중이 작용하는 원통 코일 스프링에서 코일소재의 지름이 d일 때 최대 전단응력이 T_1이고, 코일 소재의 지름이 $\dfrac{d}{2}$일 때 최대 전단응력이 T_2일 경우 $\dfrac{T_2}{T_1}$는? (단, 응력 수정계수는 1로 하고, 다른 조건은 동일하다.)

① 2 ② 4

③ 8 ④ 12

⑤ 18

23 발전용량이 100MW이고 천연가스를 연료로 사용하는 발전소에서 보일러는 527℃에서 운전되고 응축기에서는 27℃로 폐열을 배출한다. 카르노 효율 개념으로 계산한 보일러의 초당 연료 소비량은? (단, 천연가스의 연소열은 20MJ/kg이다.)

① 8kg/s ② 16kg/s

③ 48kg/s ④ 60kg/s

⑤ 75kg/s

24 한 쌍의 평기어에서 모듈이 4이고 잇수가 각각 25개와 50개일 때 두 기어의 축간 중심 거리는?

① 150mm ② 158mm

③ 300mm ④ 316mm

⑤ 423mm

25 주조, 단조, 리벳이음 등을 대신하는 금속적 결합법에 속하는 테르밋 용접(thermit welding)에 대한 설명이다. 다음 내용 중 옳지 않은 것은?

① 산화철과 알루미늄 분말의 반응열을 이용한 것이다.

② 용접 접합강도가 높다.

③ 용접 변형이 적다.

④ 주조용접과 가압용접으로 구분된다.

⑤ 작업장소의 이동이 쉽다.

26 가스 용접에 대한 설명으로 옳지 않은 것은?

① 전기를 필요로 하며 다른 용접에 비해 열을 받는 부위가 넓지 않아 용접 후 변형이 적다.

② 표면을 깨끗하게 세척하고 오염된 산화물을 제거하기 위해 적당한 용제가 사용된다.

③ 기화용제가 만든 가스 상태의 보호막은 용접할 때 산화작용을 방지할 수 있다.

④ 가열할 때 열량 조절이 비교적 용이하다.

⑤ 용접 기술이 쉬운 편이다.

27 관통하는 구멍을 뚫을 수 없는 경우에 사용하는 것으로 볼트의 양쪽 모두 수나사로 가공되어 있는 머리 없는 볼트는?

① 스터드 볼트 ② 관통 볼트

③ 아이 볼트 ④ 나비 볼트

⑤ 기초 볼트

28 다음 중 전기저항 용접법이 아닌 것은?

① 프로젝션 용접　　　　② 심 용접

③ 테르밋 용접　　　　　④ 점 용접

⑤ 맞대기 저항 용접

29 다음 중 형단조의 특징이 아닌 것은?

① 대량생산이 가능하다.

② 제품이 정밀하지 못하다.

③ 가공비용이 저렴하다.

④ 제작비용이 고가이다.

⑤ 강도 및 내마모성, 내열성이 크다.

30 작업 공간 확보를 위해서 리벳의 중심부터 리베팅하는데 장애가 되는 부분까지의 거리를 무엇이라고 하는가?

① 게이지　　　　　　　② 게이지 라인

③ 피치　　　　　　　　④ 클리어런스

⑤ 그립

31 축은 절삭하지 않고 보스(boss)에만 홈을 파서 마찰력으로 정지시키는 키(key)로서, 축의 임의 부분에 설치가 가능한 키는?

① 묻힘 키(sunk key)

② 평 키(flat key)

③ 반달 키(woodruff key)

④ 안장 키(saddle key)

⑤ 둥근 키(round key)

32 다음 중 공동현상(Cavitation)에 관한 내용으로 가장 옳지 않은 것은?

① 펌프의 흡입양정이 너무 높거나 수온이 높아지게 되면 펌프의 흡입구 측에서 물의 일부가 증발하여 기포가 되는데 이 기포는 임펠러를 거쳐 토출구 측으로 넘어가게 되면 갑자기 압력이 상승하여 물속으로 다시 소멸이 되는데 이때 격심한 소음과 진동이 발생하게 된다. 이를 공동현상이라고 한다.

② 펌프와 흡수면 사이의 수직거리가 너무 길거나 펌프에 물이 과속으로 인해 유량이 증가하는 경우 발생한다. 또한 관을 통해 흐르고 있는 물속의 특정부분이 고온일 경우 포화증기압에 비례해서 상승할 때에도 발생할 수 있다.

③ 물이 관 속을 유동하고 있을 때 흐르는 물속의 특정 부분의 압력이 물의 온도에 해당하는 증기압 이하로 내려가면 부분적으로 증기가 발생하는 현상이기도 하다.

④ 양정곡선은 하강하게 되나 효율곡선은 상승하게 된다.

⑤ 펌프 공동현상을 최소화하기 위해서는 펌프 흡입구에서의 전압을 그 수온에서의 물의 포화수증기압보다 높게 해야 하며 펌프는 가급적 낮은 위치에 설치하여 흡입양정을 작게 해야 한다.

33 다음 중 구성인선 방지대책으로 가장 바르지 않은 항목은?

① 절삭속도를 되도록 빠르게 하는 것이 좋다.

② 공구반경을 되도록 작게 해야 한다.

③ 절삭 깊이를 크게 해야 한다.

④ 윤활성이 높은 절삭유를 사용해야 한다.

⑤ 바이트의 윗면경사각을 크게 해야 한다.

34 다음 중 사이클로이드 치형에 관한 내용으로 바르지 않은 것은?

① 중심거리가 정확해야 하고 조립이 어렵다.

② 언더컷이 발생하지 않는다.

③ 미끄럼률이 일정하고 마모가 균일하다.

④ 빈 공간이라도 치수가 극히 정확해야 하고 전위 절삭이 가능하다.

⑤ 압력 각이 변화한다.

35 다음 중 미끄럼베어링의 요구조건으로 바르지 않은 것은?

① 유막의 흡착력이 낮을 것

② 축의 재료보다 연하면서 마모에 견딜 것

③ 내식성이 클 것

④ 마찰열의 발산이 잘 되도록 열전도가 좋을 것

⑤ 축과의 마찰계수가 클 것

36 저탄소강의 표면에 탄소를 침투시켜 고탄소강으로 만든 후 담금질 하는 표면경화법은?

① 침탄방법

② 청화방법

③ 질화방법

④ 고주파 경화 방법

⑤ 화염 경화 방법

37 인장강도란 무엇인가?

① 최대 항복응력

② 최대 공칭응력

③ 최대 진응력

④ 최대 전단응력

⑤ 최대 순간시동력

38 백래시(backlash)가 적어 정밀 이송장치에 많이 쓰이는 운동용 나사는?

① 사각 나사

② 톱니 나사

③ 볼 나사

④ 사다리꼴 나사

⑤ 둥근 나사

39 일반 승용차나 오토바이 등에도 널리 사용된다. 축압 브레이크의 일종으로, 회전축 방향에 힘을 가하여 회전을 제동하는 제동 장치는?

① 블록 브레이크

② 밴드 브레이크

③ 드럼 브레이크

④ 원판 브레이크

⑤ 뾰족 브레이크

40 재료의 성질 중 외력에 의해 변형된 물체가 외력을 제거하면 다시 원래의 상태로 되돌아가려는 성질을 무엇이라고 하는가?

① 경도

② 전성

③ 강도

④ 소성

⑤ 탄성

서울교통공사 필기시험

성 명

(자 필 성 명)

생 년 월 일

직업기초능력평가			직무수행능력평가		
1	① ② ③ ④ ⑤	21	① ② ③ ④ ⑤	1	① ② ③ ④ ⑤	21	① ② ③ ④ ⑤
2	① ② ③ ④ ⑤	22	① ② ③ ④ ⑤	2	① ② ③ ④ ⑤	22	① ② ③ ④ ⑤
3	① ② ③ ④ ⑤	23	① ② ③ ④ ⑤	3	① ② ③ ④ ⑤	23	① ② ③ ④ ⑤
4	① ② ③ ④ ⑤	24	① ② ③ ④ ⑤	4	① ② ③ ④ ⑤	24	① ② ③ ④ ⑤
5	① ② ③ ④ ⑤	25	① ② ③ ④ ⑤	5	① ② ③ ④ ⑤	25	① ② ③ ④ ⑤
6	① ② ③ ④ ⑤	26	① ② ③ ④ ⑤	6	① ② ③ ④ ⑤	26	① ② ③ ④ ⑤
7	① ② ③ ④ ⑤	27	① ② ③ ④ ⑤	7	① ② ③ ④ ⑤	27	① ② ③ ④ ⑤
8	① ② ③ ④ ⑤	28	① ② ③ ④ ⑤	8	① ② ③ ④ ⑤	28	① ② ③ ④ ⑤
9	① ② ③ ④ ⑤	29	① ② ③ ④ ⑤	9	① ② ③ ④ ⑤	29	① ② ③ ④ ⑤
10	① ② ③ ④ ⑤	30	① ② ③ ④ ⑤	10	① ② ③ ④ ⑤	30	① ② ③ ④ ⑤
11	① ② ③ ④ ⑤	31	① ② ③ ④ ⑤	11	① ② ③ ④ ⑤	31	① ② ③ ④ ⑤
12	① ② ③ ④ ⑤	32	① ② ③ ④ ⑤	12	① ② ③ ④ ⑤	32	① ② ③ ④ ⑤
13	① ② ③ ④ ⑤	33	① ② ③ ④ ⑤	13	① ② ③ ④ ⑤	33	① ② ③ ④ ⑤
14	① ② ③ ④ ⑤	34	① ② ③ ④ ⑤	14	① ② ③ ④ ⑤	34	① ② ③ ④ ⑤
15	① ② ③ ④ ⑤	35	① ② ③ ④ ⑤	15	① ② ③ ④ ⑤	35	① ② ③ ④ ⑤
16	① ② ③ ④ ⑤	36	① ② ③ ④ ⑤	16	① ② ③ ④ ⑤	36	① ② ③ ④ ⑤
17	① ② ③ ④ ⑤	37	① ② ③ ④ ⑤	17	① ② ③ ④ ⑤	37	① ② ③ ④ ⑤
18	① ② ③ ④ ⑤	38	① ② ③ ④ ⑤	18	① ② ③ ④ ⑤	38	① ② ③ ④ ⑤
19	① ② ③ ④ ⑤	39	① ② ③ ④ ⑤	19	① ② ③ ④ ⑤	39	① ② ③ ④ ⑤
20	① ② ③ ④ ⑤	40	① ② ③ ④ ⑤	20	① ② ③ ④ ⑤	40	① ② ③ ④ ⑤

서울교통공사

제2회 모의고사

성명		생년월일	
문제 수(배점)	80문항	풀이시간	/ 100분
영역	직업기초능력평가, 직무수행능력평가(기계일반)		
비고	객관식 5지선다형		

✎ **직업기초능력평가(40문항/50분)**

1. 다음 밑줄 친 외래어의 맞춤법이 틀린 것은?

① 서울시가 4차 산업혁명 <u>심포지움</u>을 성공적으로 마쳤다.

② IT기술의 발달로 홍보 및 투자 <u>트렌드</u>가 급격히 변하고 있다.

③ 미국산 <u>로브스터</u>를 캐나다산으로 속이고 판매해 온 온라인 유통업자가 붙잡혔다.

④ 새로 출시된 <u>모션</u> 베드는 국내외 IT 기업들의 기술이 결합된 걸작이다.

⑤ 서울 지하철역 중 가장 긴 <u>에스컬레이터</u>를 가지고 있는 역은 당산역이다.

2. 다음 빈칸에 들어갈 말로 가장 적절한 것은?

여름에 아이스케이크 장사를 하다가 가을바람만 불면 단팥죽 장사로 간판을 남 먼저 바꾸는 것을 누가 욕하겠는가. 장사꾼, 기술자, 사무원의 생활 방도는 이 길이 오히려 정도(正道)이기도 하다. 오늘의 변절자도 자기를 이 같은 사람이라 생각하고 또 그렇게 자처한다면 별문제다. 그러나 더러운 변절의 정당화를 위한 엄청난 공언(公言)을 늘어놓은 것은 분반(噴飯)할 일이다. 백성들이 그렇게 사람 보는 눈이 먼 줄 알아서는 안 된다. 백주 대로에 돌아앉아 볼기짝을 까고 대변을 보는 격이라면 점잖지 못한 표현이라 할 것인가.

( )를 지키기란 참으로 어려운 일이다. 자기의 신념에 어긋날 때면 목숨을 걸어 항거하여 타협하지 않고 부정과 불의한 권력 앞에는 최저의 생활, 최악의 곤욕을 무릅쓸 각오가 없으면 섣불리 ( )를 입에 담아서는 안 된다. 정신의 자존 자시(自尊自恃)를 위해서는 자학(自虐)과도 같은 생활을 견디는 힘이 없이는 ( )는 지켜지지 않는다.

① 용기   ② 지조
③ 영지   ④ 거래
⑤ 자조

3. 다음 제시된 내용을 토대로 관광회사 직원들이 추론한 내용으로 가장 적합한 것은?

세계여행관광협의회(WTTC)에 따르면 지난해인 2016년 전 세계 국내총생산(GDP) 총합에서 관광산업이 차지한 직접 비중은 2.7%이다. 여기에 고용, 투자 등 간접적 요인까지 더한 전체 비중은 9.1%로, 금액으로 따지면 6조 3,461억 달러에 이른다. 직접 비중만 놓고 비교해도 관광산업의 규모는 자동차 산업의 2배이고 교육이나 통신 산업과 비슷한 수준이다. 아시아를 제외한 전 대륙에서는 화학 제조업보다도 관광산업의 규모가 큰 것으로 나타났다.

서비스 산업의 특성상 고용을 잣대로 삼으면 그 차이는 더욱 더 벌어진다. 지난해 전세계 관광산업 종사자는 9,800만 명으로 자동차 산업의 6배, 화학 제조업의 5배, 광업의 4배, 통신 산업의 2배로 나타났다. 간접 고용까지 따지면 2억 5,500만 명이 관광과 관련된 일을 하고 있어, 전 세계적으로 근로자 12명 가운데 1명이 관광과 연계된 직업을 갖고 있는 셈이다. 이러한 수치는 향후 2~3년간은 계속 유지될 것으로 보인다. 실제 백만 달러를 투입할 경우, 관광산업에서는 50명분의 일자리가 추가로 창출되어 교육 부문에 이어 두 번째로 높은 고용 창출효과가 있는 것으로 조사되었다.

유엔세계관광기구(UNWTO)의 장기 전망에 따르면 관광산업의 성장은 특히 한국이 포함된 동북아시아에서 두드러질 것으로 예상된다. UNWTO는 2010년부터 2030년 사이 이 지역으로 여행하는 관광객이 연평균 9.7% 성장하여 2030년 5억 6,500명이 동북아시아를 찾을 것으로 전망했다. 전 세계 시장에서 차지하는 비율도 현 22%에서 2030년에는 30%로 증가할 것으로 예측했다.

그런데 지난해 한국의 관광산업 비중(간접 분야 포함 전체 비중)은 5.2%로 세계 평균보다 훨씬 낮다. 관련 고용자수(간접 고용 포함)도 50만 3,000여 명으로 전체의 2%에 불과하다. 뒤집어 생각하면 그만큼 성장의 여력이 크다고 할 수 있다.

① 상민 : 2016년 전 세계 국내총생산(GDP) 총합에서 관광산업이 차지한 직접 비중을 금액으로 따지면 2조 달러가 넘는다.
② 대현 : 2015년 전 세계 통신 산업의 종사자는 자동차 산업의 종사자의 약 3배 정도이다.
③ 동근 : 2017년 전 세계 근로자 수는 20억 명을 넘지 못한다.
④ 수진 : 한국의 관광산업 수준이 간접 고용을 포함하는 고용 수준에서 현재의 세계 평균 수준 비율과 비슷해지려면 3백억 달러 이상을 관광 산업에 투자해야 한다.
⑤ 영수 : 2020년에는 동북아시아를 찾는 관광객의 수가 연간 약 2억 8,000명을 넘을 것이다.

4. 다음 빈칸에 들어갈 말은?

모든 사회문제는 양면성을 가지고 있습니다. 한쪽 이야기만 듣고 그쪽 논리를 따라가면 오히려 속이 편하지만, 양쪽 이야기를 듣고 나면 머리가 아픕니다. 그런 헷갈리는 상황에서 기억할 만한 원칙이 바로 '의심스러울 때는 (   )의 이익으로' 해석하라는 것입니다. 전세 분쟁에서 세입자의 이익을 우선으로 하는 것이 그 예입니다.

① 행위자
② 약자
③ 다수자
④ 타자
⑤ 화자

5. 다음 글에 대한 이해로 적절하지 않은 것은?

외국 통화에 대한 자국 통화의 교환 비율을 의미하는 환율은 장기적으로 한 국가의 생산성과 물가 등 기초 경제 여건을 반영하는 수준으로 수렴된다. 그러나 단기적으로 환율은 이와 괴리되어 움직이는 경우가 있다. 만약 환율이 예상과는 다른 방향으로 움직이거나 또는 비록 예상과 같은 방향으로 움직이더라도 변동 폭이 예상보다 크게 나타날 경우 경제 주체들은 과도한 위험에 노출될 수 있다. 환율이나 주가 등 경제 변수가 단기에 지나치게 상승 또는 하락하는 현상을 오버슈팅(overshooting)이라고 한다. 이러한 오버슈팅은 물가 경직성 또는 금융 시장 변동에 따른 불안 심리 등에 의해 촉발되는 것으로 알려져 있다. 여기서 물가 경직성은 시장에서 가격이 조정되기 어려운 정도를 의미한다.

물가 경직성에 따른 환율의 오버슈팅을 이해하기 위해 통화를 금융 자산의 일종으로 보고 경제 충격에 대해 장기와 단기에 환율이 어떻게 조정되는지 알아보자. 경제에 충격이 발생할 때 물가나 환율은 충격을 흡수하는 조정 과정을 거치게 된다. 물가는 단기에는 장기 계약 및 공공요금 규제 등으로 인해 경직적이지만 장기에는 신축적으로 조정된다. 반면 환율은 단기에서도 신축적인 조정이 가능하다. 이러한 물가와 환율의 조정 속도 차이가 오버슈팅을 초래한다. 물가와 환율이 모두 신축적으로 조정되는 장기에서의 환율은 구매력 평가설에 의해 설명되는데, 이에 의하면 장기의 환율은 자국 물가 수준을 외국 물가 수준으로 나눈 비율로 나타나며, 이를 균형 환율로 본다. 가령 국내 통화량이 증가하여 유지될 경우 장기에서는 자국 물가도 높아져 장기의 환율은 상승한다. 이때 통화량을 물가로 나눈 실질 통화량은 변하지 않는다.

그런데 단기에는 물가의 경직성으로 인해 구매력 평가설에 기초한 환율과는 다른 움직임이 나타나면서 오버슈팅이 발생할 수 있다. 가령 국내 통화량이 증가하여 유지될 경우, 물가가 경직적이어서 실질 통화량은 증가하고 이에 따라 시장 금리는 하락한다. 국가 간 자본 이동이 자유로운 상황에서, 시장 금리 하락은 투자의 기대 수익률 하락으로 이어져, 단기성 외국인 투자 자금이 해외로 빠져나가거나 신규 해외 투자 자금 유입을 위축시키는 결과를 초래한다. 이 과정에서 자국 통화의 가치는 하락하고 환율은 상승한다. 통화량의 증가로 인한 효과는 물가가 신축적인 경우에 예상되는 환율 상승에, 금리 하락에 따른 자금의 해외 유출이 유발하는 추가적인 환율 상승이 더해진 것으로 나타난다. 이러한 추가적인 상승 현상이 환율의 오버슈팅인데, 오버슈팅의 정도 및 지속성은 물가 경직성이 클수록 더 크게 나타난다. 시간이 경과함에 따라 물가가 상승하여 실질 통화량이 원래 수준으로 돌아오고 해외로 유출되었던 자금이 시장 금리의 반등으로 국내로 복귀하면서, 단기에 과도하게 상승했던 환율은 장기에는 구매력 평가설에 기초한 환율로 수렴된다.

① 환율의 오버슈팅이 발생한 상황에서 물가 경직성이 클수록 구매력 평가설에 기초한 환율로 수렴되는 데 걸리는 기간이 길어질 것이다.
② 환율의 오버슈팅이 발생한 상황에서 외국인 투자 자금이 국내 시장 금리에 민감하게 반응할수록 오버슈팅 정도는 커질 것이다.
③ 물가 경직성에 따른 환율의 오버슈팅은 물가의 조정 속도보다 환율의 조정 속도가 빠르기 때문에 발생하는 것이다.
④ 물가가 신축적인 경우가 경직적인 경우에 비해 국내 통화량 증가에 따른 국내 시장 금리 하락 폭이 작을 것이다.
⑤ 국내 통화량이 증가하여 유지될 경우 장기에는 실질 통화량이 변하지 않으므로 장기의 환율도 변함이 없을 것이다.

6. 다음은 스마트 트레인과 관련된 내용의 글이다. 다음 글에 대한 설명으로 옳은 것은?

부산국제철도기술산업전의 'Digital Railway' 부스에서는 현대로템 열차 운전 시스템의 현재와 발전 진행 상황을 알아볼 수 있었다. CBTC는 'Communication-Based Train Control'의 약자로 중앙관제센터에서 통신을 기반으로 열차를 중앙집중식으로 원격 제어하는 철도 신호시스템을 이야기하는데 한국에서는 RF-CBCT 타입인 KRTCS-1을 사용하고 있다. 현재 신분당선이나 우이신설선, 인천지하철 2호선 등 무인운전 차량들도 KRTCS-1을 탑재하고 있다.
차량에 탑재된 KRTCS-1 시스템은 지상 신호 장치인 WATC, 차상 신호 장치, 관제실로 구분되는데 관제실에서 명령 신호가 오면 지상 신호 장치 WATC는 경로가 운행 가능한 상태인지를 빠르게 판단하고 차량에게 이동 권한을 부여한다. 이를 받은 차량 신호 장치는 정해진 목적지까지 안전하고 빠르게

운행하며 지상 신호 장치와 관제실과 실시간으로 운행 데이터를 주고받을 수 있다. 이는 운전자 개입 없이 관제실에서 원격제어만으로 기동과 출발 전 워밍업, 본선 운행과 스케줄링까지 모두 자동으로 이루어지는 무인 시스템이며 영국의 국제공인 인증기관 '리카르도'로부터 ATP(Automatic Train Protection, 열차자동방호) 부분에 대해서 안전등급 중 최고인 SIL Level 4 인증까지 취득했다. 이뿐만 아니라, 출퇴근 시간 등 배차 간격이 좁은 시간대가 아닐 때는 친환경 모드인 '에코-드라이빙' 모드로 추진·제동제어, 출입문 자동 제어 등의 기능을 활용하여 최적의 운행패턴으로 운행 가능하도록 지원할 수 있다.
한편 현재 현대로템이 개발 중인 운전 시스템으로 KRTCS-2가 있다. KRTCS-1이 도시철도용 신호 시스템이었다면 KRTCS-2는 도시와 도시를 연결하는 간선형 철도나 고속철도용으로 개발되고 있는 것이 특징이다. KRTCS-2는 유럽 철도 표준인 ETCS-2에 기반을 두고 있으며 KTX나 SRT 등에 향후 ETCS-2 도입이 예정된 만큼, KRTCS-2 역시 적용 가능한 시스템으로 볼 수 있다.
KRTCS-2 시스템은 차량과 지상, 관제실 통신에 초고속 무선 인터넷 LTE-R을 이용한다. KRTCS-1이 지상 센서만으로 차량의 이동을 감지하고 컨트롤했다면, KRTCS-2는 LTE-R 무선통신을 도입해 열차가 어느 구간(폐색)에 위치하는지를 실시간으로 감지하고 좀 더 효율적으로 스케줄링할 수 있다는 장점이 있다. KRTCS-2 역시 SIL Level 4등급을 독일의 시험인증 기관인 'TUV-SUD'로부터 인증받아 그 안전성과 정확성을 입증했다. 현재 KRTCS-2에서 열차를 안전하게 보호하는 ATP 시스템이 개발을 마쳤고, 자동운전 기능을 추가하기 위한 작업에 박차를 가하고 있다. 따라서 가까운 시일 내에 한국의 고속철도에 KRTCS-2 시스템이 적용되어 도시철도뿐만 아니라 일반·고속철도에서도 무인운전이 현실화될 것으로 기대된다.

① KRTCS-1는 한국의 철도 신호시스템이며 현재 무인운전 차량에는 탑재되어 있지 있다.
② SIL Level 4 인증을 취득한 시스템은 KRTCS-2뿐이다.
③ KRTCS-2는 간선형 철도나 고속철도용으로 개발되고 있다.
④ KRTCS-1 시스템은 LTE-R 무선통신을 도입해 열차가 어느 구간에 위치하는지를 실시간으로 감지하고 좀 더 효율적으로 스케줄링할 수 있다는 장점이 있다.
⑤ 무인운전의 경우 고속철도에서는 현실화되기 어렵다.

경쟁의 승리는 다른 사람의 재산권을 침탈하지 않으면서 이기는 경쟁자의 능력, 즉 경쟁력에 달려 있다. 공정경쟁에서 원하는 물건의 소유주로부터 선택을 받으려면 소유주가 원하는 대가를 치를 능력이 있어야 하고 남보다 먼저 신 자원을 개발하거나 신 발상을 창안하려면 역시 그렇게 해낼 능력을 갖추어야 한다. 다른 기업보다 더 좋은 품질의 제품을 더 값싸게 생산하는 기업은 시장경쟁에서 이긴다. 우수한 자질을 타고났고, 탐사 또는 연구개발에 더 많은 노력을 기울인 개인이나 기업은 새로운 자원이나 발상을 대체로 남보다 앞서서 찾아낸다.

개인의 능력은 천차만별한데 그 차이는 타고나기도 하고 후천적 노력에 의해 결정되기도 한다. 능력이 후천적 노력만의 소산이라면 능력의 우수성에 따라 결정되는 경쟁 결과를 불공정하다고 불평하기는 어렵다. 그런데 능력의 많은 부분은 타고난 것이거나 부모에게서 직간접적으로 물려받은 유무형적 재산에 의한 것이다. 후천적 재능 습득에서도 그 성과는 보통 개발자가 타고난 자질에 따라 서로 다르다. 타고난 재능과 후천적 능력을 딱 부러지게 구분하기도 쉽지 않은 것이다.

어쨌든 내가 능력 개발에 소홀했던 탓에 경쟁에서 졌다면 패배를 승복해야 마땅하다. 그러나 순전히 타고난 불리함 때문에 불이익을 당했다면 억울함이 앞선다. 이 점을 내세워 타고난 재능으로 벌어들이는 소득은 그 재능 보유자의 몫으로 인정할 수 없다는 필자의 의견에 동의하는 학자도 많다. 자신의 재능을 발휘하여 경쟁에서 승리하였다 하더라도 해당 재능이 타고난 것이라면 승자의 몫이 온전히 재능 보유자의 것일 수 없고 마땅히 사회에 귀속되어야 한다는 말이다.

그런데 재능도 노동해야 발휘할 수 있으므로 재능발휘를 유도하려면 그 노고를 적절히 보상해주어야 한다. 이론상으로는 재능발휘로 벌어들인 수입에서 노고에 대한 보상만큼은 재능 보유자의 소득으로 인정하고 나머지만 사회에 귀속시키면 된다.

---

7. 윗글을 읽고 나눈 다음 대화의 ㉠~㉤ 중, 글의 내용에 따른 합리적인 의견 제기로 볼 수 없는 것은?

> A : "타고난 재능과 후천적 노력에 대하여 어떻게 보아야 할지에 대한 필자의 의견이 담겨 있는 글입니다."
> B : "맞아요. 필자의 의견에 따르면 앞으로는 ㉠선천적인 재능에 대한 경쟁이 더욱 치열해질 것 같습니다."
> A : "그런데 우리가 좀 더 확인해야 할 것은, ㉡과연 얼마만큼의 보상이 재능 발휘 노동의 제공에 대한 몫이냐 하는 점입니다."
> B : "그와 함께, ㉢얻어진 결과물에서 어떻게 선천적 재능에 의한 부분을 구별해낼 수 있을까에 대한 물음 또한 과제로 남아 있다고 볼 수 있겠죠."
> A : "그뿐이 아닙니다. ㉣타고난 재능이 어떤 방식으로 사회에 귀속되어야 공정한 것인지, ㉤특별나게 열심히 재능을 발휘할 유인은 어떻게 찾을 수 있을지에 대한 고민도 함께 이루어져야 하겠죠."

① ㉠

② ㉡

③ ㉢

④ ㉣

⑤ ㉤

8. 윗글에서 필자가 주장하는 내용과 견해가 다른 것은 어느 것인가?

① 경쟁에서 승리하기 위해서는 능력이 필요하다.

② 능력에 의한 경쟁 결과가 불공정하다고 불평할 수 없다.

③ 선천적인 능력이 우수한 사람은 경쟁에서 이길 수 있는 확률이 높다.

④ 후천적인 능력이 모자란 결과에 대해서는 승복해야 한다.

⑤ 타고난 재능에 의해 얻은 승자의 몫은 일정 부분 사회에 환원해야 한다.

 한 학년에 세 반이 있는 학교가 있다. 학생수가 A반은 20명, B반은 30명, C반은 50명이다. 수학 점수 평균이 A반은 70점, B반은 80점, C반은 60점일 때, 이 세 반의 평균은 얼마인가?

① 62점 　　　　② 64점

③ 66점 　　　　④ 68점

⑤ 70점

10. 바른 항공사는 서울—상해 직항 노선에 50명이 초과로 예약 승객이 발생하였다. 승객 모두는 비록 다른 도시를 경유해서라도 상해에 오늘 도착하기를 바라고 있다. 아래의 그림이 경유 항공편의 여유 좌석 수를 표시한 항공로일 때, 타 도시를 경유하여 상해로 갈 수 있는 최대의 승객 수는 구하면?

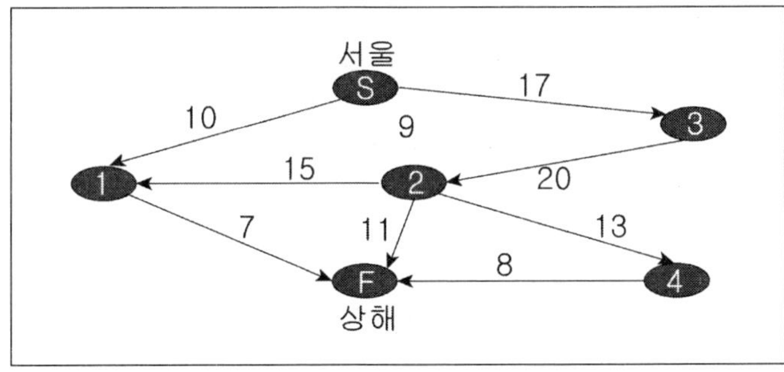

① 24 　　　　② 29

③ 30 　　　　④ 33

⑤ 37

11. 다음은 S공사에서 사원에게 지급하는 수당에 대한 자료이다. 2025년 7월 현재 부장 甲의 근무연수는 12년 2개월이고, 기본급은 300만 원이다. 2025년 7월 甲의 월급은 얼마인가? (단, S공사 사원의 월급은 기본급과 수당의 합으로 계산되고 제시된 수당 이외의 다른 수당은 없으며, 10년 이상 근무한 직원의 정근수당은 기본급의 50%를 지급한다)

구분	지급 기준	비고
정근수당	근무연수에 따라 기본급의 0~50% 범위 내 차등 지급	매년 1월, 7월 지급
명절휴가비	기본급의 60%	매년 2월(설), 10월(추석) 지급
가계지원비	기본급의 40%	매년 홀수 월에 지급
정액급식비	130,000원	매월 지급
교통보조비	• 부장 : 200,000원 • 과장 : 180,000원 • 대리 : 150,000원 • 사원 : 130,000원	매월 지급

① 5,830,000원 　　　　② 5,880,000원

③ 5,930,000원 　　　　④ 5,980,000원

⑤ 6,030,000원

12. 다음은 성인 남녀 1천 명을 대상으로 실시한 에너지원별 국민 인식 조사 결과이다. 다음 자료를 올바르게 해석한 것은 어느 것인 가?

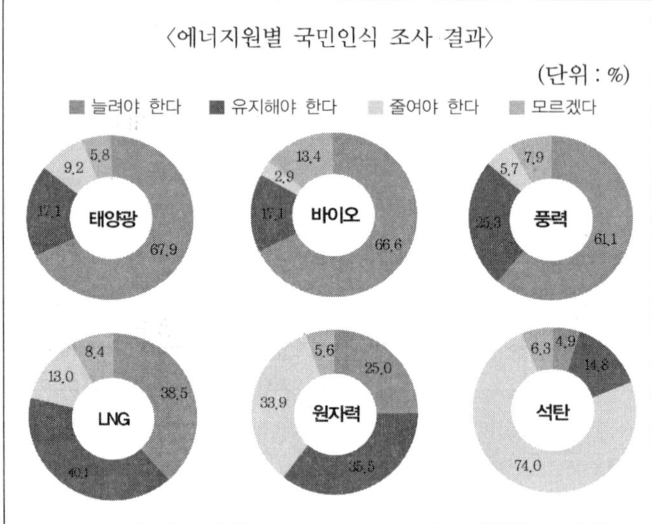

① 모든 에너지원에 대하여 줄여야 한다는 의견이 압도적으로 많다.

② 유지하거나 늘려야 한다는 의견은 모든 에너지원에서 절반 이상을 차지한다.

③ 한 가지 의견이 절반 이상의 비중을 차지하는 에너지원은 모두 4개이다.

④ 늘려야 한다는 의견이 더 많은 에너지원일수록 줄여야 한다는 의견도 더 많다.

⑤ LNG와 원자력에 대한 국민 인식 현황은 동일한 순서로 나타난다.

13. 다음은 소정연구소에서 제습기 A~E의 습도별 연간소비전력량을 측정한 자료이다. 이에 대한 설명 중 옳은 것끼리 바르게 짝지어진 것은?

〈제습기 A~E의 습도별 연간소비전력량〉

(단위 : kWh)

습도 제습기	40%	50%	60%	70%	80%
A	550	620	680	790	840
B	560	640	740	810	890
C	580	650	730	800	880
D	600	700	810	880	950
E	660	730	800	920	970

㉠ 습도가 70%일 때 연간소비전력량이 가장 적은 제습기는 A이다.

㉡ 각 습도에서 연간소비전력량이 많은 제습기부터 순서대로 나열하면, 습도 60%일 때와 습도 70%일 때의 순서를 동일하다.

㉢ 습도가 40%일 때 제습기 E의 연산소비전력량은 습도가 50%일 때 제습기 B의 연간소비전력량보다 많다.

㉣ 제습기 각각에서 연간소비전력량은 습도가 80%일 때가 40%일 때의 1.5배 이상이다.

① ㉠, ㉡

② ㉠, ㉢

③ ㉡, ㉣

④ ㉠, ㉢, ㉣

⑤ ㉡, ㉢, ㉣

│14~15│ 다음은 서울교통공사에서 제공하고 있는 유아수유실 현황에 관한 자료이다. 물음에 답하시오.

〈유아수유실 현황〉

○ 1호선

역명	역명
종로3가역	동대문역

○ 2호선

역명	역명
시청역	성수역
강변역	잠실역
삼성역	강남역
신림역	대림역
신촌역	영등포구청역
신설동역	

○ 3호선

역명	역명
구파발역	독립문역
옥수역	고속터미널역
양재역	도곡역

○ 4호선

역명	역명
노원역	미아사거리역
길음역	동대문역사문화공원역
서울역	이촌역
사당역	

○ 5호선

역명	역명
김포공항역	우장산역
까치산역	목동역
영등포구청역	신길역
여의도역	여의나루역
충정로역	광화문역
동대문역사문화공원역	청구역
왕십리역	답십리역
군자역	아차산역
천호역	강동역
고덕역	올림픽공원역
거여역	

○ 6호선

역명	역명
응암역	불광역
월드컵경기장역	합정역
대흥역	공덕역
삼각지역	이태원역
약수역	상월곡역
동묘앞역	안암역

○ 7호선

역명	역명
수락산역	노원역
하계역	태릉입구역
상봉역	부평구청역
어린이대공원역	뚝섬유원지역
논현역	고속터미널역
이수역	대림역
가산디지털단지역	광명사거리역
온수역	까치울역
부천종합운동장역	춘의역
신중동역	부천시청역
상동역	삼산체육관역
굴포천역	

○ 8호선

역명	역명
모란역	몽촌토성역
잠실역	가락시장역
장지역	남한산성입구역

※ 해당 역에 하나의 유아수유실을 운영 중이다.

14. 다음 중 2호선 유아수유실이 전체에서 차지하는 비율은?

① 10.5%　　　② 11.5%

③ 12.5%　　　④ 13.5%

⑤ 14.5%

15. 다음 중 가장 많은 유아수유실을 운영 중인 지하철 호선 ㉮와 가장 적은 유아수유실을 운영 중인 지하철 호선 ㉯로 적절한 것은?

	㉮	㉯		㉮	㉯
①	7호선	1호선	②	6호선	2호선
③	5호선	3호선	④	4호선	4호선
⑤	3호선	5호선			

16. 다음의 ㉮, ㉯는 100만 원을 예금했을 때 기간에 따른 이자에 대한 표이다. 이에 대한 설명으로 옳은 것은? (단, 예금할 때 약정한 이자율은 변하지 않는다)

구분	1년	2년	3년
㉮	50,000원	100,000원	150,000원
㉯	40,000원	81,600원	124,864원

㉠ ㉮는 단순히 원금에 대한 이자만을 계산하는 이자율이 적용되었다.
㉡ ㉮의 경우, 매년 물가가 5% 상승할 경우(원금+이자)의 구매력을 모든 기간에 같다.
㉢ ㉯의 경우, 매년 증가하는 이자액은 기간이 길어질수록 커진다.
㉣ ㉯와 달리 ㉮와 같은 이자율 계산 방법은 현실에서는 볼 수 없다.

① ㉠, ㉢
② ㉠, ㉣
③ ㉡, ㉣
④ ㉡, ㉢
⑤ ㉠, ㉡, ㉢

17. 다음의 내용에 따라 두 번의 재배정을 한 결과, 병이 홍보팀에서 수습 중이다. 다른 신입사원과 최종 수습부서를 바르게 연결한 것은?

신입사원을 뽑아서 1년 동안의 수습 기간을 거치게 한 후, 정식사원으로 임명을 하는 한 회사가 있다. 그 회사는 올해 신입사원으로 2명의 여자 직원 갑과 을, 그리고 2명의 남자 직원 병과 정을 뽑았다. 처음 4개월의 수습기간 동안 갑은 기획팀에서, 을은 영업팀에서, 병은 총무팀에서, 정은 홍보팀에서 각각 근무하였다. 그 후 8개월 동안 두 번의 재배정을 통해서 신입사원들은 다른 부서에서도 수습 중이다. 재배정할 때마다 다음의 세 원칙 중 한 가지 원칙만 적용되었고, 같은 원칙은 다시 적용되지 않았다.

〈원칙〉
1. 기획팀에서 수습을 거친 사람과 총무팀에서 수습을 거친 사람은 서로 교체해야 하고, 영업팀에서 수습을 거친 사람과 홍보팀에서 수습을 거치 사람은 서로 교체한다.
2. 총무팀에서 수습을 거친 사람과 홍보팀에서 수습을 거친 사람만 서로 교체한다.
3. 여성 수습사원만 서로 교체한다.

① 갑 – 총무팀
② 을 – 영업팀
③ 을 – 총무팀
④ 정 – 영업팀
⑤ 정 – 총무팀

18. A, B, C, D, E, F가 달리기 경주를 하여 보기와 같은 결과를 얻었다. 1등부터 6등까지 순서대로 나열한 것은?

㉠ A는 D보다 먼저 결승점에 도착하였다.
㉡ E는 B보다 더 늦게 도착하였다.
㉢ D는 C보다 먼저 결승점에 도착하였다.
㉣ B는 A보다 더 늦게 도착하였다.
㉤ E가 F보다 더 앞서 도착하였다.
㉥ C보다 먼저 결승점에 들어온 사람은 두 명이다.

① A – D – C – B – E – F
② A – D – C – E – B – F
③ F – E – B – C – D – A
④ B – F – C – E – D – A
⑤ C – D – B – E – F – A

19. 다음 글의 내용이 참일 때, 반드시 참인 것만을 모두 고른 것은?

전통문화 활성화 정책의 일환으로 일부 도시를 선정하여 문화관광특구로 지정할 예정이다. 특구 지정 신청을 받아본 결과, A, B, C, D, 네 개의 도시가 신청하였다. 선정과 관련하여 다음 사실이 밝혀졌다.

- A가 선정되면 B도 선정된다.
- B와 C가 모두 선정되는 것은 아니다.
- B와 D 중 적어도 한 도시는 선정된다.
- C가 선정되지 않으면 B도 선정되지 않는다.

㉠ A와 B 가운데 적어도 한 도시는 선정되지 않는다.
㉡ B도 선정되지 않고, C도 선정되지 않는다.
㉢ D는 선정된다.

① ㉠
② ㉡
③ ㉠, ㉢
④ ㉡, ㉢
⑤ ㉠, ㉡, ㉢

20. 100명의 근로자를 고용하고 있는 ○○기관 인사팀에 근무하는 S는 고용노동법에 따라 기간제 근로자를 채용하였다. 제시된 법령의 내용을 참고할 때, 기간제 근로자로 볼 수 없는 경우는?

제10조
① 이 법은 상시 5인 이상의 근로자를 사용하는 모든 사업 또는 사업장에 적용한다. 다만 동거의 친족만을 사용하는 사업 또는 사업장과 가사사용인에 대하여는 적용하지 아니한다.
② 국가 및 지방자치단체의 기관에 대하여는 상시 사용하는 근로자의 수에 관계없이 이 법을 적용한다.

제11조
① 사용자는 2년을 초과하지 아니하는 범위 안에서(기간제 근로계약의 반복갱신 등의 경우에는 계속 근로한 총 기간이 2년을 초과하지 아니하는 범위 안에서) 기간제 근로자※를 사용할 수 있다. 다만 다음 각 호의 어느 하나에 해당하는 경우에는 2년을 초과하여 기간제 근로자로 사용할 수 있다.
  1. 사업의 완료 또는 특정한 업무의 완성에 필요한 기간을 정한 경우
  2. 휴직·파견 등으로 결원이 발생하여 당해 근로자가 복귀할 때까지 그 업무를 대신할 필요가 있는 경우
  3. 전문적 지식·기술의 활용이 필요한 경우와 박사 학위를 소지하고 해당 분야에 종사하는 경우
② 사용자가 제1항 단서의 사유가 없거나 소멸되었음에도 불구하고 2년을 초과하여 기간제 근로자로 사용하는 경우에는 그 기간제 근로자는 기간의 정함이 없는 근로계약을 체결한 근로자로 본다.

※ 기간제 근로자라 함은 기간의 정함이 있는 근로계약을 체결한 근로자를 말한다.

① 수습기간 3개월을 포함하여 1년 6개월간 A를 고용하기로 근로계약을 체결한 경우
② 근로자 E의 휴직으로 결원이 발생하여 2년간 B를 계약직으로 고용하였는데, E의 복직 후에도 B가 계속해서 현재 3년 이상 근무하고 있는 경우
③ 사업 관련 분야 박사학위를 취득한 C를 계약직(기간제) 연구원으로 고용하여 C가 현재 3년간 근무하고 있는 경우
④ 국가로부터 도급받은 3년간의 건설공사를 완성하기 위해 D를 그 기간 동안 고용하기로 근로계약을 체결한 경우
⑤ 근로자 F가 해외 파견으로 결원이 발생하여 돌아오기 전까지 3년간 G를 고용하기로 근로계약을 체결한 경우

21. ◇◇자동차그룹 기술개발팀은 수소연료전지 개발과 관련하여 다음의 자료를 바탕으로 회의를 진행하고 있다. 잘못된 분석을 하고 있는 사람은?

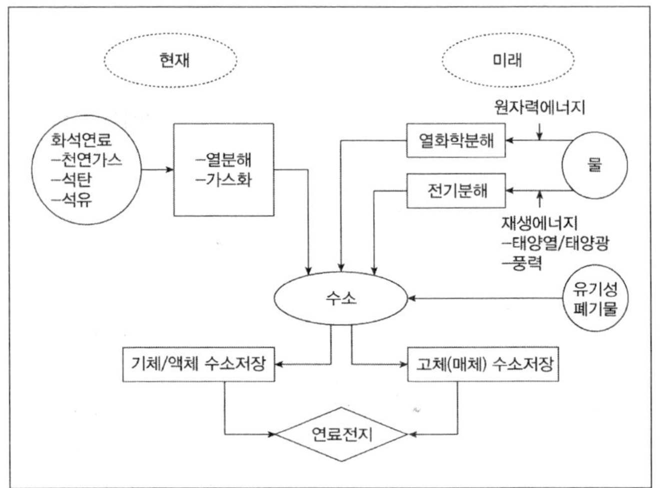

① 甲 : 현재는 석유와 천연가스 등 화석연료에서 수소를 얻고 있지만, 미래에는 재생에너지나 원자력을 활용한 수소 제조법이 사용될 것이다.

② 乙 : 수소는 기체, 액체, 고체 등 저장 상태에 관계없이 연료전지에 활용할 수 있다는 장점을 갖고 있다.

③ 丙 : 수소저장기술은 기체나 액체 상태로 저장하는 방식과 고체(매체)로 저장하는 방식으로 나눌 수 있다.

④ 丁 : 수소를 제조하는 기술에는 화석연료를 전기분해하는 방법과 재생에너지를 이용하여 물을 열분해하는 두 가지 방법이 있다.

⑤ 戊 : 수소는 물, 석유, 천연가스 및 유기성 폐기물 등에 함유되어 있으므로, 다양한 원료로부터 생산할 수 있다는 장점을 갖고 있다.

22. 사람들은 살아가면서 많은 소비를 하게 되며, 그에 따른 의사 결정을 하게 된다. 이렇듯 소비자 의사 결정이라고 불리는 이 과정은 크게 문제 인식, 정보 탐색, 대안 평가 및 선택, 결정, 구매 및 평가의 순서로 진행된다. 하지만 모든 소비자가 이러한 과정을 준수하여 소비하지는 않으며, 순서가 바뀌거나 또는 건너뛰는 경우도 있다. 다음의 사례는 5명의 사람이 여름휴가철을 맞아 드넓은 동해바다 앞의 게스트 하우스를 예약하고 이를 찾아가기 위해 활용할 교통수단을 놓고 선택에 대한 고민을 하고 있다. 이 부분은 소비자 의사 결정과정 중 대안평가 및 선택에 해당하는 부분인데, 아래의 조건들은 대안을 평가하는 방식들을 나열한 것이다. 이들 중 ㉠의 내용을 참고하여 보완적 평가방식을 활용해 목적지까지 가는 동안의 이동수단으로 가장 적절한 것을 고르면?

Ⅰ. 조건
㉠ 보완적 평가방식이란 각각의 상표에 있어 어떤 속성의 약점을 다른 속성의 강점에 의해 보완하여 전반적인 평가를 내리는 방식을 말한다.
㉡ 사전편집식이란 가장 중요시하는 평가기준에서 최고로 평가되는 상표를 선택하는 방식을 말한다.
㉢ 순차적 제거식이란 중요하게 생각하는 특정 속성의, 최소 수용기준을 설정하고 난 뒤에 그 속성에서 수용 기준을 만족시키지 못하는 상표를 제거해 나가는 방식을 말한다.
㉣ 결합식이란, 상표 수용을 위한 최소 수용기준을 모든 속성에 대해 마련하고, 각 상표별로 모든 속성의 수준이 최소한의 수용 기준을 만족시키는가에 따라 평가하는 방식을 말한다.

Ⅱ. 내용

평가기준	중요도	이동수단들의 가치 값				
		비행기	고속철도	고속버스	오토바이	도보
속도감	40	9	8	2	1	1
경제성	30	2	5	8	9	1
승차감	20	4	5	6	2	1

① 고속철도

② 비행기

③ 오토바이

④ 고속버스

⑤ 도보

23. 다음은 철도운행 안전관리자의 자격취소·효력정지 처분에 대한 내용이다. 다음의 내용을 참고하였을 때 옳지 않은 설명은? (단, 사고는 모두 철도운행 안전관리자의 고의 또는 중과실로 일어났다고 본다.)

1. 일반기준

㉠ 위반행위가 둘 이상인 경우로서 그에 해당하는 각각의 처분기준이 다른 경우에는 그중 무거운 처분기준에 따르며, 위반행위가 둘 이상인 경우로서 그에 해당하는 각각의 처분기준이 같은 경우에는 무거운 처분기준의 2분의 1까지 가중하되, 각 처분기준을 합산한 기간을 초과할 수 없다.

㉡ 위반행위의 횟수에 따른 행정처분의 기준은 최근 1년간 같은 위반행위로 행정처분을 받은 경우에 적용한다. 이 경우 행정처분 기준의 적용은 같은 위반행위에 대하여 최초로 행정처분을 한 날과 그 처분 후의 위반행위가 다시 적발된 날을 기준으로 한다.

2. 개별기준

위반사항 및 내용	처분기준		
	1차 위반	2차 위반	3차 위반
• 거짓이나 그 밖의 부정한 방법으로 철도운행 안전관리자 자격을 받은 경우	자격 취소		
• 철도운행 안전관리자 자격의 효력정지 기간 중 철도운행 안전관리자 업무를 수행한 경우	자격 취소		
• 철도운행 안전관리자 자격을 다른 사람에게 대여한 경우	자격 취소		
• 철도운행 안전관리자의 업무 수행 중 고의 또는 중과실로 인한 철도사고가 일어난 경우			
1) 사망자가 발생한 경우	자격 취소		
2) 부상자가 발생한 경우	효력 정지 6개월	자격 취소	
3) 1천만 원 이상 물적 피해가 발생한 경우	효력 정지 3개월	효력 정지 6개월	자격 취소
• 약물을 사용한 상태에서 철도운행 안전관리자 업무를 수행한 경우	자격 취소		
• 술을 마신 상태의 기준을 넘어서 철도운행 안전관리자 업무를 하다가 철도사고를 일으킨 경우	자격 취소		
• 술을 마신상태에서 철도운행 안전관리자 업무를 수행한 경우	효력 정지 3개월	자격 취소	
• 술을 마시거나 약물을 사용한 상태에서 업무를 하였다고 인정할만한 상당한 이유가 있음에도 불구하고 확인이나 검사 요구에 불응한 경우	자격 취소		

① 영호씨는 부정한 방법으로 철도운행 안전관리자 자격을 얻은 사실이 확인되어 자격이 취소되었다.

② 6개월 전 중과실 사고로 인해 효력정지 3개월의 처분을 받은 민수씨가 다시 철도운행 안전관리자의 업무 수행 중 2천만 원의 물적 피해를 입히는 사고를 일으켰다면 효력정지 6개월의 처분을 받게 된다.

③ 지만씨는 업무 수행 도중 사망자가 발생하는 사고를 일으켜 철도운행 안전관리자의 자격이 취소되었다.

④ 입사 후 처음으로 음주 상태에서 철도운행 안전관리자 업무를 수행한 정혜씨는 효력정지 3개월 처분을 받았다.

⑤ 위반행위가 없었던 경호씨는 이번 달 업무 수행 중 1천만 원의 물적 피해와 부상자가 발생하는 사고를 일으켰고 효력정지 3개월의 처분을 받았다.

24. 다음 〈조건〉을 근거로 판단할 때, 〈보기〉에서 옳은 것만을 모두 고르면?

〈조건〉

- 인공지능 컴퓨터와 매번 대결할 때마다, 甲은 A, B, C전략 중 하나를 선택할 수 있다.
- 인공지능 컴퓨터는 대결을 거듭할수록 학습을 통해 각각의 전략에 대응하므로, 동일한 전략을 사용할수록 甲이 승리할 확률은 하락한다.
- 각각의 전략을 사용한 횟수에 따라 각 대결에서 甲이 승리할 확률은 아래와 같고, 甲도 그 사실을 알고 있다.
- 전략별 사용횟수에 따른 甲의 승률

(단위 : %)

전략별 사용횟수 전략종류	1회	2회	3회	4회
A전략	60	50	40	0
B전략	70	30	20	0
C전략	90	40	10	0

㉠ 甲이 총 3번의 대결을 하면서 각 대결에서 승리할 확률이 가장 높은 전략부터 순서대로 선택한다면, 3가지 전략을 각각 1회씩 사용해야 한다.

㉡ 甲이 총 5번의 대결을 하면서 각 대결에서 승리할 확률이 가장 높은 전략부터 순서대로 선택한다면, 5번째 대결에서는 B전략을 사용해야 한다.

㉢ 甲이 1개의 전략만을 사용하여 총 3번의 대결을 하면서 3번 모두 승리할 확률을 가장 높이려면, A전략을 선택해야 한다.

㉣ 甲이 1개의 전략만을 사용하여 총 2번의 대결을 하면서 2번 모두 패배할 확률을 가장 낮추려면, A전략을 선택해야 한다.

① ㉠, ㉡
② ㉠, ㉢
③ ㉡, ㉣
④ ㉠, ㉢, ㉣
⑤ ㉡, ㉢, ㉣

25. 어느 날 진수는 직장선배로부터 '직장 내에서 서열과 직위를 고려한 소개의 순서를 정리하라는 요청을 받았다. 진수는 다음의 내용처럼 정리하고 직장선배에게 보여 주었다. 하지만 직장선배는 세 가지 항목이 틀렸다고 지적하였다. 지적을 받은 세 가지 항목은 무엇인가?

㉠ 연소자를 연장자보다 먼저 소개한다.

㉡ 같은 회사 관계자를 타 회사 관계자에게 먼저 소개한다.

㉢ 상급자를 하급자에게 먼저 소개한다.

㉣ 동료임원을 고객, 방문객에게 먼저 소개한다.

㉤ 임원을 비임원에게 먼저 소개한다.

㉥ 되도록 성과 이름을 동시에 말한다.

㉦ 상대방이 항상 사용하는 경우라면 Dr, 등의 칭호를 함께 언급한다.

㉧ 과거 정부 고관일지라도, 전직인 경우 호칭사용은 결례이다.

① ㉠, ㉡, ㉥
② ㉢, ㉤, ㉧
③ ㉣, ㉤, ㉥
④ ㉣, ㉤, ㉧
⑤ ㉣, ㉦, ㉧

26. 다음 조직도를 잘못 이해한 사람은 누구인가?

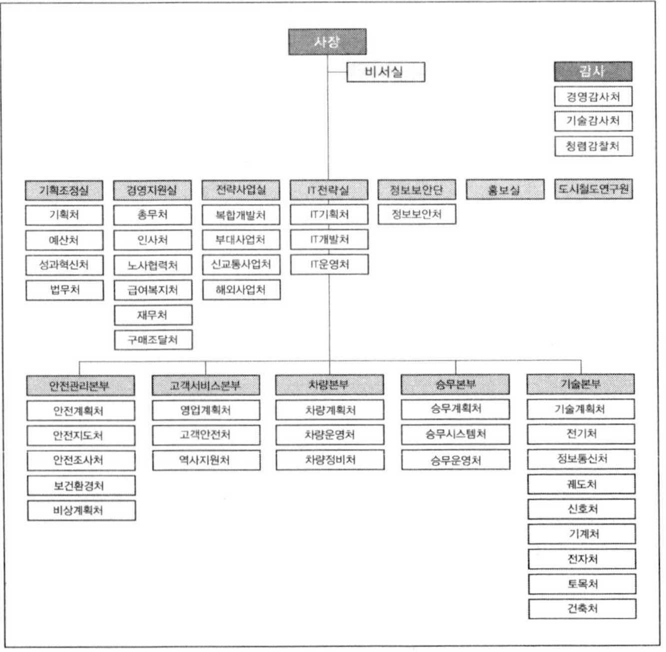

① 경영감사처는 사장 직속이 아니라 감사 산하에 별도로 소속되어 있다.
② 5본부가 사장 직속으로 구성되어 있다.
③ 7실 44처로 구성되어 있다.
④ 사장, 감사, 본부, 실, 단, 원, 처로 분류할 수 있다.
⑤ 기술본부는 9개의 처로 구성되어 있다.

▌27~28 ▌ 다음은 '갑'사의 내부 결재 규정에 대한 설명이다. 다음 글을 읽고 이어지는 물음에 답하시오.

제○○조(결재)
① 기안한 문서는 결재권자의 결재를 받아야 효력이 발생한다.
② 결재권자는 업무의 내용에 따라 이를 위임하여 전결하게 할 수 있으며, 이에 대한 세부사항은 따로 규정으로 정한다. 결재권자가 출장, 휴가, 기타의 사유로 상당한 기간 동안 부재중일 때에는 그 직무를 대행하는 자가 대결할 수 있되, 내용이 중요한 문서는 결재권자에게 사후에 보고(후열)하여야 한다.
③ 결재에는 완결, 전결, 대결이 있으며 용어에 대한 정의와 결재방법은 다음과 같다.
　1. 완결은 기안자로부터 최종 결재권자에 이르기까지 관계자가 결재하는 것을 말한다.
　2. 전결은 사장이 업무내용에 따라 각 부서장에게 결재권을 위임하여 결재하는 것을 말하며, 전결하는 경우에는 전결하는 자의 서명 란에 '전결'표시를 하고 맨 오른쪽 서명 란에 서명하여야 한다.
　3. 대결은 결재권자가 부재중일 때 그 직무를 대행하는 자가 하는 결재를 말하며, 대결하는 경우에는 대결하는 자의 서명 란에 '대결'표시를 하고 맨 오른쪽 서명 란에 서명하여야 한다.

제○○조(문서의 등록)
① 문서는 당해 마지막 문서에 대한 결재가 끝난 즉시 결재일자순에 따라서 번호를 부여하고 처리과별로 문서등록대장에 등록하여야 한다. 동일한 날짜에 결재된 문서는 조직 내부 원칙에 의해 우선순위 번호를 부여한다. 다만, 비치문서는 특별한 규정이 있을 경우를 제외하고는 그 종류별로 사장이 정하는 바에 따라 따로 등록할 수 있다.

27. 다음 중 '갑'사의 결재 및 문서의 등록 규정을 올바르게 이해하지 못한 것은?

① '대결'은 결재권자가 부재중일 경우 직무대행자가 행하는 결재 방식이다.
② 최종 결재권자는 여건에 따라 상황에 맞는 전결권자를 지정할 수 있다.
③ '전결'과 '대결'은 문서 양식상의 결재방식이 동일하다.
④ 문서등록대장은 매년 1회 과별로 새롭게 정리된다.
⑤ 기안문과 보고서 등 모든 문서는 결재일자가 기재되며 그 일자에 따라 문서등록대장에 등록된다.

28. '갑'사에 근무하는 직원의 다음과 같은 결재 문서 관리 및 조치 내용 중 규정에 따라 적절하게 처리한 것은?

① A 대리는 같은 날짜에 결재된 문서 2건을 같은 문서번호로 분류하여 등록하였다.
② B 대리는 중요한 내부 문서에는 '내부결재'를 표시하였고, 그 밖의 문서에는 '일반문서'를 표시하였다.
③ C 과장은 부하 직원에게 문서등록대장에 등록된 문서 중 결재 문서가 아닌 것도 포함될 수 있다고 알려주었다.
④ D 사원은 문서의 보존기간은 보고서에 필요한 사항이며 기안 문서에는 기재할 필요가 없다고 판단하였다.
⑤ 본부장이 최종 결재권자로 위임된 문서를 본부장 부재 시에 팀장이 최종 결재하게 되면, 팀장은 '전결' 처리를 한 것이다.

29. 다음 시트의 [D10]셀에서 =DCOUNT(A2:F7,4,A9:B10)을 입력했을 때 결과 값으로 옳은 것은?

① 0

② 1

③ 2

④ 3

⑤ 4

30. 원모와 친구들은 여름휴가를 와서 바다에 입수하기 전 펜션 1층에 모여 날씨가 궁금해 인터넷을 통해 날씨를 보고 있다. 이때 아래에 주어진 조건을 참조하여 원모와 친구들 중 주어진 날씨 데이터를 잘못 이해한 사람을 고르면?

> (조건 1) 현재시간은 월요일 오후 15시이다.
> (조건 2) 5명의 휴가기간은 월요일 오후 15시(펜션 첫날)부터 금요일 오전 11시(펜션 마지막 날)까지이다.

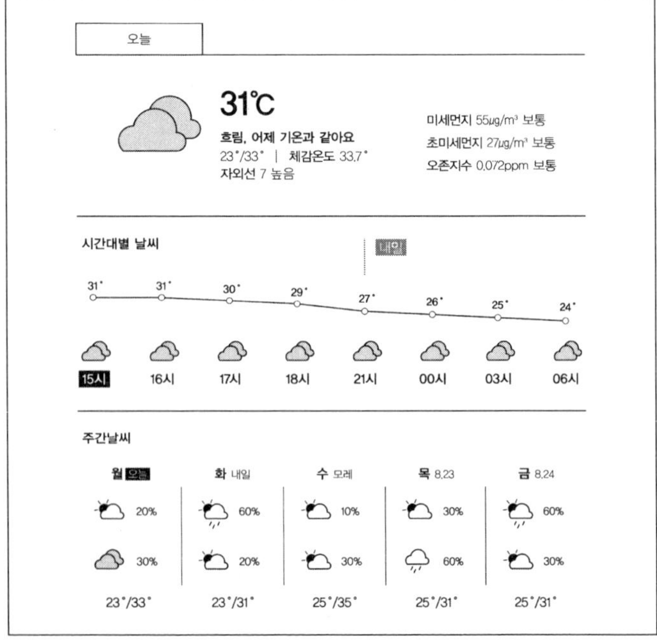

① 원모 : 우리 펜션 퇴실하는 날에는 우산을 준비 해야겠어.

② 형일 : 내일 오전에는 비가 와서 우산 없이는 바다를 보며 산책하기는 어려울 것 같아.

③ 우진 : 우리들이 휴가 온 이번 주 날씨 중에서 수요일 오후 온도가 가장 높아.

④ 연철 : 자정이 되면 지금보다 온도가 더 높아져서 열대야 현상으로 인해 오늘밤 잠을 자기가 힘들 거야.

⑤ 규호 : 오늘 미세먼지는 보통수준이야.

31. 다음의 알고리즘에서 인쇄되는 S는?

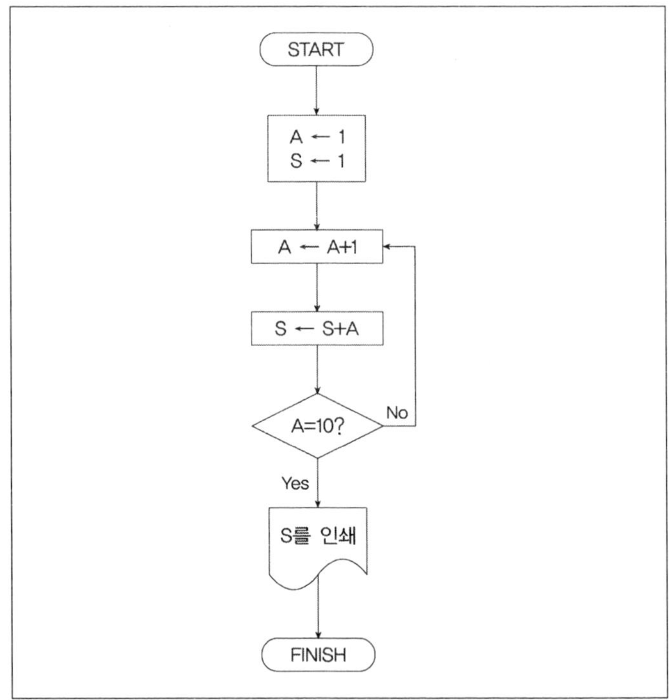

① 36

② 45

③ 55

④ 66

⑤ 75

32. 다음은 총무팀 오 과장이 팀장으로부터 지시받은 이번 주 업무 내역이다. 팀장은 오 과장에게 가급적 급한 일보다 중요한 일을 먼저 처리해 줄 것을 당부하며 아래의 일들에 대한 시간 분배를 잘 해 줄 것을 지시하였는데, 팀장의 지시사항을 참고로 오 과장이 처리해야 할 업무를 순서대로 바르게 나열한 것은?

Ⅰ 긴급하면서 중요한 일	Ⅱ 긴급하지 않지만 중요한 일
- 부서 손익실적 정리(A) - 개인정보 유출 방지책 마련(B) - 다음 주 부서 야유회 계획 수립(C)	- 월별 총무용품 사용현황 정리(D) - 부산 출장계획서 작성(E) - 내방 고객 명단 작성(F)
Ⅲ 긴급하지만 중요하지 않은 일	Ⅳ 긴급하지 않고 중요하지 않은 일
- 민원 자료 취합 정리(G) - 영업부 파티션 교체 작업 지원(H) - 출입증 교체 인원 파악(I)	- 신입사원 신규 출입증 배부(J) - 프린터기 수리 업체 수배(K) - 정수기 업체 배상 청구 자료 정리(L)

① (D) – (A) – (G) – (K)

② (B) – (E) – (J) – (H)

③ (A) – (G) – (E) – (K)

④ (B) – (F) – (G) – (L)

⑤ (I) – (E) – (C) – (J)

33. 다음과 같은 상황에서 길동이가 '맛나 음식점'에서 계속 일하기 위한 최소한의 연봉은 얼마인가?

> 현재 '맛나 음식점'에서 일하고 있는 길동이는 내년도 연봉 수준에 대해 '맛나 음식점' 사장과 협상을 하고 있다. 길동이는 협상이 결렬될 경우를 대비하여 퓨전 음식점 T의 개업을 고려하고 있다. 시장 조사 결과는 다음과 같다.
> - 보증금 3억 원(은행에서 연리 7.5%로 대출 가능)
> - 임대료 연 3,000만 원
> - 연간 영업비용
>   - 직원 인건비 8,000만 원
>   - 음식 재료비 7,000만 원
>   - 기타 경비 6,000만 원
> - 연간 기대 매출액 3.5억 원

① 8,600만 원

② 8,650만 원

③ 8,700만 원

④ 8,750만 원

⑤ 8,800만 원

34. 다음 표는 E통신사에서 시행하는 이동 통화 요금제 방식이다. 다음과 같은 방식으로 통화를 할 경우, 한 달 평균 이동전화 사용 시간이 몇 분 초과일 때부터 B요금제가 유리한가?

요금제	기본 요금(원)	1분당 전화 요금(원)
A	15,000	180
B	18,000	120

① 35분

② 40분

③ 45분

④ 50분

⑤ 55분

35. 다음은 장식품 제작 공정을 나타낸 것이다. 이에 대한 설명으로 옳은 것만을 〈보기〉에서 있는 대로 고른 것은? (단, 주어진 조건 이외의 것은 고려하지 않는다)

> 〈조건〉
> - A~E의 모든 공정 활동을 거쳐 제품이 생산되며, 제품 생산은 A 공정부터 시작된다.
> - 각 공정은 공정 활동별 한 명의 작업자가 수행하며, 공정 간 부품의 이동 시간은 고려하지 않는다.
>
> 〈작업순서〉

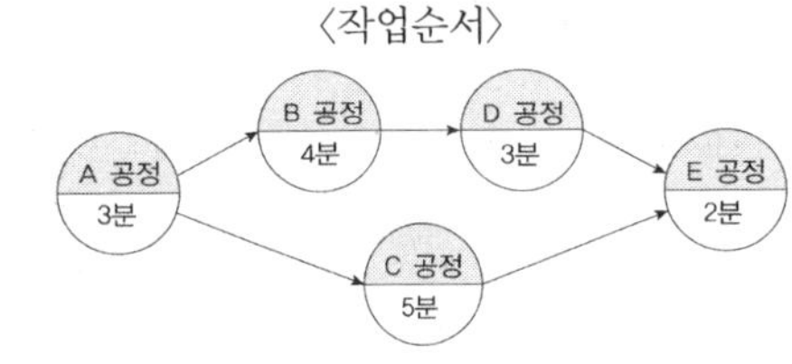

> ※ →는 작업의 선후 관계를 나타냄.

> 〈보기〉
> ㉠ 첫 번째 완제품은 생산 시작 12분 후에 완성된다.
> ㉡ 제품은 최초 생산 후 매 3분마다 한 개씩 생산될 수 있다.
> ㉢ C 공정의 소요 시간이 2분 지연되어도 첫 번째 완제품을 생산하는 총소요시간은 변화가 없다.

① ㉠

② ㉡

③ ㉠, ㉢

④ ㉡, ㉢

⑤ ㉠, ㉡, ㉢

36. 다음은 ㈜달라의 휴대폰 매뉴얼 중 주의사항 일부를 나타낸 것이다. 아래의 내용을 참조하여 서술한 내용으로 가장 적절하지 않은 것을 고르면?

㈜달라의 휴대폰 사용 시 주의사항

본 기기 사용 전 아래의 지시사항을 지키지 않을 경우 사용자는 심각한 상해를 입거나 사망할 수 있으므로 주의를 요합니다.

▢ 화재주의
- 충전단자나 외부접속단자 (microUSB 접속단자)에 전도성 이물질 (금속 조각, 연필심 등)을 접촉시키거나 내부로 넣지 마세요.
- 사용 중이나 충전 중에 이불 등으로 덮거나 또는 감싸지 마세요.
- 배터리가 새거나 냄새가 날 때는 즉시 사용을 중지하고 화기에서 멀리 두세요. 새어 나온 액체에 불이 붙거나 발화, 파열의 원인이 될 수 있습니다.
- 일반 쓰레기와 같이 버리지 마세요. 발화 및 환경파괴의 원인이 됩니다.

▢ 피부손상 주의
- 휴대전화의 인터넷, 동영상, 게임 등을 장시간 사용 시에 제품 표면의 온도가 올라갈 수 있으므로 사용을 잠시 중단하세요.
- 신체의 일부가 오랜 시간 휴대전화에 닿지 않도록 하세요. 휴대전화 장시간 사용 중 오랫동안 피부에 접촉 시 피부가 약한 분들은 저온화상의 우려가 있기 때문에 사용에 있어서 주의를 요합니다.

▢ 충전 시 주의
- USB 아이콘이 위로 향한 채 꽂으세요. 반대로 하게 되면 제품에 치명적인 손상을 줄 수 있습니다.
- 충전 중에 사용 시 감전의 우려가 있을 수 있으니 반드시 충전기와 분리 후에 사용하세요.
- 충전기 또는 배터리 단자 등에 이상이 있을 시에 무리한 충전을 하지 말고 ㈜달라 고객 상담실 (Tel : 1544-1234)로 문의하신 후에 가까운 ㈜달라 서비스센터로 가서서 제품을 확인 받으시기 바랍니다. (화재의 위험이 있습니다.)

---

① 해당 제품은 환경파괴의 원인으로 작용하므로 일반 쓰레기하고 같이 버리면 안 된다.

② 해당 제품의 오랜 사용으로 인해 피부에 장시간 맞닿아 있게 되면 피부가 약한 사람의 경우 저온화상을 입을 수 있다.

③ 핸드폰 충전 시 치명적인 손상을 방지하기 위해 USB 아이콘이 위로 향하는 방향으로 꽂아야 한다.

④ 해당 제품인 핸드폰을 게임이나 동영상 등에 오래 사용할 경우 제품에 온도가 높아질 수 있으므로 이러한 경우에는 핸드폰의 사용을 중단해야 한다.

⑤ 핸드폰 사용 시에 배터리 부분에서 냄새가 나게 되는 경우에 핸드폰 전원을 꺼야 한다.

37. 다음은 A, B 사원의 직업 기초 능력을 평가한 결과이다. 이에 대한 설명으로 가장 적절한 것은?

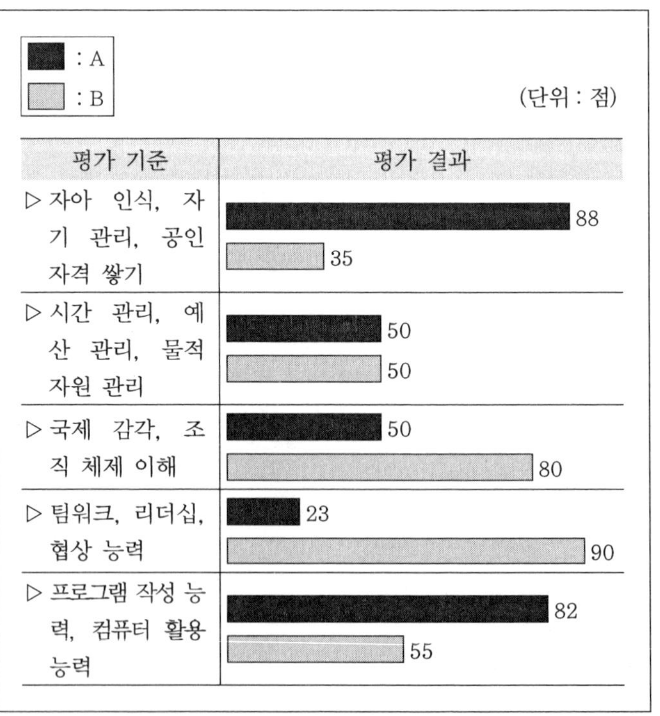

① A는 B보다 스스로를 관리하고 개발하는 능력이 우수하다.

② A는 B보다 조직의 체제와 경영을 이해하는 능력이 우수하다.

③ A는 B보다 업무 수행 시 만나는 사람들과 원만하게 지내는 능력이 우수하다.

④ B는 A보다 정보를 검색하고 정보 기기를 활용하는 능력이 우수하다.

⑤ B는 A보다 업무 수행에 필요한 시간, 자본 등의 자원을 예측 계획하여 할당하는 능력이 우수하다.

38. 다음 중 팀워크에 관한 설명에 부합하는 사례로 옳은 것은?

> 팀워크란 팀 구성원이 공동의 목적을 달성하기 위해 상호 관계성을 가지고 서로 협력하여 일을 해나가는 것을 말한다. 좋은 팀워크를 유지한다고 해서 의견충돌이나 갈등이 없는 것이 아니지만 구성원은 상호 신뢰하고 존중하고 각자 역할과 책임을 다하므로 의견충돌이나 갈등상황이 지속되지 않고 효율적으로 업무를 추진한다. 이러한 조직에서는 이기주의 또는 자의식 과잉 등 개인을 우선하는 분위기, 팀 내 분열을 조장하는 파벌주의, 비효율적 업무처리 등 팀워크를 저해하는 요소를 찾을 수 없다.

〈사례〉
㉠ 평소 구성원 간 협동 또는 교류보다는 경쟁을 모토로 삼는 A팀은 올 상반기 매출실적이 사내 1위였다.
㉡ B팀은 지난주 회의 때 ○○제품의 출시일자를 두고 의견이 갈려 결론을 내지 못했지만, 이번 회의에서는 토론 및 설득을 통해 출시일자를 늦추자는 방안을 만장일치로 채택하였다.
㉢ C팀은 팀원 간 사적으로 친밀하고 단합을 중시하여 화기애애한 분위기이지만 사적인 관계로 인해 업무처리 속도가 다른 팀에 비하여 떨어지고 실수가 잦다.

① ㉠

② ㉡

③ ㉢

④ ㉠, ㉢

⑤ ㉡, ㉢

39. 스마트 트레인과 관련하여 CBM 시스템을 설명하는 甲과 乙의 말에서 알 수 있는 직업윤리의 덕목은 무엇인가?

> 甲 : "CBM(Condition Based Maintenance) 시스템은 4차산업 혁명의 핵심인 ABC 산업으로 불리는 AI, Big Data, Cloud 이 세 가지가 모두 집약되어 최적의 차량 유지보수를 가능하게 합니다. CBM 시스템과 연결된 운전실 디스플레이나 운영자 및 정비자에게 태블릿 PC로 열차상태를 실시간으로 확인할 수 있습니다. 이런 경우, 정해진 방법에 따라 운전자는 조속한 고장 조치를 취할 수 있으며, 이러한 정보는 서버를 통해 자동으로 운영자 및 유지보수자에게 전달되어 열차의 운행일정과 유지보수 일정의 효율적인 계획을 수립할 수 있습니다. 저는 이러한 CBM 시스템을 개발하는 것이 누구나 할 수 있는 것은 아니며 교육을 통한 지식과 경험을 갖추어야만 가능한 것임을 알고 있기에 제가 알고 있는 지식을 총 동원하여 최고의 시스템을 개발하기 위해 앞으로 더욱 노력할 것입니다."
>
> 乙 : "CBM 시스템은 차량과 지상 양쪽에서 모두 열차 상태에 대해 실시간 모니터링이 가능합니다. 현재 운행되는 열차는 유지보수 매뉴얼 등 별도의 문서 없이는 정비 인력이 설계도나 유지보수 방법을 모두 파악하기 어렵습니다. 여기서 CBM 시스템을 이용하면 이러한 문제도 쉽게 해결할 수 있습니다. CBM 시스템에 연결된 모바일 장비 또는 사무실의 PC에서 웹 기반의 빅데이터 분석 플랫폼에 접속하여 각 고장에 대한 유지보수 메뉴를 클릭하면 고장과 관련된 데이터와 작업 지시서를 확인할 수 있습니다. 작업지시서에는 작업 매뉴얼과 관련 부품 재고, 위치 등 유지보수 작업에 필요한 모든 정보가 표시되어 엔지니어가 차량의 고장에 효율적으로 대처할 수 있습니다. 차량의 부품에도 각각 센서를 부착해 마모 상태 등을 측정한 후 정말 문제가 있을 때에 한해서 교체하게 되면 불필요한 비용을 절감할 수 있게 됩니다. 저는 평소에도 스마트 트레인 분야에 관심이 많았는데 이러한 시스템을 개발하는 것은 저에게 딱 맞는 일이라고 생각합니다. 앞으로도 긍정적인 생각을 갖고 업무 수행을 원활히 하도록 노력할 것입니다."

	甲	乙
①	전문가의식	천직의식
②	전문가의식	직분의식
③	천직의식	전문가의식
④	천직의식	소명의식
⑤	소명의식	직분의식

40. 당신은 서울교통공사 입사 지원자이다. 서류전형 통과 후, NCS 기반의 면접을 보기 위해 면접장에 들어가 있는데, 면접관이 당신에게 다음과 같은 질문을 하였다. 다음 중 면접관의 질문에 대한 당신의 대답으로 가장 적절한 것은?

> 면접관 : 최근 많은 회사들이 윤리경영을 핵심 가치로 내세우며, 개혁을 단행하고 있습니다. 그건 저희 회사도 마찬가지입니다. 윤리경영을 단행하고 있는 저희 회사에 도움이 될 만한 개인 사례를 말씀해 주시기 바랍니다.
>
> 당신 : (   )

① 저는 시간관념이 철저하므로 회의에 늦은 적이 한 번도 없습니다.

② 저는 총학생회장을 역임하면서, 맡은 바 책임이라는 것이 무엇인지 잘 알고 있습니다.

③ 저는 상담사를 준비한 적이 있어서, 타인의 말을 귀 기울여 듣는 것이 얼마나 중요한지 알고 있습니다.

④ 저는 동아리 생활을 할 때, 항상 동아리를 사랑하는 마음으로 남들보다 먼저 동아리실을 청소하고, 시설을 유지하기 위해 노력했습니다.

⑤ 저는 모든 일이 투명하게 이뤄져야 한다고 생각합니다. 그래서 어린 시절 반에서 괴롭힘을 당하는 친구가 있으면 일단 선생님께 말씀드리곤 했습니다.

✎ **직무수행능력평가_기계일반**(40문항/50분)

1　다음 중 벨트풀리 등을 축과 함께 회전시키면서 동시에 축 방향으로도 이동할 수 있도록 한 키는?

① 미끄럼 키　　　　　② 원뿔 키

③ 납작 키　　　　　　④ 묻힘 키

⑤ 페더 키

2　다음 중 주물사의 조건으로 옳지 않은 것은?

① 성형성이 좋아야 한다.

② 염가이어야 한다.

③ 열전도성이 낮아 보온성이 있어야 한다.

④ 붕괴성이 낮아야 한다.

⑤ 내화성이 커야 한다.

3　다음 중 열간 가공의 특징으로 바르지 않은 것은?

① 소형제품의 생산에 유리하다.

② 재료의 균일화가 이루어진다.

③ 대량생산이 가능하다.

④ 적은 동력으로 큰 변형을 줄 수 있다.

⑤ 동력이 적게 들어 경제적이다.

4　최대 2%까지 탄소를 함유하고 있으며 γ철에 시멘타이트가 고용되어 있어 γ고용체라고도 하는 것은?

① 트루스타이트　　　② 소르바이트

③ 펄라이트　　　　　④ 마텐자이트

⑤ 오스테나이트

5 밀링가공에서 밀링커터의 날(tooth)당 이송 0.2mm/tooth, 회전 당 이송 0.4mm/rev, 커터의 날 2개, 커터의 회전속도 500rpm일 때, 테이블의 분당 이송 속도[mm/min]는?

① 100   ② 200

③ 400   ④ 800

⑤ 900

6 M18×2인 미터 가는 나사의 치수에 대한 설명으로 옳은 것은?

① 수나사 골지름 18mm, 2줄 나사

② 수나사 유효지름 18mm, 신수 2

③ 수나사 바깥지름 18mm, 신수 2

④ 수나사 유효지름 18mm, 피치 2mm

⑤ 수나사 바깥지름 18mm, 피치 2mm

7 물체를 끌어올리는데 사용되는 것으로 머리 부분이 도너츠 모양으로 그 부분에 체인이나 훅을 걸 수 있도록 만들어져 있는 볼트는?

① 탭 볼트   ② 아이 볼트

③ 관통 볼트   ④ 기초 볼트

⑤ 스터드 볼트

8 환봉모양의 구리합금 전극 사이에 모재를 겹쳐 놓고 전극으로 가압하면서 전류를 통할 때 발생하는 저항열로 접촉부위를 국부적으로 가압하여 접합하는 용접 방법은?

① 프로젝션 용접

② 겹치기 저항 용접

③ 점 용접

④ 맞대기 저항 용접

⑤ 심 용접

9 다음 중 축의 둘레에 여러 개의 키 홈을 깎아서 만든 것으로서 큰 동력을 전달할 수 있는 키는?

① 페더 키(feather key)

② 스플라인 키(spline key)

③ 반달 키(woodruff key)

④ 접선 키(tangent key)

⑤ 평 키(flat key)

10 다음 중 인벌류트 치형에 대한 설명으로 가장 부적절한 것은?

① 압력각과 모듈이 모두 같아야 한다.

② 중심거리는 약간의 오차가 있어도 무방하며 조립이 상당히 어렵다.

③ 전동용으로 주로 사용된다.

④ 중심거리가 다소 어긋나도 속도비는 변하지 않고 원활한 맞물림이 가능하다.

⑤ 언더컷이 발생한다.

11 산소-아세틸렌 불꽃으로 강의 표면만 가열하여 열이 중심 부분에 전달되기 전에 급랭하는 표면경화법은?

① 고주파 경화 방법   ② 질화방법

③ 화염 경화 방법   ④ 청화방법

⑤ 침탄방법

12 터릿선반에 대한 설명으로 옳지 않은 것은?

① 필요한 다수의 절삭공구를 미리 고정할 수 있다.

② 다중절삭이 가능하다.

③ 이송이 가능한 육각형 터릿을 차례대로 회전시켜 작업을 하는 선반이다.

④ 가장 널리 사용되는 선반으로 다종 소량생산에 사용한다.

⑤ 절삭범위를 미리 정하여 공구를 고정할 수 있다.

13 재료의 성질 중 재료가 파괴되기(파괴강도) 전까지 에너지를 흡수할 수 있는 능력은?

① 소성　　　　　　　② 탄성
③ 인성　　　　　　　④ 경도
⑤ 연성

14 다음 중 상향절삭에 대한 내용으로 가장 옳지 않은 것은?

① 가공면이 거칠다.
② 커터의 수명이 길다.
③ 백래시가 제거된다.
④ 동력 소비가 크다.
⑤ 칩이 잘 빠져나온다.

15 다음 기어의 종류 중 두 축이 서로 평행한 경우에 사용하는 기어에 해당하지 않는 것은?

① 랙과 피니언　　　　② 헬리컬기어
③ 내접기어　　　　　④ 스퍼기어
⑤ 크라운 기어

16 한 쌍의 기어가 맞물려 회전할 때 이의 간섭을 방지하기 위한 방법으로 옳은 것은?

┌─────────────────────────────────┐
│ ㉠ 기어의 잇수를 최대한 크게 한다.
│ ㉡ 피니언의 잇수를 최소 잇수 이상으로 증가시킨다.
│ ㉢ 압력각을 크게 한다.
│ ㉣ 기어의 이 높이를 줄인다.
└─────────────────────────────────┘

① ㉠㉣　　　　　　　② ㉡㉢
③ ㉠㉡㉢　　　　　　④ ㉠㉡㉣
⑤ ㉡㉢㉣

17 다음 중 냉매가 지녀야할 조건으로 바르지 않은 것은?

① 상온에서는 비교적 저압으로도 액화가 가능해야 하며 증발잠열이 커야 한다.
② 임계온도는 상온보다 높고, 응고점은 낮을수록 좋다.
③ 저온에서도 대기압 이상의 포화증기압을 갖고 있어야 한다.
④ 액체 상태에서나 기체상태에서 점성이 커야 한다.
⑤ 냉매가스의 비체적이 작을수록 좋다.

18 그림과 같은 형태의 나사에 대한 설명으로 옳은 것은?

① 힘을 받는 면은 축에 수평이며, 받지 않는 면은 축에 직각이다.
② 풀어지기 쉽지만 저항이 작다.
③ 축선의 한쪽에만 힘을 받는 곳에 사용한다.
④ 강력한 동력 전달용에 사용한다.
⑤ 먼지, 모래가 끼기 쉬운 전구, 호스연결부에 사용한다.

19 웜 기어에 대한 내용으로 바르지 않은 것은?

① 잇면의 미끄럼이 크며 진입 각이 작으면 효율이 낮아진다.
② 역전을 방지할 수 없으며 운전 중 소음과 진동이 크다.
③ 웜휠을 연삭하기가 어려워 특수공작이 요구된다.
④ 잇면의 맞부딪힘이 발생하며 웜과 웜휠 사이에서 추력하중이 발생한다.
⑤ 작은 용량으로 큰 감속비를 얻을 수 있으며 부하용량이 크다.

20 다음 중 펌프에서의 수격현상에 관한 설명으로 옳지 않은 것은?

① 유체의 압력변동이 있는 경우에 수격현상이 발생하게 된다.

② 수격현상 방지 대책으로 관경을 작게 하고 유속을 높인다.

③ 수격현상 방지 대책으로 펌프에 플라이 휠(fly wheel) 설치하여 펌프의 급격한 속도변화를 방지한다.

④ 수격현상 방지 대책으로 배관은 가능한 직선적으로 시공한다.

⑤ 수격현상 방지 대책으로 조압수조 또는 수격방지기를 설치한다.

21 금형 내에 삽입된 원통형 용기 또는 관에 높은 압력을 가하여, 용기 또는 관의 일부를 팽창시켜 성형하는 가공 방법은?

① 비딩   ② 컬링
③ 헷징   ④ 벌징
⑤ 스피닝

22 대표적인 단조용 알루미늄 합금으로 고강도 재료이며 항공기 등에 주로 사용되는 소재는?

① 스피닝

② 두랄루민

③ 파인 세라믹

④ 초전도합금

⑤ 형상기억합금

23 서브머지드 아크 용접법에 관한 내용으로 적절하지 않은 것은?

① 용접속도가 매우 빠르며 위빙을 할 필요가 없다.

② 강도가 작고 신뢰도가 낮으며 열에너지 손실이 많다.

③ 용접부가 직선형상일 때 주로 사용한다.

④ 용접재료의 소비가 적으며 용접변형과 잔류응력이 작다.

⑤ 설비비가 비싸며 비드가 불규칙한 경우 하향 용접 외의 용접이 어렵다.

24 유동형칩의 발생조건으로 옳지 않은 것은?

① 고속절삭을 할 때

② 모재가 연성일 때

③ 작업이 원활하게 이루어질 때

④ 바이트의 경사각이 클 때

⑤ 취성재료를 절삭할 때

25 두 축의 중심이 약간 떨어져 평행할 때 동력을 전달시키는 축으로 고속회전에는 적합하지 않은 커플링은?

① 셀러 커플링   ② 기어 커플링
③ 고정 커플링   ④ 머프 커플링
⑤ 올덤 커플링

26 다음 중 비용적형 펌프에 관한 내용으로 가장 옳지 않은 것은?

① 토출유량은 펌프축의 회전속도와 비례한다.

② 토출량과 압력 사이에 일정관계가 있다.

③ 토출량이 증가하면 토출압력은 감소한다.

④ 토출량이 일정하다.

⑤ 저압에서 대량의 유체를 수송하는데 사용한다.

27 다음 중 소성가공에 대한 내용으로 바르지 않은 것은?

① 칩(chip)이 발생한다.

② 취성인 재료의 가공에는 적합하지 않다.

③ 냉간가공과 열간가공으로 나뉜다.

④ 절삭가공에 비해 생산율이 높고, 제품의 강도가 크다.

⑤ 단조, 압연, 압출, 인발 등이 있다.

28 다음의 비철금속에 대한 설명 중 옳지 않은 것은?

① 구리는 열 및 전기 전도율이 좋으나, 기계적인 강도는 낮다.

② 티타늄은 알루미늄보다 가벼워 항공재료로 사용된다.

③ 알루미늄은 가벼운 것이 특징이며, 가공이 용이하다.

④ 니켈은 산화피막에 의해서 내부식성이 우수하다.

⑤ 알루미나는 내부식성을 증가시킨다.

29 테일러의 공구수명방정식은 절삭속도(V)와 공구수명(T)과의 관계식이다. 이 관계식으로 옳은 것은? (단, n과 C는 상수)

① $V^n T = C$

② $VT = C^n$

③ $VT^n = C$

④ $\dfrac{VT}{n} = C$

⑤ $\dfrac{n}{VT} = C$

30 다음 중 강화플라스틱(Fiber Reinforced Plastic, FRP)에 관한 내용으로 바르지 않은 것은?

① 열가소성수지에 보강재(유리섬유)를 사용하여 강도가 향상된 플라스틱제품을 만드는 것이다. 기계와 건축에서 매우 자주 사용되는 소재이다.

② 분산상의 섬유와 플라스틱 모재로 구성되어 있다.

③ 비강도 및 비강성이 낮고 이방성이 상당히 크다.

④ 최대 강도는 인장력이 작용하는 방향과 섬유방향이 동일한 경우 최대강도가 발현된다.

⑤ 섬유와 플라스틱 모재 간의 경계면에서 하중이 전달되기 때문에 두 재료의 접착력이 매우 중요하다.

31 다음 중 와이어 방전가공에 대한 내용으로 바르지 않은 것은?

① 가공액은 일반적으로 수용성 절삭유를 물에 희석하여 사용한다.

② 와이어 전극은 소모성 재료(구리, 황동, 흑연 등)이므로 재사용이 불가능하다.

③ 와이어는 일정한 장력을 걸어주어야 하는데 보통 와이어 파단력의 1/2정도로 한다.

④ 강재판재에 곡선윤곽의 구멍을 뚫어 형판을 제작하려고 할 경우 가장 적합한 가공법이다.

⑤ 복잡하고 미세한 형상 가공이 상당히 어렵다.

32 연삭숫돌의 입자가 무디어지거나 눈메움이 생기면 연삭능력이 떨어지고 가공물의 치수 정밀도가 저하되므로 예리한 날이 나타나도록 공구로 숫돌 표면을 가공하는 것을 나타내는 용어는?

① 트루잉(truing)

② 글레이징(glazing)

③ 로딩(loading)

④ 드레싱(dressing)

⑤ 스필링(spilling)

33 다음 중 고무 스프링에 관한 내용으로 가장 바르지 않은 것은?

① 방진효과가 우수하다.
② 어떠한 상황에 처하더라도 충격흡수 능력이 상당히 좋지 않다.
③ 합성수지로서 다양한 모양제작이 가능하다.
④ 변질 방지를 위해 기름에 접촉되는 것을 피해야 한다.
⑤ 직사광선에 노출되는 것을 피해야 한다.

34 다음 중 연삭가공에 관한 내용으로 옳지 않은 것은?

① 연삭가공은 공구 대신에 경도가 매우 높은 연삭입자를 사용하여 연삭숫돌바퀴를 만든 후 이를 고속으로 회전하여 가공면을 미세하게 가공하는 방법이다.
② 연삭입자는 경도가 매우 크므로 일반 공작기계에서 가공이 어려운 경질의 소재를 가공할 수 있으며 정밀도가 높은 표면의 가공이 가능하다.
③ 연삭입자는 기하학적으로 일정한 형상을 갖고 있지 않으며 숫돌의 원주방향으로 임의로 배열되어 있다.
④ 연삭입자의 날끝은 일정한 각도를 가지며 평균적으로 양의 경사각을 갖으며 전단각이 크다.
⑤ 절삭속도가 매우 빠르며 매우 단단한 재료의 가공이 가능하며 높은 연삭열의 발생으로 연삭점의 온도가 대단히 높다.

35 드릴링 머신으로 할 수 있는 작업에 대한 용어의 설명으로 바르지 않은 것은?

① 드릴링(drilling)은 드릴링 머신의 주된 작업으로서 드릴을 사용하여 구멍을 뚫는 작업이다.
② 보링(boring)은 드릴을 사용하여 뚫은 구멍이나 이미 만들어져 있는 구멍을 넓히는 작업이다.
③ 스폿 페이싱(spot facing)은 접시머리 나사의 머리 부분을 묻히게 하기 위하여 자리를 파는 작업이다.
④ 태핑(tapping)은 드릴을 시용하여 뚫은 구멍의 내면에 랩을 사용하여 암나사를 가공하는 작업이다.
⑤ 리밍(reaming)은 드릴을 사용하여 뚫은 구멍의 내면을 리머로 다듬는 작업이다.

36 철강의 열처리와 표면처리에 대한 설명 중 옳은 것으로만 묶인 것은?

㈎ 트루스타이트(troostite) 조직은 마텐자이트(martensite) 조직보다 경도가 크다.
㈏ 오스템퍼링(austempering)을 통해 베이나이트(bainite) 조직을 얻을 수 있다.
㈐ 철의 표면에 규소(Si)를 침투시켜 피막을 형성하는 것을 세라다이징(sheradizing)이라 한다.
㈑ 심랭처리를 통해 잔류 오스테나이트(austenite)를 줄일 수 있다.

① ㈎, ㈐ 　　　② ㈎, ㈑
③ ㈏, ㈐ 　　　④ ㈏, ㈑
⑤ ㈐, ㈑

37 다음 중 내연기관에 관한 설명으로 가장 거리가 먼 것은?

① 대형 중량이며 마력 당 중량이 많고, 열효율이 낮다.

② 큰 출력을 얻기가 어렵다.

③ 충격과 진동, 소음이 크며 저속운전이 곤란하다.

④ 부하에 민감하고 운전, 취급 및 시동정지가 쉽다.

⑤ 자력시동이 불가능하여 시동장치를 필요로 한다.

38 피복제 작용에 관한 설명으로 바르지 않은 것은?

① 용접금속(weld metal)의 탈산정련작용을 한다.

② 슬래그의 제거를 용이하게 하고, 파형이 아름다운 비드를
만든다.

③ 용접금속의 응고와 냉각속도를 완만하게 한다.

④ 아크를 불안정하게 한다.

⑤ 용접금속에 필요한 합금원소의 첨가를 한다.

39 유체 토크 컨버터의 특성으로 바르지 않은 것은?

① 마찰클러치에 비해 연료소비율이 더 낮다.

② 전부하 상태로 발진할 때 최대토크가 발생된다.

③ 작동소음이 거의 없다.

④ 기계적 마모가 없다.

⑤ 발진할 때 기관의 시동이 꺼지지 않도록 할 수 있다.

40 절삭가공에서 절삭온도와 공구의 경도에 대한 설명으로 옳지
않은 것은?

① 전단면에서 전단소성변형에 의한 열이 발생한다.

② 공구의 온도가 상승하면 공구재료는 경화한다.

③ 칩과 공구 윗면과의 사이에 마찰열이 발생한다.

④ 공구의 온도가 상승하면 공구의 수명이 단축된다.

⑤ 절삭열은 칩, 공구, 공작물에 축적된다.

서울교통공사
필기시험

성 명

(자 필 성 명)

생 년 월 일

직업기초능력평가				직무수행능력평가			
1	① ② ③ ④ ⑤	21	① ② ③ ④ ⑤	1	① ② ③ ④ ⑤	21	① ② ③ ④ ⑤
2	① ② ③ ④ ⑤	22	① ② ③ ④ ⑤	2	① ② ③ ④ ⑤	22	① ② ③ ④ ⑤
3	① ② ③ ④ ⑤	23	① ② ③ ④ ⑤	3	① ② ③ ④ ⑤	23	① ② ③ ④ ⑤
4	① ② ③ ④ ⑤	24	① ② ③ ④ ⑤	4	① ② ③ ④ ⑤	24	① ② ③ ④ ⑤
5	① ② ③ ④ ⑤	25	① ② ③ ④ ⑤	5	① ② ③ ④ ⑤	25	① ② ③ ④ ⑤
6	① ② ③ ④ ⑤	26	① ② ③ ④ ⑤	6	① ② ③ ④ ⑤	26	① ② ③ ④ ⑤
7	① ② ③ ④ ⑤	27	① ② ③ ④ ⑤	7	① ② ③ ④ ⑤	27	① ② ③ ④ ⑤
8	① ② ③ ④ ⑤	28	① ② ③ ④ ⑤	8	① ② ③ ④ ⑤	28	① ② ③ ④ ⑤
9	① ② ③ ④ ⑤	29	① ② ③ ④ ⑤	9	① ② ③ ④ ⑤	29	① ② ③ ④ ⑤
10	① ② ③ ④ ⑤	30	① ② ③ ④ ⑤	10	① ② ③ ④ ⑤	30	① ② ③ ④ ⑤
11	① ② ③ ④ ⑤	31	① ② ③ ④ ⑤	11	① ② ③ ④ ⑤	31	① ② ③ ④ ⑤
12	① ② ③ ④ ⑤	32	① ② ③ ④ ⑤	12	① ② ③ ④ ⑤	32	① ② ③ ④ ⑤
13	① ② ③ ④ ⑤	33	① ② ③ ④ ⑤	13	① ② ③ ④ ⑤	33	① ② ③ ④ ⑤
14	① ② ③ ④ ⑤	34	① ② ③ ④ ⑤	14	① ② ③ ④ ⑤	34	① ② ③ ④ ⑤
15	① ② ③ ④ ⑤	35	① ② ③ ④ ⑤	15	① ② ③ ④ ⑤	35	① ② ③ ④ ⑤
16	① ② ③ ④ ⑤	36	① ② ③ ④ ⑤	16	① ② ③ ④ ⑤	36	① ② ③ ④ ⑤
17	① ② ③ ④ ⑤	37	① ② ③ ④ ⑤	17	① ② ③ ④ ⑤	37	① ② ③ ④ ⑤
18	① ② ③ ④ ⑤	38	① ② ③ ④ ⑤	18	① ② ③ ④ ⑤	38	① ② ③ ④ ⑤
19	① ② ③ ④ ⑤	39	① ② ③ ④ ⑤	19	① ② ③ ④ ⑤	39	① ② ③ ④ ⑤
20	① ② ③ ④ ⑤	40	① ② ③ ④ ⑤	20	① ② ③ ④ ⑤	40	① ② ③ ④ ⑤

서울교통공사

제3회 모의고사

성명		생년월일	
문제 수(배점)	80문항	풀이시간	/ 100분
영역	직업기초능력평가, 직무수행능력평가(기계일반)		
비고	객관식 5지선다형		

※ 유의사항
- 문제지 및 답안지의 해당란에 문제유형, 성명, 응시번호를 정확히 기재하세요.
- 모든 기재 및 표기사항은 "컴퓨터용 흑색 수성 사인펜"만 사용합니다.
- 예비 마킹은 중복 답안으로 판독될 수 있습니다.

서울교통공사 필기시험 모의고사

✎ **직업기초능력평가(40문항/50분)**

1. 밑줄 친 부분의 표기가 가장 적절한 것은?

① 엄마는 첫째를 <u>각별의</u> 아꼈다.

② 강사원은 정대리와 유부장의 지시가 달라 입장이 <u>곤난해 졌다.</u>

③ 새신발이 잘 맞지 않는지 <u>발뒷꿈치가</u> 온통 까져서 걷기가 힘들다.

④ 열이 끓는 아이의 엉덩이에 주사를 <u>맞혔다.</u>

⑤ 머리를 한올한올 <u>반드시</u> 넘기고 무대로 올랐다.

2. 다음 중 밑줄 친 단어와 같은 의미로 사용된 문장은?

종묘(宗廟)는 조선시대 역대 왕과 왕비, 그리고 추존(追尊)된 왕과 왕비의 신주(神主)를 봉안하고 제사를 <u>지내는</u> 왕실의 사당이다. 신주는 사람이 죽은 후 하늘로 돌아간 신혼(神魂)이 의지하는 것으로, 왕과 왕비의 사후에도 그 신혼이 의지할 수 있도록 신주를 제작하여 종묘에 봉안했다. 조선 왕실의 신주는 우주(虞主)와 연주(練主) 두 종류가 있는데, 이 두 신주는 모양은 같지만 쓰는 방식이 달랐다. 먼저 우주는 묘호(廟號), 상시(上諡), 대왕(大王)의 순서로 붙여서 썼다. 여기에서 묘호와 상시는 임금이 승하한 후에 신위(神位)를 종묘에 봉안할 때 올리는 것으로서, 묘호는 '태종', '세종', '문종' 등과 같은 추존 칭호이고 상시는 8글자의 시호로 조선의 신하들이 정해 올렸다.

한편 연주는 유명증시(有明贈諡), 사시(賜諡), 묘호, 상시, 대왕의 순서로 붙여서 썼다. 사시란 중국이 조선의 승하한 국왕에게 내려준 시호였고, 유명증시는 '명나라 왕실이 시호를 내린다'는 의미로 사시 앞에 붙여 썼던 것이었다. 하지만 중국 왕조가 명나라에서 청나라로 바뀐 이후에는 연주의 표기 방식이 바뀌었는데, 종래의 표기 순서 중에서 유명증시와 사시를 빼고 표기하게 되었다. 유명증시를 뺀 것은 더 이상 시호를 내려줄 명나라가 존재하지 않았기 때문이었고, 사시를 뺀 것은 청나라가 시호를 보냈음에도 불구하고 조선이 청나라를 오랑캐의 나라로 치부하여 그것을 신주에 반영하지 않았기 때문이었다.

① 그는 산속에서 <u>지내면서</u> 혼자 공부를 하고 있다.

② 둘은 전에 없이 친하게 <u>지내고</u> 있었다.

③ 그는 이전에 시장을 <u>지내고</u> 지금은 시골에서 글을 쓰며 살고 있다.

④ 비가 하도 오지 않아 기우제를 <u>지내기로</u> 했다.

⑤ 아이들은 휴양지에서 여름 방학을 <u>지내기를</u> 소원하였다.

3. 다음 서식을 보고 빈칸에 들어갈 알맞은 단어를 고른 것은?

납품(장착) 확인서

1. 제   품   명 : 슈퍼터빈(연료과급기)
2. 회   사   명 : 서원각
3. 사업자등록번호 : 123-45-67890
4. 주   소 : 경기도 고양시 일산서구 가좌동 846
5. 대   표   자 : 정 확 한
6. 공 급 받 는 자 : ㈜소정 코리아
7. 납품(계약)단가 : 일금 이십육만원정(₩ 260,000)
8. 납품(계약)금액 : 일금 이백육십만원정(₩ 2,600,000)
9. 장착차량 현황

차종	연식	차량 번호	사용 연료	규격 (size)	수량	비고
스타렉스			경유	72mm	4	
카니발			경유		2	
투싼			경유	56mm	2	
야무진			경유		1	
이스타나			경유		1	
합계					10	₩2,600,000

　귀사 제품 슈퍼터빈을 테스트한 결과 연료절감 및 매연저감에 효과가 있으므로 당사 차량에 대해 (　　) 장착하였음을 확인합니다.

납   품   처 : ㈜소정 코리아
사업자등록번호 : 987-65-43210
상   호 : ㈜소정 코리아
주   소 : 서울시 강서구 가양동 357-9
대   표   자 : 장 착 해

① 일절

② 일체

③ 전혀

④ 반품

⑤ 환불

4. 다음 글을 읽고 이 글을 뒷받침할 수 있는 주장으로 가장 적합한 것은?

　X선 사진을 통해 폐질환 진단법을 배우고 있는 의과대학 학생을 생각해 보자. 그는 암실에서 환자의 가슴을 찍은 X선 사진을 보면서, 이 사진의 특징을 설명하는 방사선 전문의의 강의를 듣고 있다. 그 학생은 가슴을 찍은 X선 사진에서 늑골뿐만 아니라 그 밑에 있는 폐, 늑골의 음영, 그리고 그것들 사이에 있는 아주 작은 반점들을 볼 수 있다. 하지만 처음부터 그럴 수 있었던 것은 아니다. 첫 강의에서는 X선 사진에 대한 전문의의 설명을 전혀 이해하지 못했다. 그가 가리키는 부분이 무엇인지, 희미한 반점이 과연 특정질환의 흔적인지 전혀 알 수가 없었다. 전문의가 상상력을 동원해 어떤 가상적 이야기를 꾸며내는 것처럼 느껴졌을 뿐이다. 그러나 몇 주 동안 이론을 배우고 실습을 하면서 지금은 생각이 달라졌다. 그는 문제의 X선 사진에서 이제는 늑골 뿐 아니라 폐와 관련된 생리적인 변화, 흉터나 만성 질환의 병리학적 변화, 급성질환의 증세와 같은 다양한 현상들까지도 자세하게 경험하고 알 수 있게 될 것이다. 그는 전문가로서 새로운 세계에 들어선 것이고, 그 사진의 명확한 의미를 지금은 대부분 해석할 수 있게 되었다. 이론과 실습을 통해 새로운 세계를 볼 수 있게 된 것이다.

① 관찰은 배경지식에 의존한다.

② 과학에서의 관찰은 오류가 있을 수 있다.

③ 과학 장비의 도움으로 관찰 가능한 영역은 확대된다.

④ 관찰정보는 기본적으로 시각에 맺혀지는 상에 의해 결정된다.

⑤ X선 사진의 판독은 과학데이터 해석의 일반적인 원리를 따른다.

5. 다음 A ~ F에 대한 평가로 적절하지 못한 것은?

어느 때부터 인간으로 간주할 수 있는가와 관련된 주제는 인문학뿐만 아니라 자연과학에서도 흥미로운 주제이다. 특히 태아의 인권 취득과 관련하여 이러한 주제는 다양하게 논의되고 있다. 과학적으로 볼 때, 인간은 수정 후 시간이 흐름에 따라 수정체, 접합체, 배아, 태아의 단계를 거쳐 인간의 모습을 갖추게 되는 수준으로 발전한다. 수정 후에 태아가 형성되는 데까지는 8주 정도가 소요되는데 배아는 2주 경에 형성된다. 10달의 임신 기간은 태아 형성기, 두뇌의 발달 정도 등을 고려하여 4기로 나뉘는데, 1 ~ 3기는 3개월 단위로 나뉘고 마지막 한 달은 4기에 해당한다. 이러한 발달 단계의 어느 시점에서부터 그 대상을 인간으로 간주할 것인지에 대해서는 다양한 견해들이 있다.

A에 따르면 태아가 산모의 뱃속으로부터 밖으로 나올 때 즉 태아의 신체가 전부 노출이 될 때부터 인간에 해당한다. B에 따르면 출산의 진통 때부터는 태아가 산모로부터 독립해 생존이 가능하기 때문에 그때부터 인간에 해당한다. C는 태아가 형성된 후 4개월 이후부터 인간으로 간주한다. 지각력이 있는 태아는 보호받아야 하는데 지각력이 있어서 필수 요소인 전뇌가 2기부터 발달하기 때문이다. D에 따르면 정자와 난자가 합쳐졌을 때, 즉 수정체부터 인간에 해당한다. 그 이유는 수정체는 생물학적으로 인간으로 태어날 가능성을 갖고 있기 때문이다. E에 따르면 합리적 사고를 가능하게 하는 뇌가 생기는 시점 즉 배아에 해당하는 때부터 인간에 해당한다. F는 수정될 때 영혼이 생기기 때문에 수정체부터 인간에 해당한다고 본다.

① A가 인간으로 간주하는 대상은 B도 인간으로 간주한다.
② C가 인간으로 간주하는 대상은 E도 인간으로 간주한다.
③ D가 인간으로 간주하는 대상은 E도 인간으로 간주한다.
④ D가 인간으로 간주하는 대상은 F도 인간으로 간주하지만, 그렇게 간주하는 이유는 다르다.
⑤ 접합체에도 영혼이 존재할 수 있다는 연구결과를 얻더라도 F의 견해는 설득력이 떨어지지 않는다.

▌6~7▐ (가)는 카드 뉴스, (나)는 신문 기사이다. 물음에 답하시오.

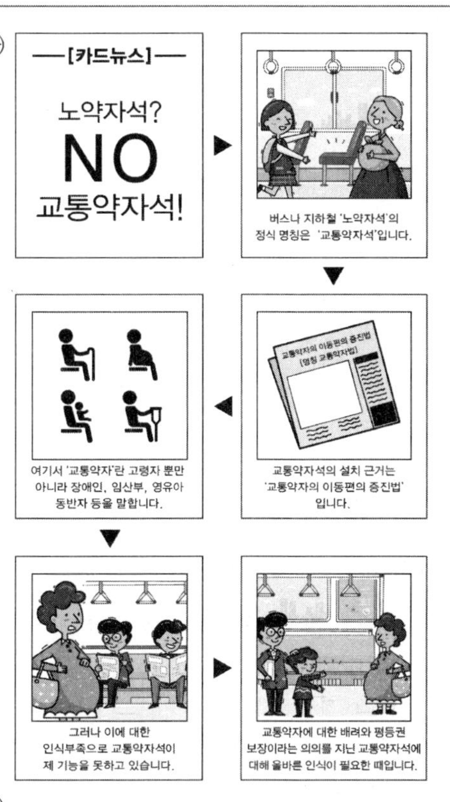

(나)

- 교통약자석, 본래의 기능 다하고 있나? -
좌석에 대한 올바른 인식 필요

요즘 대중교통 교통약자석이 논란이 되고 있다. 실제로 서울 지하철 교통약자석 관련 민원이 2014년 117건에서 2016년 400건 이상으로 대폭 상승했다. 다음은 교통약자석과 관련된 인터뷰 내용이다.

"저는 출근 전 아이를 시댁에 맡길 때 지하철을 이용해요. 가끔 교통약자석에 앉곤 하는데, 그 자리가 어르신들을 위한 자리 같아 마음이 불편해요. 자리다툼이 있었다는 뉴스를 본 후 앉는 것이 더 망설여져요." (회사원 김○○ 씨(여, 32세))

'교통약자의 이동편의 증진법'에 따라 설치된 교통약자석은 장애인, 고령자, 임산부, 영유아를 동반한 사람, 어린이 등 일상생활에서 이동에 불편을 느끼는 사람이라면 누구나 이용할 수 있다. 그러나 위 인터뷰에서처럼 시민들이 교통약자석에 대해 제대로 알지 못해 교통약자석이 본래의 기능을 다하고 있지 못하는 실정이다. 교통약자석이 제 기능을 다하기 위해서는 이에 대한 시민들의 올바른 인식이 필요하다.

- 2017. 10. 24. ○○신문, □□□기자

6. (가)에 대한 이해로 적절하지 않은 것은?

① 의문을 드러내고 그에 답하는 방식을 통해 교통약자석에 대한 잘못된 통념을 환기하고 있다.

② 교통약자석과 관련된 법을 제시하여 글의 정확성과 신뢰성을 높이고 있다.

③ 용어에 대한 설명을 통해 '교통약자'의 의미를 이해하도록 돕고 있다.

④ 교통약자석에 대한 인식 부족으로 인해 발생하는 문제점들을 원인에 따라 분류하고 있다.

⑤ 교통약자석의 설치 의의를 언급함으로써 글의 주제에 대해 공감할 수 있도록 유도하고 있다.

7. (가)와 (나)를 비교한 내용으로 적절한 것은?

① (가)와 (나)는 모두 다양한 통계 정보를 활용하여 주제를 뒷받침하고 있다.

② (가)는 (나)와 달리 글과 함께 그림들을 비중 있게 제시하여 의미 전달을 용이하게 하고 있다.

③ (가)는 (나)와 달리 제목을 표제와 부제의 방식으로 제시하여 뉴스에 담긴 의미를 강조하고 있다.

④ (나)는 (가)와 달리 비유적이고 함축적인 표현들을 주로 사용하여 주제 전달의 효과를 높이고 있다.

⑤ (나)는 (가)와 달리 표정이나 몸짓 같은 비언어적 요소를 활용하여 내용을 실감 나게 전달하고 있다.

8. 응시자가 모두 30명인 시험에서 20명이 합격하였다. 이 시험의 커트라인은 전체 응시자의 평균보다 5점이 낮고, 합격자의 평균보다는 30점이 낮았으며, 또한 불합격자의 평균 점수의 2배보다는 2점이 낮았다. 이 시험의 커트라인을 구하면?

① 90점 ② 92점

③ 94점 ④ 96점

⑤ 98점

9. 어느 인기 그룹의 공연을 준비하고 있는 기획사는 다음과 같은 조건으로 총 1,500장의 티켓을 판매하려고 한다. 티켓 1,500장을 모두 판매한 금액이 6,000만 원이 되도록 하기 위해 판매해야 할 S석 티켓의 수를 구하면?

> (가) 티켓의 종류는 R석, S석, A석 세 가지이다.
> (나) R석, S석, A석 티켓의 가격은 각각 10만 원, 5만 원, 2만 원이고, A석 티켓의 수는 R석과 S석 티켓의 수의 합과 같다.

① 450장

② 600장

③ 750장

④ 900장

⑤ 1,050장

10. 다음은 이 대리가 휴가 기간 중 할 수 있는 활동 내역을 정리한 표이다. 집을 출발한 이 대리가 활동을 마치고 다시 집으로 돌아올 경우 전체 소요시간이 가장 짧은 것은 어느 것인가?

활동	이동수단	거리	속력	목적지 체류시간
당구장	전철	12km	120km/h	3시간
한강공원 라이딩	자전거	30km	15km/h	−
파워워킹	도보	5.4km	3km/h	−
북카페 방문	자가용	15km	50km/h	2시간
강아지와 산책	도보	3km	3km/h	1시간

① 당구장

② 한강공원 라이딩

③ 파워워킹

④ 북카페 방문

⑤ 강아지와 산책

11. 다음은 산업재산권 유지를 위한 등록료에 관한 자료이다. 다음 중 권리 유지비용이 가장 많이 드는 것은? (단, 특허권, 실용신안권의 기본료는 청구범위의 항 수와는 무관하게 부과되는 비용으로 청구범위가 1항인 경우 기본료와 1항에 대한 가산료가 부과된다)

(단위 : 원)

구분 / 권리	설정등록료 (1~3년분)	연차등록료			
		4~6 년차	7~9 년차	10~12 년차	13~15 년차
특허권	기본료 — 81,000	매년 60,000	매년 120,000	매년 240,000	매년 480,000
	가산료 (청구범위의 1항마다) — 54,000	매년 25,000	매년 43,000	매년 55,000	매년 68,000
실용 신안권	기본료 — 60,000	매년 40,000	매년 80,000	매년 160,000	매년 320,000
	가산료 (청구범위의 1항마다) — 15,000	매년 10,000	매년 15,000	매년 20,000	매년 25,000
디자인권	75,000	매년 35,000	매년 70,000	매년 140,000	매년 280,000
상표권	211,000 (10년분)	10년 연장 시 256,000			

① 청구범위가 3항인 특허권에 대한 3년간의 권리 유지
② 청구범위가 1항인 특허권에 대한 4년간의 권리 유지
③ 청구범위가 3항인 실용신안권에 대한 5년간의 권리 유지
④ 한 개의 디자인권에 대한 7년간의 권리 유지
⑤ 한 개의 상표권에 대한 10년간의 권리 유지

12. 다음은 물품 A~E의 가격에 대한 자료이다. 아래 조건에 부합하는 물품의 가격으로 가장 가능한 것은?

(단위 : 원/개)

물품	가격
A	24,000
B	㉠
C	㉡
D	㉢
E	16,000

[조건]

- 갑, 을, 병이 가방에 담긴 물품은 각각 다음과 같다.
 -갑 : B, C, D
 -을 : A, C
 -병 : B, D, E
- 가방에는 해당 물품이 한 개씩만 담겨 있다.
- 가방에 담긴 물품 가격의 합이 높은 사람부터 순서대로 나열하면 갑 > 을 > 병 순이다.
- 병의 가방에 담긴 물품 가격의 합은 44,000원이다.

	㉠	㉡	㉢
①	11,000	23,000	14,000
②	12,000	14,000	16,000
③	12,000	19,000	16,000
④	13,000	19,000	15,000
⑤	13,000	23,000	15,000

13. 다음은 ○○그룹의 2014년도와 2025년도 7개 계열사의 영업이익률이다. 자료 분석 결과로 옳은 것은?

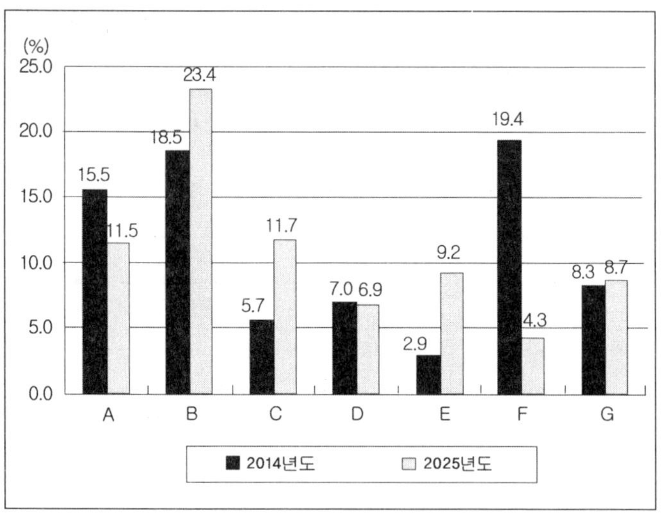

① B계열사의 2025년 영업이익률은 나머지 계열사의 영업이익률의 합보다 많다.

② 2014년도에 가장 높은 영업이익률을 낸 계열사는 2025년에도 가장 높은 영업이익률을 냈다.

③ 2025년 G계열사의 영업이익률은 2014년 E계열사의 영업이익률의 2배가 넘는다.

④ 7개 계열사 모두 2014년 대비 2025년의 영업이익률이 증가하였다.

⑤ 2014년과 2025년 모두 영업이익률이 10%을 넘은 계열사는 3곳이다.

┃14~15┃ 다음은 우리나라의 연도별 지역별 수출입액을 나타낸 자료이다. 물음에 답하시오.

〈수출액〉

(단위 : 10억 불)

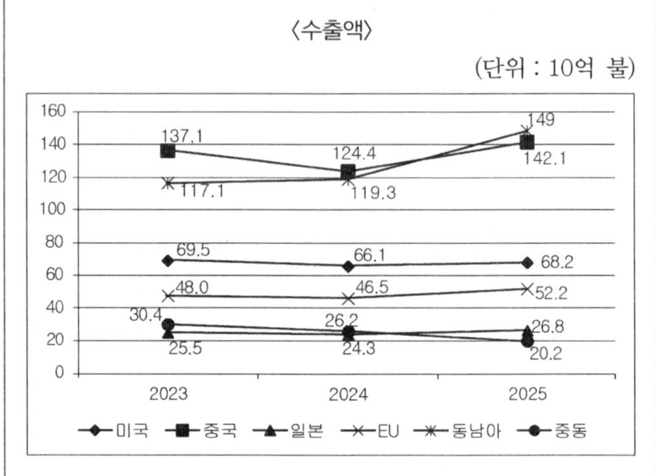

〈수입액〉

(단위 : 10억 불)

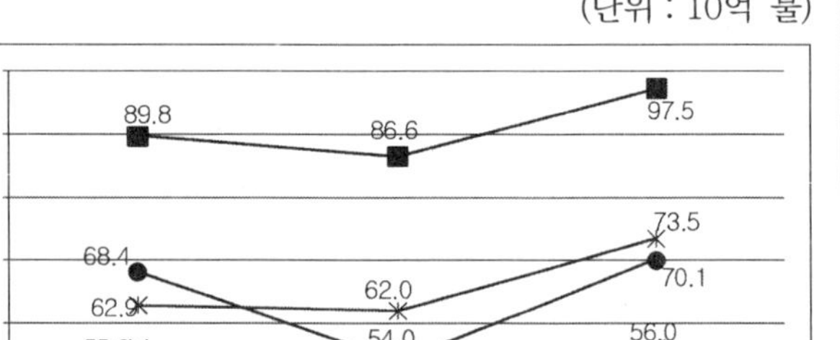

※ 무역수지는 수출액에서 수입액을 뺀 것을 의미한다. 무역수지가 양수이면 흑자, 음수이면 적자를 나타내며, 무역수지의 수치가 작아질수록 무역수지가 '악화'된 것이다.

14. 위 내용을 참고할 때, 연도별 무역수지 증감내역을 올바르게 설명한 것은 어느 것인가?

① 무역수지 악화가 지속적으로 심해진 무역 상대국(지역)은 일본뿐이다.

② 매년 무역수지 흑자를 나타낸 무역 상대국(지역)은 2개국(지역)이다.

③ 무역수지 흑자가 매년 감소한 무역 상대국(지역)은 미국과 중국이다.

④ 무역수지가 흑자에서 적자 또는 적자에서 흑자로 돌아선 무역 상대국(지역)은 1개국(지역)이다.

⑤ 매년 무역수지 적자규모가 가장 큰 무역 상대국(지역)은 일본이다.

15. 2026년 동남아 수출액은 전년대비 20% 증가하고 EU 수입액은 20% 감소하였다면, 2026년 동남아 수출액과 EU 수입액의 차이는 얼마인가?

① 1,310억 불 　② 1,320억 불
③ 1,330억 불 　④ 1,340억 불
⑤ 1,350억 불

16. 수인이와 혜인이는 주말에 차이나타운(인천역)에 가서 자장면도 먹고 쇼핑도 할 계획이다. 지하철노선도를 보고 계획을 짜고 있는 상황에서 아래의 노선도 및 각 조건에 맞게 상황을 대입했을 시에 두 사람의 개인 당 편도 운임 및 역의 수가 바르게 짝지어진 것은? (단, 출발역과 도착역의 수를 포함한다)

> (조건 1) 두 사람의 출발역은 청량리역이며, 환승하지 않고 직통으로 간다. (1호선)
> (조건 2) 추가요금은 기본운임에 연속적으로 더한 금액으로 한다. 청량리~서울역 구간은 1,250원(기본운임)이며, 서울역~구로역까지 200원 추가, 구로역~인천역까지 300원씩 추가된다.

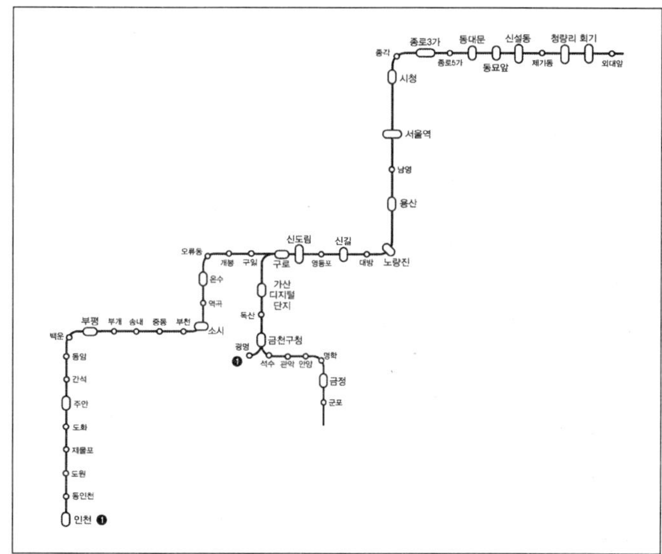

	편도 금액		역의 수
①	㉠ 1,600원	㉡	33개 역
②	㉠ 1,650원	㉡	38개 역
③	㉠ 1,700원	㉡	31개 역
④	㉠ 1,750원	㉡	38개 역
⑤	㉠ 1,800원	㉡	35개 역

17. 갑, 을, 병, 정, 무 다섯 사람은 일요일부터 목요일까지 5일 동안 각각 이틀 이상 아르바이트를 한다. 다음 조건을 모두 충족시켜야 할 때, 다음 중 항상 옳지 않은 것은?

> ㉠ 가장 적은 수가 아르바이트를 하는 요일은 수요일뿐이다.
> ㉡ 갑은 3일 이상 아르바이트를 하는데 병이 아르바이트를 하는 날에는 쉰다.
> ㉢ 을과 정 두 사람만이 아르바이트 일수가 같다.
> ㉣ 병은 평일에만 아르바이트를 하며, 연속으로 이틀 동안만 한다.
> ㉤ 무는 항상 갑이나 병과 같은 요일에 함께 아르바이트를 한다.

① 어느 요일이든 아르바이트 인원수는 확정된다.

② 갑과 을, 병과 정의 아르바이트 일수를 합한 값은 같다.

③ 두 사람만이 아르바이트를 하는 요일이 확정된다.

④ 어떤 요일이든 아르바이트를 하는 인원수는 짝수이다.

⑤ 일요일에 아르바이트를 하는 사람은 항상 같다.

18. 다음 글에서 추론할 수 있는 내용만을 바르게 나열한 것은?

빌케와 블랙은 얼음이 녹는점에 있다 해도 이를 완전히 물로 녹이려면 상당히 많은 열이 필요함을 발견하였다. 당시 널리 퍼진 속설은 얼음이 녹는점에 이르면 즉시 녹는다는 것이었다. 빌케는 쌓여있는 눈에 뜨거운 물을 끼얹어 녹이는 과정에서 이 속설에 오류가 있음을 알게 되었다. 눈이 녹는점에 있음에도 불구하고 많은 양의 뜨거운 물은 눈을 조금밖에 녹이지 못했기 때문이다.

블랙은 1757년에 이 속설의 오류를 설명할 수 있는 실험을 수행하였다. 블랙은 따뜻한 방에 두 개의 플라스크 A와 B를 두었는데, A에는 얼음이, B에는 물이 담겨 있었다. 얼음과 물은 양이 같고 모두 같은 온도, 즉 얼음의 녹는점에 있었다. 시간이 지남에 따라 B에 있는 물의 온도는 계속해서 올라갔다. 하지만 A에서는 얼음이 녹으면서 생긴 물과 녹고 있는 얼음의 온도가 녹는점에서 일정하게 유지되었는데 이 상태는 얼음이 완전히 녹을 때까지 지속되었다. 얼음을 녹이는 데 필요한 열량은 같은 양의 물의 온도를 녹는점에서 화씨 140도까지 올릴 수 있는 정도의 열량과 같았다. 블랙은 이 열이 실제로 온도계에 변화를 주지 않기 때문에 이를 '잠열(潛熱)'이라 불렀다.

㉠ A의 온도계로는 잠열을 직접 측정할 수 없었다.
㉡ 얼음이 녹는점에 이르러도 완전히 녹지 않는 것은 잠열 때문이다.
㉢ A의 얼음이 완전히 물로 바뀔 때까지, A의 얼음물 온도는 일정하게 유지된다.

① ㉠
② ㉡
③ ㉠, ㉢
④ ㉡, ㉢
⑤ ㉠, ㉡, ㉢

19. 다음은 L공사의 토지판매 알선장려금 산정 방법에 대한 표와 알선장려금을 신청한 사람들의 정보이다. 이를 바탕으로 지급해야 할 알선장려금이 잘못 책정된 사람을 고르면?

[토지판매 알선장려금 산정 방법]

□ 일반토지(산업시설용지 제외) 알선장려금(부가가치세 포함된 금액)

계약기준금액	수수료율(중개알선장려금)	한도액
4억 원 미만	계약금액 × 0.9%	360만 원
4억 원 이상~ 8억 원 미만	360만 원 + (4억 초과 금액 × 0.8%)	680만 원
8억 원 이상~ 15억 원 미만	680만 원 + (8억 초과 금액 × 0.7%)	1,170만 원
15억 원 이상~ 40억 원 미만	1,170만 원 + (15억 초과 금액 × 0.6%)	2,670만 원
40억 원 이상	2,670만 원 + (40억 초과 금액 × 0.5%)	3,000만 원 (최고한도)

□ 산업·의료시설용지 알선장려금(부가가치세 포함된 금액)

계약기준금액	수수료율(중개알선장려금)	한 도 액
해당 없음	계약금액 × 0.9%	5,000만 원 (최고한도)

□ 알선장려금 신청자 목록
- 김유진 : 일반토지 계약금액 3억 5천만 원
- 이영희 : 산업용지 계약금액 12억 원
- 심현우 : 일반토지 계약금액 32억 8천만 원
- 이동훈 : 의료시설용지 계약금액 18억 1천만 원
- 김원근 : 일반용지 43억 원

① 김유진 : 315만 원
② 이영희 : 1,080만 원
③ 심현우 : 2,238만 원
④ 이동훈 : 1,629만 원
⑤ 김원근 : 3,000만 원

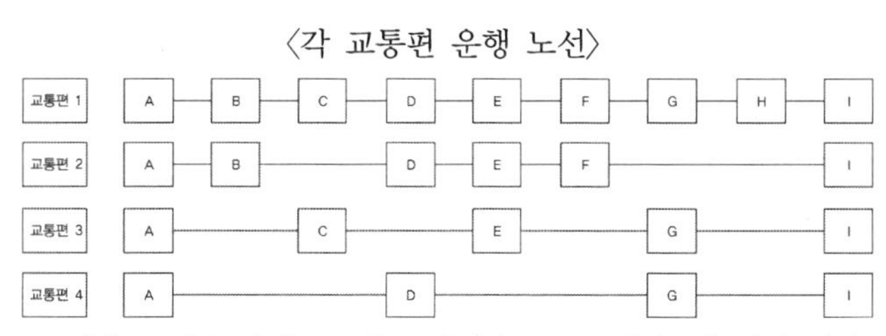

〈각 교통편 운행 노선〉

※ 전체 노선의 길이는 모든 교통편이 500km이며, 각 지점 간의 거리는 모두 동일하다.

※ A~I는 정차하는 지점을 의미하며 B~H 지점마다 공히 15분씩의 정차 시간이 소요된다.

〈교통편별 운행 정보 내역〉

구분	평균속도(km/h)	연료	연료비/리터	연비(km/L)
교통편 1	60	무연탄	1,000	4.2
교통편 2	80	중유	1,200	4.8
교통편 3	120	디젤	1,500	6.2
교통편 4	160	가솔린	1,600	5.6

20. 다음 중 A 지점에서 I 지점까지 이동할 경우, 총 연료비가 가장 적게 드는 교통편과 가장 많이 드는 교통편이 순서대로 올바르게 짝지어진 것은 어느 것인가?

① 교통편 2, 교통편 3
② 교통편 1, 교통편 2
③ 교통편 3, 교통편 2
④ 교통편 1, 교통편 4
⑤ 교통편 2, 교통편 4

21. 교통편 1~4를 이용하는 교통수단이 같은 시각에 A 지점을 출발하여 I 지점까지 이동할 경우, 가장 빨리 도착하는 교통편과 가장 늦게 도착하는 교통편과의 시간 차이는 얼마인가? (단, 시간의 계산은 반올림하여 소수 첫째 자리까지 표시하며, 0.1시간은 6분으로 계산한다.)

① 5시간 50분
② 6시간 5분
③ 6시간 15분
④ 6시간 30분
⑤ 6시간 45분

〈SWOT 분석방법〉

구분		내부환경요인	
		강점 (Strengths)	약점 (Weaknesses)
외부환경요인	기회 (Opportunities)	SO 내부강점과 외부기회 요인을 극대화	WO 외부기회를 이용하여 내부약점을 강점으로 전환
	위협 (Threats)	ST 강점을 이용한 외부환경 위협의 대응 및 전략	WT 내부약점과 외부위협을 최소화

〈사례〉

S	편의점 운영 노하우 및 경험 보유, 핵심 제품 유통채널 차별화로 인해 가격 경쟁력 있는 제품 판매 가능
W	아르바이트 직원 확보 어려움, 야간 및 휴일 등 시간에 타 지역 대비 지역주민 이동이 적어 매출 증가 어려움
O	주변에 편의점 개수가 적어 기본 고객 확보 가능, 매장 앞 휴게 공간 확보로 소비 유발 효과 기대
T	지역주민의 생활패턴에 따른 편의점 이용률 저조, 근거리에 대형 마트 입점 예정으로 매출 급감 우려 존재

22. 다음 중 위의 SWOT 분석방법을 올바르게 설명하지 못한 것은 어느 것인가?

① 외부환경요인 분석 시에는 자신을 제외한 모든 것에 대한 요인을 기술하여야 한다.
② 구체적인 요인부터 시작하여 점차 객관적이고 상식적인 내용으로 기술한다.
③ 같은 데이터도 자신에게 미치는 영향에 따라 기회요인과 위협요인으로 나뉠 수 있다.
④ 외부환경요인 분석에는 SCEPTIC 체크리스트가, 내부환경요인 분석에는 MMMITI 체크리스트가 활용될 수 있다.
⑤ 내부환경 요인은 경쟁자와 비교한 나의 강점과 약점을 분석하는 것이다.

23. 다음 중 위의 SWOT 분석 사례에 따른 전략으로 적절하지 않은 것은 어느 것인가?

① 가족들이 남는 시간을 투자하여 인력 수급 및 인건비 절감을 도모하는 것은 WT 전략으로 볼 수 있다.
② 저렴한 제품을 공급하여 대형 마트 등과의 경쟁을 극복하고자 하는 것은 SW 전략으로 볼 수 있다.
③ 다년간의 경험을 활용하여 지역 내 편의점 이용 환경을 더욱 극대화시킬 수 있는 방안을 연구하는 것은 SO 전략으로 볼 수 있다.
④ 매장 앞 공간을 쉼터로 활용해 지역 주민 이동 시 소비를 유발하도록 하는 것은 WO 전략으로 볼 수 있다.
⑤ 고객 유치 노하우를 바탕으로 사은품 등 적극적인 홍보활동을 통해 편의점 이용에 대한 필요성을 부각시키는 것은 ST 전략으로 볼 수 있다.

24. 조직문화에 관한 다음 글의 말미에서 언급한 밑줄 친 '몇 가지 기능'에 해당한다고 보기 어려운 것은 어느 것인가?

개인의 능력과 가능성을 판단하는데 개인의 성격이나 특성이 중요하듯이 조직의 능력과 가능성을 판단할 때 조직문화는 중요한 요소가 된다. 조직문화는 주어진 외부환경 속에서 오랜 시간 경험을 통해 형성된 기업의 고유한 특성을 말하며, 이러한 기업의 나름대로의 특성을 조직문화란 형태로 표현하고 있다. 조직문화에 대한 연구가 활발하게 전개된 이유 가운데 하나는 '조직문화가 기업경쟁력의 한 원천이며, 조직문화는 조직성과에 영향을 미치는 중요한 요인'이라는 기본 인식에 바탕을 두고 있다.

조직문화는 한 개인의 독특한 성격이나 한 사회의 문화처럼 조직의 여러 현상들 중에서 분리되어질 수 있는 성질의 것이 아니라, 조직의 역사와 더불어 계속 형성되고 표출되며 어떤 성과를 만들어 나가는 종합적이고 총체적인 현상이다. 또한 조직문화의 수준은 조직문화가 조직 구성원들에게 어떻게 전달되어 지각하는가를 상하부구조로서 설명하는 것이다. 조직문화의 수준은 그것의 체계성으로 인하여 조직문화를 쉽게 이해하는데 도움을 준다.

한편, 세계적으로 우수성이 입증된 조직들은 그들만의 고유의 조직문화를 조성하고 지속적으로 다듬어 오고 있다. 그들에게 조직문화는 언제나 중요한 경영자원의 하나였으며 일류조직으로 성장할 수 있게 하는 원동력이었던 것이다. 사업의 종류나 사회 및 경영환경, 그리고 경영전략이 다른데도 불구하고 일류조직은 나름의 방식으로 조직문화적인 특성을 공유하고 있는 것으로 확인되었다.

기업이 조직문화를 형성, 개발, 변화시키려고 노력하는 것은 조직문화가 기업경영에 효율적인 작용과 기능을 하기 때문이다. 즉, 조직문화는 기업을 경영함에 있어 매우 중요한 <u>몇 가지 기능</u>을 수행하고 있다.

① 조직의 영역을 정의하여 구성원에 대한 정체성을 제공한다.
② 이직률을 낮추고 외부 조직원을 흡인할 수 있는 동기를 부여한다.
③ 조직의 성과를 높이고 효율을 제고할 수 있는 역할을 한다.
④ 개인적 이익보다는 조직을 위한 몰입을 촉진시킨다.
⑤ 조직 내의 사회적 시스템의 안정을 도모한다.

25. 다음 S사의 업무분장표이다. 업무분장표를 참고할 때, 창의력과 분석력을 겸비한 경영학도인 신입사원이 배치되기에 가장 적합한 팀은 다음 중 어느 것인가?

팀	주요 업무	필요 자질
영업관리	영업전략 수립, 단위조직 손익 관리, 영업인력 관리 및 지원	마케팅/유통/회계지식, 대외 섭외력, 분석력
생산관리	원가/재고/외주 관리, 생산계획 수립	제조공정/회계/통계/제품 지식, 분석력, 계산력
생산기술	공정/시설 관리, 품질 안정화, 생산 검증, 생산력 향상	기계/전기 지식, 창의력, 논리력, 분석력
연구개발	신제품 개발, 제품 개선, 원재료 분석 및 기초 연구	연구 분야 전문지식, 외국어 능력, 기획력, 시장 분석력, 창의/집중력
기획	중장기 경영전략 수립, 경영정보 수집 및 분석, 투자사 관리, 손익 분석	재무/회계/경제/경영 지식, 창의력, 분석력, 전략적 사고
영업 (국내/해외)	신시장 및 신규고객 발굴, 네트워크 구축, 거래선 관리	제품지식, 협상력, 프리젠테이션 능력, 정보력, 도전정신
마케팅	시장조사, 마케팅 전략수립, 성과 관리, 브랜드 관리	마케팅/제품/통계지식, 분석력, 통찰력, 의사결정력
총무	자산관리, 문서관리, 의전 및 비서, 행사 업무, 환경 등 위생관리	책임감, 협조성, 대외 섭외력, 부동산 및 보험 등 일반지식
인사/교육	채용, 승진, 평가, 보상, 교육, 인재개발	조직구성 및 노사 이해력, 교육학 지식, 객관성, 사회성
홍보/광고	홍보, 광고, 언론/사내 PR, 커뮤니케이션	창의력, 문장력, 기획력, 매체의 이해

① 연구개발팀　　　　② 홍보/광고팀
③ 마케팅팀　　　　　④ 기획팀
⑤ 영업팀

┃26~27┃ 다음 한국 주식회사의 〈조직도〉 및 〈전결규정〉을 보고 이어지는 물음에 답하시오.

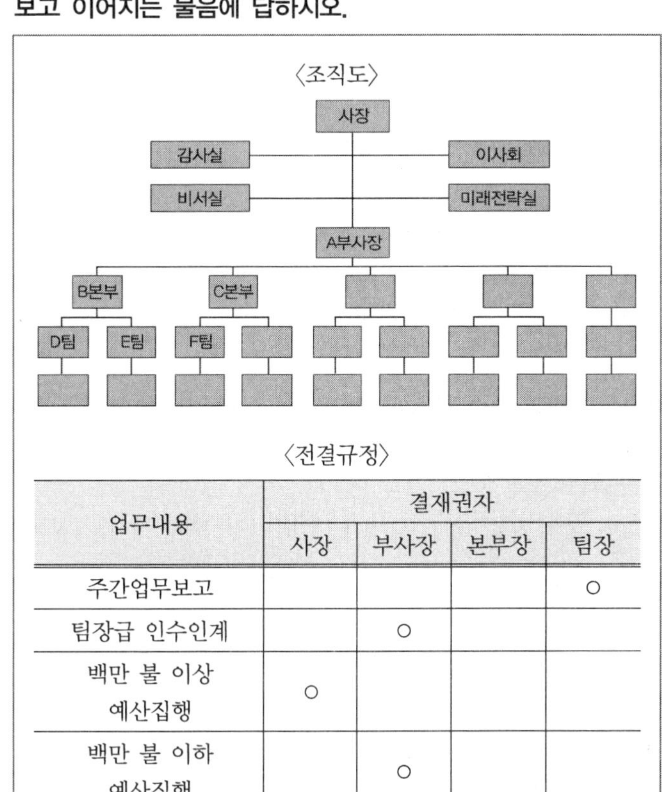

〈전결규정〉

업무내용	결재권자			
	사장	부사장	본부장	팀장
주간업무보고				○
팀장급 인수인계		○		
백만 불 이상 예산집행	○			
백만 불 이하 예산집행		○		
이사회 위원 위촉	○			
임직원 해외 출장	○(임원)		○(직원)	
임직원 휴가	○(임원)		○(직원)	
노조관련 협의사항		○		

※ 결재권자가 출장, 휴가 등 사유로 부재중일 경우에는 결재권자의 차상급 직위자의 전결사항으로 하되, 반드시 결재권자의 업무 복귀 후 후결로 보완한다.

26. 한국 주식회사의 업무 조직도로 보아 사장에게 직접 보고를 할 수 있는 조직원은 모두 몇 명인가?

① 1명　　　　　　② 2명
③ 3명　　　　　　④ 4명
⑤ 5명

27. 한국 주식회사 임직원들의 다음과 같은 업무 처리 내용 중 사내 규정에 비추어 적절한 행위로 볼 수 있는 것은 어느 것인가?

① C본부장은 해외 출장을 위해 사장 부재 시 비서실장에게 최종 결재를 득하였다.

② B본부장과 E팀 직원의 동반 출장 시 각각의 출장신청서에 대해 사장에게 결재를 득하였다.

③ D팀에서는 50만 불 예산이 소요되는 프로젝트의 최종 결재를 위해 부사장 부재 시 본부장의 결재를 득하였고, 중요한 결재 서류인 만큼 결재 후 곧바로 문서보관함에 보관하였다.

④ E팀에서는 그간 심혈을 기울여 온 300만 불의 예산이 투입되는 해외 프로젝트의 최종 계약 체결을 위해 사장에게 동반 출장을 요청하기로 하였다.

⑤ F팀 직원 甲은 해외 출장을 위해 사장 부재 시 부사장에게 최종 결재를 득한 후 후결로 보완하였다.

28. [조건]을 참고하여 스프레드시트(엑셀) 문서를 작성하였다. ㈎에 사용된 함수와 ㈏의 결과를 바르게 연결한 것은?

[조건]
- 성별은 주민등록번호의 8번째 문자가 '1'이면 '남자', '2'이면 '여자'로 출력한다.
- [G5]셀의 수식은 아래와 같다.
  =IF(AND(D5〉=90,OR(E5〉=80,F5〉=90)),"합격","불합격")

	A	B	C	D	E	F	G
1		00회사 신입사원 선발 시험					
2							
3	이름	주민등록번호	성별	면접	회화	전공	평가
4	김유신	900114-1010xxx	남자	90	80	90	합격
5	송시열	890224-1113xxx	남자	90	80	70	
6	최시리	881029-2335xxx	여자	90	70	80	불합격
7	이순신	911201-1000xxx	남자	90	90	90	합격
8	강리나	890707-2067xxx	여자	80	80	80	불합격

(가) → 성별 '남자' [C4]
(나) → 평가 [G5]

	㈎	㈏
①	=IF(MID(B4,8,1)="1","남자","여자")	합격
②	=IF(MID(B4,8,1)="1","여자","남자")	불합격
③	=IF(RIGHT(B4,8)="1","남자","여자")	합격
④	=IF(RIGHT(B4,8)="1","여자","남자")	불합격
⑤	=IF(LEFT(B4,8)="1","남자","여자")	합격

29. 다음 [조건]에 따라 작성한 [함수식]에 대한 설명으로 옳은 것을 〈보기〉에서 고른 것은?

[조건]
- 품목과 수량에 대한 위치는 행과 열로 표현한다.

행 \ 열	A	B
1	품목	수량
2	설탕	5
3	식초	6
4	소금	7

[함수 정의]
- IF(조건식, ㉠, ㉡) : 조건식이 참이면 ㉠ 내용을 출력하고, 거짓이면 ㉡ 내용을 출력한다.
- MIN(B2, B3, B4) : B2, B3, B4 중 가장 작은 값을 반환한다.

[함수식]
= IF(MIN(B2, B3, B4) > 3, "이상 없음", "부족")

〈보기〉
㉠ 반복문이 사용되고 있다.
㉡ 조건문이 사용되고 있다.
㉢ 출력되는 결과는 '부족'이다.
㉣ 식초의 수량(B3) 6을 1로 수정할 때 출력되는 결과는 달라진다.

① ㉠, ㉡ 　　　　② ㉠, ㉢
③ ㉡, ㉢ 　　　　④ ㉡, ㉣
⑤ ㉢, ㉣

A사와 B사는 동일한 S제품을 생산하는 경쟁 관계에 있는 두 기업이며, 다음과 같은 각기 다른 특징을 가지고 마케팅을 진행하였다.

A사

후발 주자로 업계에 뛰어든 A사는 우수한 품질과 생산 설비의 고급화를 이루어 S제품 공급을 고가 정책에 맞추어 진행하기로 하였다. 이미 S제품의 개발이 완료되기 이전부터 A사의 잠재력을 인정한 해외의 K사로부터 장기 공급계약을 체결하는 등의 실적을 거두며 대내외 언론으로부터 조명을 받았다. A사는 S제품의 개발 단계에서, 인건비 등 기타 비용을 포함한 자체 마진을 설비 1대당 1천만 원, 연구개발비를 9천만 원으로 책정하고 총 1억 원에 K사와 계약을 체결하였으나 개발 완료 시점에서 알게 된 실제 개발에 투입된 연구개발비가 약 8천 5백만 원으로 집계되어 추가의 이익을 보게 되었다.

B사

A사보다 먼저 시장에 진입한 B사는 상대적으로 낮은 인건비의 기술 인력을 확보할 수 있어서 동일한 S제품을 생산하는 데 A사보다 다소 저렴한 가격 구조를 형성할 수 있었다. B사는 당초 설비 1대당 5백만 원의 자체 마진을 향유하며 연구개발비로 약 8천만 원이 소요될 것으로 예상, 총 8천 5백만 원으로 공급가를 책정하고, 저가 정책에 힘입어 개발 완료 이전부터 경쟁자들을 제치고 많은 거래선들과 거래 계약을 체결하게 되었다. 그러나 S제품 개발이 완료된 후 비용을 집계해 본 결과, 당초 예상과는 달리 A사와 같은 8천 5백만 원의 연구개발비가 투입되었음을 알게 되어 개발 단계에서 5백만 원의 추가 손실을 보게 되었다.

30. 다음 중 위와 같은 상황 속에서 판단할 수 있는 설명으로 적절하지 않은 것은?

① A사는 결국 높은 가격으로 인하여 시장점유율이 하락할 것이다.

② B사는 물건을 만들면 만들수록 계속 손실이 커지게 될 것이다.

③ A사가 경쟁력을 확보하려면 가격을 인하하여야 한다.

④ 비용을 가급적 적게 책정한다고 모두 좋은 것은 아니다.

⑤ 결국 실제 들어가는 비용보다 조금 높은 개발비를 책정하여야 한다.

31. 예산자원 관리의 측면에서 볼 때, 윗글이 암시하고 있는 예산 관리의 특징으로 적절하지 않은 것은?

① 예산만 정확하게 수립되면 실제 활동이나 사업 진행하는 과정상 관리가 크게 개입될 필요가 없다.

② 개발 비용 > 실제 비용의 경우 결국 해당 기업은 경쟁력을 상실하게 된다.

③ 실제 비용 > 개발 비용의 경우 결국 해당 기업은 지속 적자가 발생한다.

④ 실제 비용 = 개발 비용으로 유지하는 것이 가장 바람직하다.

⑤ 예산관리는 최소의 비용으로 최대의 이익을 얻기 위해 요구되는 능력이다.

32. 신입사원 甲은 각 부서별 소모품 구매업무를 맡게 되었다. 아래 자료를 참고할 때, 가장 저렴한 가격에 소모품을 구입할 수 있는 곳은 어디인가?

〈소모품별 1회 구매수량 및 구매 제한가격〉

구분	A 물품	B 물품	C 물품	D 물품	E 물품
1회 구매수량	2 묶음	3 묶음	2 묶음	2 묶음	2 묶음
구매 제한가격	25,000원	5,000원	5,000원	3,000원	23,000원

※ 물품 신청 시 1회 구매수량은 부서에 상관없이 매달 일정하다. 예를 들어, A 물품은 2 묶음, B 물품은 3 묶음 단위이다.
※ 물품은 제한된 가격 내에서 구매해야 하며, 구매 제한가격을 넘는 경우에는 구매할 수 없다. 단, 총 구매 가격에는 제한이 없다.

〈소모품 구매 신청서〉

구분	A 물품	B 물품	C 물품	D 물품	E 물품
부서 1	○		○		○
부서 2		○	○	○	
부서 3	○		○	○	○
부서 4		○	○		○
부서 5	○		○	○	○

〈업체별 물품 단가〉

구분	A 물품	B 물품	C 물품	D 물품	E 물품
가 업체	12,400	1,600	2,400	1,400	11,000
나 업체	12,200	1,600	2,450	1,400	11,200
다 업체	12,400	1,500	2,550	1,500	11,500
라 업체	12,500	1,500	2,400	1,300	11,300

(물품 단가는 한 묶음당 가격)

① 가 업체　　　　　② 나 업체
③ 다 업체　　　　　④ 라 업체
⑤ 모두 동일하다

33. 다음은 프린터의 에러표시과 이에 대한 조치사항을 설명한 것이다. 에러표시에 따른 조치로 적절하지 못한 것은?

에러표시	원인 및 증상	조치
Code 02	용지 걸림	프린터를 끈 후, 용지나 이물질을 제거하고 프린터의 전원을 다시 켜십시오.
	용지가 급지되지 않거나 한 번에 두 장 이상의 용지가 급지됨	용지를 다시 급지하고 ◎버튼을 누르십시오.
	조절레버 오류	급지된 용지에 알맞은 위치와 두께로 조절레버를 조정하십시오.
Code 03	잉크 잔량이 하단선에 도달	새 잉크 카트리지로 교체하십시오.
	잉크 잔량 부족	잉크 잔량이 하단선에 도달할 때까지 계속 사용할 것을 권장합니다.
	잉크카트리지가 인식되지 않음	• 잉크 카트리지의 보호 테이프가 제거되었는지 확인하십시오. • 잉크 카트리지를 아래로 단단히 눌러 딸깍 소리가 나는 것을 확인하십시오.
	지원하지 않는 잉크 카트리지가 설치됨	프린터와 카트리지 간의 호환 여부를 확인하십시오.
	잉크패드의 수명이 다 되어감	잉크패드를 고객지원센터에서 교체하십시오. ※ 잉크패드는 사용자가 직접 교체할 수 없습니다.
Code 04	메모리 오류	• 메모리에 저장된 데이터를 삭제하십시오. • 해상도 설정을 낮추십시오. • 스캔한 이미지의 파일 형식을 변경하십시오.

① Code 02 : 프린터를 끈 후 용지가 제대로 급지되었는지 확인하였다.
② Code 03 : 잉크 카트리지 잔량이 부족하지만 그대로 사용하였다.
③ Code 03 : 카트리지의 보호테이프가 제거되었는지 확인 후 다시 단단히 결합하였다.

④ Code 03 : 잉크패드 수명이 다 되었으므로 고객지원센터
　　에서 정품으로 구매하여 교체하였다.
⑤ Code 04 : 스캔한 이미지를 낮은 메모리방식의 파일로 변
　　경하였다.

34. 다음은 새로운 맛의 치킨을 개발하는 과정이다. 단계 1~5를
프로그래밍 절차에 비유했을 경우, 이에 대한 설명으로 옳은 것을
모두 고른 것은?

단계 1 : 소비자가 어떤 맛의 치킨을 선호하는지 온라인으로
　　　　설문 조사한 결과 ○○ 소스 맛을 가장 좋아한다는
　　　　것을 알게 되었다.
단계 2 : ○○ 소스 맛 치킨을 만드는 과정을 이해하기 쉽도
　　　　록 약속된 기호로 작성하였다.
단계 3 : 단계 2의 결과에 따라 ○○ 소스를 개발하여 새로운
　　　　맛의 치킨을 완성하였다.
단계 4 : 새롭게 만든 치킨을 손님들에게 무료로 시식할 수
　　　　있도록 제공하였다.
단계 5 : 시식 결과 손님들의 반응이 좋아 새로운 메뉴로 결
　　　　정하였다.

㉠ 단계 1은 '문제 분석' 단계이다.
㉡ 단계 2는 '코딩ㆍ입력' 단계이다.
㉢ 단계 4는 '논리적 오류'를 발견할 수 있는 단계이다.
㉣ 단계 5는 '프로그램 모의 실행' 단계이다.

① ㉠, ㉡　　　　　　　　② ㉠, ㉢
③ ㉡, ㉢　　　　　　　　④ ㉡, ㉣
⑤ ㉢, ㉣

35. 다음 매뉴얼의 종류는 무엇인가?

• 물기나 습기가 없는 건조한 곳에 두세요.
－습기 또는 액체 성분은 부품과 회로에 손상을 줄 수 있습니다.
－물에 젖은 경우 전원을 켜지 말고(켜져 있다면 끄고, 꺼지
　지 않는다면 그대로 두고, 배터리가 분리될 경우 배터리를
　분리하고) 마른 수건으로 물기를 제거한 후 서비스 센터에
　가져가세요.
－제품 또는 배터리가 물이나 액체 등에 젖거나 잠기면 제품 내
　부에 부착된 침수 라벨의 색상이 바뀝니다. 이러한 원인으로
　발생한 고장은 무상 수리를 받을 수 없으므로 주의하세요.
• 제품을 경사진 곳에 두거나 보관하지 마세요. 떨어질 경우
　충격으로 인해 파손될 수 있으며 고장의 원인이 됩니다.
• 제품을 동전, 열쇠, 목걸이 등의 금속 제품과 함께 보관하
　지 마세요.
－제품이 변형되거나 고장 날 수 있습니다.
－배터리 충전 단자에 금속이 닿을 경우 화재의 위험이 있습니다.
• 걷거나 이동 중에 제품을 사용할 때 주의하세요. 장애물 등
　에 부딪혀 다치거나 사고가 날 수 있습니다.
• 제품을 뒷주머니에 넣거나 허리 등에 차지 마세요. 제품이
　파손되거나 넘어졌을 때 다칠 수 있습니다.

① 제품 매뉴얼　　　　　　② 업무 매뉴얼
③ 외식 매뉴얼　　　　　　④ 부품 매뉴얼
⑤ 작업량 매뉴얼

36. 아래의 기사는 기자와 어느 국회의원과의 일문일답 중 한 부분을 발췌한 것이다. 다음 중 인터뷰에 응하는 A 국회의원이 중요하게 여기는 리더십에 대한 설명으로 옳은 것을 고르면?

기자 : 역대 대통령들은 지역 기반이 확고했습니다. A 의원님처럼 수도권이 기반이고, 지역 색이 옅은 정치인은 대권에 도전하기 쉽지 않다는 지적이 있습니다. 이에 대해 어떻게 생각 하시는지요

A 의원 : 여러 가지 면에서 수도권 후보는 새로운 시대정신에 부합한다고 생각합니다.

기자 : 통일은 언제쯤 가능하다고 보십니까. 남북이 대치한 상황에서 남북 간 관계는 어떻게 운용해야 한다고 생각하십니까?

A 의원 : 누가 알겠습니까? 통일이 언제 갑자기 올지…. 다만 언제가 될지 모르는 통일에 대한 준비와 함께, 통일을 앞당기려는 노력이 필요하다고 생각합니다.

기자 : 최근 읽으신 책 가운데 인상적인 책이 있다면 두 권만 꼽아주십시오.

A 의원 : 댄 세노르, 사울 싱어의 「창업국가」와 최재천 교수의 「손잡지 않고 살아남은 생명은 없다」입니다. 「창업국가」는 이전 정부의 창조경제 프로젝트 덕분에 이미 많은 분들이 접하셨을 것이라 생각하는데요. 이 책에는 정부 관료와 기업인들은 물론 혁신적인 리더십이 필요한 사람들이 참고할만한 내용들이 풍부하게 담겨져 있습니다. 특히 인텔 이스라엘 설립자 도브 프로먼의 '리더의 목적은 저항을 극대화시키는 일이다. 그래야 의견차이나 반대를 자연스럽게 드러낼 수 있기 때문이다' 라는 말에서, 서로의 의견 차이를 존중하면서도 끊임없는 토론을 자극하는 이스라엘 문화의 특징이 인상 깊었습니다. 뒤집어 생각해보면, 다양한 사람들의 반대 의견까지 청취하고 받아들이는 리더의 자세, 제가 중요하게 여기는 '경청의 리더십, 서번트 리더십'과도 연결되지 않나 싶습니다.

(후략)

① 탁월한 리더가 되기 위해서는 차가운 지성만이 아닌 뜨거운 가슴도 함께 가지고 있어야 한다.

② 리더 자신의 특성에서 나오는 힘과 부하들이 리더와 동일시하려는 심리적 과정을 통해서 영향력을 행사하며, 부하들에게 미래에 대한 비전을 제시하거나 공감할 수 있는 가치체계를 구축하여 리더십을 발휘하게 하는 것이다.

③ 리더가 직원을 보상 및 처벌 등으로 촉진시키는 것이다.

④ 자신에게 실행하는 리더십을 말하는 것으로 자신이 스스로에게 영향을 미치는 지속적인 과정이다.

⑤ 기업 조직에 적용했을 경우 기업에서는 팀원들이 목표달성뿐만이 아닌 업무와 관련하여 개인이 서로 성장할 수 있도록 지원하고 배려하는 것이라고 할 수 있다.

37. N팀 직원들은 4차 산업혁명 기술을 이용한 서비스 방법에 대해 토의를 진행하며 다음과 같은 의견들을 제시하였다. 다음 중 토의를 위한 기본적인 태도를 제대로 갖추지 못한 사람은 누구인가?

A : "고객 정보 빅데이터 구축에 관련해서 추가 진행 사항 있습니까?"

B : "시스템 관련부서와 논의를 해보았는데요. 고객 정보의 보안문제도 중요하기 때문에 모든 정보를 개방하여 빅데이터를 구축하기엔 한계가 있다는 의견입니다."

C : "입사한지 얼마 안 돼서 그런지 모르겠지만 일의 추진력이 부족하시네요. 일단은 시험 서비스를 진행하고 그런 문제는 추후에 해결하는 게 좋겠습니다."

D : "철도자율주행 시스템을 도입하는 것은 어떻습니까?"

E : "자율주행 시스템이 도입되면 도착, 출발 시간이 더욱 정확해져 알림 서비스의 질도 높아 질 것 같습니다."

F : "저도 관련 자료를 찾아봤는데요. 한 번 같이 보시고 이야기 나눠보죠."

① B   ② C

③ D   ④ E

⑤ F

38. 대인관계의 가장 중요한 요인 중 하나는 협력이라고 할 수 있다. 다음 중 협력을 장려하는 환경을 조성하기 위한 노력으로 적절하지 않은 것은?

① 아이디어가 상식에서 벗어난다고 해도 공격적인 비판은 삼간다.
② 팀원들이 침묵하지 않도록 자극을 주어야 한다.
③ 팀원들의 말에 흥미를 가져야 한다.
④ 아이디어를 개발하도록 팀원들을 고무시켜야 한다.
⑤ 관점을 바꿔야 한다.

39. 다음의 기사를 읽고 제시된 사항 중 올바른 명함교환예절로 볼 수 없는 항목을 모두 고르면?

> 직장인의 신분을 증명하는 명함. 명함을 주고받는 간단한 행동 하나가 나의 첫인상을 결정짓기도 한다. 나의 명함을 받은 상대방은 한 달 후에 내 명함을 보관할 수도 버릴 수도 있다. 명함을 어떻게 활용하느냐에 따라 기억이 되는 사람이 될 수도, 잊히는 사람이 될 수도 있다는 것. 그렇다면 나에 대한 첫인상을 좋게 남기기 위한 명함 예절에는 어떤 것들이 있을까?
> 명함은 나를 표현하는 얼굴이며, 상대방의 명함 역시 그의 얼굴이다. 메라비언 법칙에 따르면 첫인상을 결정짓는 가장 큰 요소는 바디 랭귀지(표정·태도) 55%, 목소리 38%, 언어·내용 7% 순이라고 한다. 단순히 명함을 주고받을 때의 배려있는 행동만으로도 상대방에게 좋은 첫인상을 심어 줄 수 있다. 추후 상대방이 나의 명함을 다시 보게 됐을 때 교양 있는 사람으로 기억되고 싶다면 명함 예절을 꼭 기억해 두는 것이 좋다.

> ㉠ 명함은 오른손으로 받는 것이 원칙이다.
> ㉡ 거래를 위한 만남인 경우 판매하는 쪽이 먼저 명함을 건넨다.
> ㉢ 자신의 소속 및 이름 등을 명확하게 밝힌다.
> ㉣ 명함을 맞교환 할 시에는 왼손으로 받고 오른손으로 건넨다.
> ㉤ 손윗사람이 먼저 건넨다.

① ㉠, ㉡, ㉢, ㉣, ㉤ 　　② ㉠, ㉡, ㉣, ㉤
③ ㉡, ㉢, ㉣, ㉤ 　　　　④ ㉢, ㉣
⑤ ㉤

40. A사에 입사한 원모는 근무 첫날부터 지각을 하는 상황에 놓이게 되었다. 급한 마음에 계단이 아닌 엘리베이터를 이용하게 되었고 다행히도 지각을 면한 원모는 교육 첫 시간에 엘리베이터 및 계단 이용에 관한 예절교육을 듣게 되었다. 다음 중 원모가 수강하고 있는 엘리베이터 및 계단 이용 시의 예절 교육에 관한 내용으로써 가장 옳지 않은 내용을 고르면?

① 방향을 잘 인지하고 있는 여성 또는 윗사람과 함께 엘리베이터를 이용할 시에는 여성이나 윗사람이 먼저 타고 내려야 한다.
② 엘리베이터의 경우에 버튼 방향의 뒤 쪽이 상석이 된다.
③ 계단의 이용 시에 상급자 또는 연장자가 중앙에 서도록 한다.
④ 안내원은 엘리베이터를 탈 시에 손님들보다는 나중에 타며, 내릴 시에는 손님들보다 먼저 내린다.
⑤ 계단을 올라갈 시에는 남성이 먼저이며, 내려갈 시에는 여성이 앞서서 간다.

1 회전수 4,000rpm에서 최대 토크가 70kgf · m로 계측된 축의 축마력으로 가장 근접한 값은?

① 195PS ② 297PS

③ 390PS ④ 401PS

⑤ 532PS

2 축에 홈을 깊이 파야 하므로 축이 약해지는 결점이 있으며 큰 힘이 걸리지 않는 곳에 사용되는 키는?

① 원뿔 키(cone key)

② 묻힘 키(sunk key)

③ 미끄럼 키(sliding key)

④ 둥근 키(round key)

⑤ 반달 키(woodruff key)

3 다음 중 주물용 주강의 특징으로 옳지 않은 것은?

① 강도가 강하다.

② 용융성이 낮다.

③ 얇은 제품이나 단면변화가 심한 곳에 사용한다.

④ 풀림처리하여 사용한다.

⑤ 인성이 강하다.

4 다음 중 하향절삭에 관한 설명으로 바르지 않은 것은?

① 커터의 수명이 길다.

② 가공 면이 깨끗하다.

③ 공작물이 확실히 고정되어야 한다.

④ 백래시 제거가 안 된다.

⑤ 동력 소비가 적다.

5 다음 기어의 종류 중 두 축이 평행하지도 만나지도 않는 경우에 사용하는 기어에 해당하지 않는 것은?

① 나사기어 ② 베벨기어

③ 하이포이드기어 ④ 웜기어

⑤ 스큐기어

6 두께 10mm, 폭 130mm인 강판을 V형 맞대기 용접이음 하고자 한다. 이음효율 η =1.0으로 가정하면 인장력은 얼마까지 허용 가능한가? (단, 판의 최저 인장 강도는 $40kgf/mm^2$이고, 안전율은 2로 한다.)

① 10,000kgf ② 13,000kgf

③ 26,000kgf ④ 34,000kgf

⑤ 52,000kgf

7 유압시스템의 특성으로 가장 옳지 않은 것은?

① 유체의 온도가 상승하게 되면 점도가 변하게 되며 이는 출력효율을 변화시킨다.

② 운용비가 공압시스템에 비해 비싸며 작동유체를 정기적으로 교환해야 하며 폐유처리가 어렵다.

③ 에너지 손실이 적고, 소음과 진동이 발생하지 않는다.

④ 작은 동력으로 대동력 전달이 가능하며 전달 응답이 빠르다.

⑤ 제어가 쉽고 조작이 간단하며 자동제어와 원격제어가 가능하다.

8 지름 피치가 4, 압력각은 20°, 구동기어의 잇수가 20개, 중심거리가 10인치인 한 쌍의 스퍼 기어가 물려있는 경우, 구동기어에 대한 종동기어의 속도비는?

① 1

② $\dfrac{1}{2}$

③ $\dfrac{1}{3}$

④ $\dfrac{1}{4}$

⑤ $\dfrac{1}{5}$

9 소성재료의 굽힘 가공에서 재료를 굽힌 다음 압력을 제거하면 원상으로 회복되려는 탄력 작용으로 굽힘량이 감소되는 현상은?

① 스프링백
② 부분탄성
③ 완전탄성
④ 라멜라티어링
⑤ 한계탄성

10 큰 축과 고속정밀회전축에 적합하며 커플링으로서 가장 널리 사용되는 방식의 커플링은?

① 유체 커플링
② 플랜지 커플링
③ 유니버설 커플링
④ 플렉시블 커플링
⑤ 원통형 커플링

11 절삭가공의 기본 운동에는 절삭운동, 이송운동, 위치조정운동이 있다. 다음 중 주로 공작물에 의해 이송운동이 이루어지는 공작기계끼리 짝지어진 것은?

① 선반, 밀링머신
② 밀링머신, 평면연삭기
③ 드릴링머신, 평면연삭기
④ 선반, 드릴링머신
⑤ 선반, 평면연삭기

12 지름이 42mm, 표점거리 200mm의 둥근 연강재료 막대를 인장 시험한 결과 표점거리가 240mm로 되었다면 연신율은 몇 %인가?

① 20%
② 25%
③ 30%
④ 40%
⑤ 55%

13 연신율이 20%인 재료의 인장시험에서 파괴되기 직전의 시편 전체길이가 24cm일 때 이 시편의 초기 길이[cm]는?

① 19.2
② 20.0
③ 28.8
④ 30.0
⑤ 40.6

14 기계요소에 하중이 집중적으로 작용하면 응력집중이 발생하여 기계요소의 파단 원인이 된다. 다음 중 응력집중에 대한 경감 대책으로 옳은 것은?

① 단이 진 부분의 필릿(fillet) 반지름을 되도록 크게 한다.

② 재료내의 응력 흐름을 밀집되게 한다.

③ 단면 변화 부분에 열처리를 하여 부분적으로 부드럽게 한다.

④ 단면 변화 부분에 보강재를 대면 안 된다.

⑤ 단면 변화를 명확하게 하여 준다.

15 유체기계를 운전할 때 송출량 및 압력이 주기적으로 변화하는 현상(진동을 일으키고 숨을 쉬는 것과 같은 현상)으로 옳은 것은?

① 공동현상(cavitation)

② 노킹현상(knocking)

③ 서징현상(surging)

④ 난류현상

⑤ 관성현상

16 다음 중 압연가공에서 압하율을 구하는 식은?

① $\dfrac{H_0 - H_1}{H_0} \times 100$

② $(H_0 - H_1) \times 100$

③ $\dfrac{H_1 - H_0}{H_1} \times 100$

④ $\dfrac{H_1 + H_0}{H_1} \times 100$

⑤ $\dfrac{H_0 + H_1}{H_0} \times 100$

17 회주철의 부족한 연성을 개선하기 위해 용탕에 직접 첨가물을 넣음으로써 흑연을 둥근 방울형태로 만들 수 있다. 이와 같이 흑연이 구상으로 되는 구상흑연주철을 만들기 위해 첨가하는 원소로서 가장 적합한 것은 어느 것인가?

① P

② Mn

③ Si

④ C

⑤ Mg

18 나사에 대한 설명 중 옳지 않은 것은?

① 미터 가는 나사는 진동이 있는 경우에 유리하다.

② 다중나사는 회전에 의한 이동거리를 크게 한다.

③ 톱니나사는 한 방향으로 큰 힘을 전달할 때 사용된다.

④ M4는 수나사의 유효지름이 4mm 이다.

⑤ 줄 수가 2이면, 리드는 피치의 2배가 된다.

19 다음 중 노크의 발생원인으로 잘못된 것은?

① 실린더 온도가 높아지거나 적열된 열원이 있을 때

② 점화시기가 느릴 때

③ 흡기의 온도와 압력이 높을 때

④ 혼합비가 높을 때

⑤ 제동 평균 유효압력이 높을 때

20 다음 유압 작동유의 점도가 높은 경우 발생할 수 있는 현상으로 옳지 않은 것은?

① 유입기기의 올바른 작동이 어려워진다.

② 소음이 유발되며 공동현상이 발생한다.

③ 동력손실이 감소하여 기계효율이 높아진다.

④ 유동저항이 증가하여 압력손실이 증가한다.

⑤ 내부의 마찰 증가로 인해 온도가 상승된다.

21 역카르노 사이클로 작동하는 냉동기의 증발기 온도가 250K, 응축기 온도가 350K일 때 냉동사이클의 성적계수는 얼마인가?

① 0.25   ② 0.4

③ 2.5   ④ 3.5

⑤ 4.5

22 유리 바깥쪽 온도가 안쪽보다 3℃ 낮을 때, 가로 세로가 각각 1m, 2m이고 두께가 2mm인 유리를 통하여 1초 당 바깥쪽으로 손실되는 열량은? (단, 유리의 열전도도는 0.8W/(m · ℃)이다.)

① 2,350J   ② 2,400J

③ 2,450J   ④ 2,500J

⑤ 2,730J

23 두 열원으로 구성되는 사이클 중에서 열효율이 최대인 카르노 사이클로 작동되는 열기관이 고온체에서 200kJ의 열을 받아들인다. 이 기관의 열효율이 30%라면 방출되는 열량은?

① 30kJ   ② 60kJ

③ 70kJ   ④ 140kJ

⑤ 200kJ

24 회전 수 400rpm, 이송량 2mm/rev로 120mm 길이의 공작물을 선삭 가공할 때 걸리는 가공 시간은?

① 7초   ② 9초

③ 11초   ④ 13초

⑤ 25초

25 4개의 케이블로 지탱되고 있는 자중 $500kgf$의 엘리베이터에 몸무게 $80kgf$인 성인 남자 6명이 동시 탑승하였다. 이 때 각 케이블에 작용하는 응력의 크기는? (단, 케이블의 단면적은 $10^4 mm^2$이다.)

① $245kgf/m^2$

② $2,401kgf/m^2$

③ $24,500kgf/m^2$

④ $240,100kgf/m^2$

⑤ $267,110kgf/m^2$

26 단면적이 $250mm^2$이고 표점길이가 25cm인 원형 단면을 가진 재료시편의 탄성계수 E를 측정하기 위해 탄성범위 내에서 500kN의 인장력을 가하였을 때 변형된 길이가 5mm였다면 이 재료의 선형 탄성계수는?

① 100kPa

② 100GPa

③ 2kPa

④ 2GPa

⑤ 5GPa

27 1000K 고온과 300K 저온 사이에서 작동하는 카르노사이클이 있다. 한 사이클 동안 고온에서 50kJ의 열을 받고 저온으로 30kJ의 열을 방출하면서 일을 발생시킨다. 한 사이클 동안 이 열기관의 손실일(lost work)은?

① 5kJ

② 10kJ

③ 15kJ

④ 20kJ

⑤ 25kJ

28 기압계의 수은 눈금이 750mm이고, 중력 가속도 g=10m/s2인 지점에서 대기압의 값[kPa]은? (단, 수은의 온도는 10℃이고, 이 때의 밀도는 10,000kg/m^3로 한다.)

① 75kPa

② 150kPa

③ 300kPa

④ 750kPa

⑤ 850kPa

29 아크 용접의 이상 현상 중 용접 전류가 크고 용접 속도가 빠를 때 발생하는 현상으로 가장 옳은 것은?

① 오버랩

② 스패터

③ 용입 불량

④ 언더 컷

⑤ 가공

30 4행정 사이클 기관에서 2사이클을 진행하면 크랭크축은 몇 회전 하는가?

① 2회전

② 4회전

③ 6회전

④ 8회전

⑤ 10회전

31 다음 중 산소-아세틸렌 용접을 통해 스테인리스강을 용접할 때, 적절한 산소와 아세틸렌의 비율(산소 : 아세틸렌)은?

① 2.0 : 1

② 1.5 : 1

③ 1.1 : 1

④ 0.9 : 1

⑤ 1.5

32 다음 설명에 해당하는 경도시험법은?

- 끝에 다이아몬드가 부착된 해머를 시편의 표면에 낙하시켜 반발 높이를 측정한다.
- 경도값은 해머의 낙하 높이와 반발 높이로 구해진다.
- 시편에는 경미한 압입자국이 생기며, 반발 높이가 높을수록 시편의 경도가 높다.

① 누우프 시험   ② 쇼어 시험
③ 비커스 시험   ④ 로크웰 시험
⑤ 브리넬 시험

33 프레스 가공의 분류 중 전단가공에 해당하지 않는 것은?

① 구멍뚫기   ② 커링
③ 셰이빙   ④ 브로칭
⑤ 노칭

34 다음 중 디젤노크를 방지하기 위한 방법으로 바르지 않은 것은?

① 흡기온도, 실린더 외벽온도, 실린더의 체적을 크게 한다.
② 분사시기를 빠르게 한다.
③ 연소실벽의 온도를 높여야 한다.
④ 엔진의 회전속도와 연료의 착화온도를 낮게 한다.
⑤ 압축비와 세탄가를 낮게 한다.

35 다음 중 불활성 가스 아크용접에 관한 설명으로 바르지 않은 것은?

① 아크가 극히 안정되고 스패터가 적으며 조작이 용이하다.
② 산화와 질화를 방지할 수 있다.
③ 피복제 및 용제가 필요하다
④ 청정 작용(cleaning action)이 있다.
⑤ 용접부는 다른 아크용접, 가스 용접에 비하여 연성, 강도, 가밀성 및 내열성이 우수하다.

36 주철 조직에 관한 마우러(Maurer) 선도와 관계있는 원소는?

① Si   ② Mn
③ P   ④ S
⑤ Be

37 1줄 나사에서 나사를 축방향으로 20mm 이동시키는 데 2회전이 필요할 때, 이 나사의 피치[mm]는?

① 1   ② 5
③ 10   ④ 20
⑤ 35

38 다음 중 결합용 기계요소에 해당하지 않는 것은?

① 나사   ② 볼트
③ 너트   ④ 기어
⑤ 키

39 다음 중 무차원수는?

① 비중 ② 비중량

③ 점성계수 ④ 동점성계수

⑤ 허용량

40 다음 중 일반적으로 정적강도에는 크게 영향을 미치지 않는다
고 알려져 있으나, 피로강도 및 응력부식에는 큰 영향을 미칠 수 있
는 것은?

① 코팅잔류응력

② 용접잔류응력

③ 단조잔류응력

④ 주조잔류응력

⑤ 대조잔류응력

서울교통공사 필기시험

성명
(자필성명)

생년월일

직무수행능력평가

직무기초능력평가

직업기초능력평가

서울교통공사

제4회 모의고사

성명		생년월일	
문제 수(배점)	80문항	풀이시간	/ 100분
영역	직업기초능력평가, 직무수행능력평가(기계일반)		
비고	객관식 5지선다형		

※ 유의사항

- 문제지 및 답안지의 해당란에 문제유형, 성명, 응시번호를 정확히 기재하세요.
- 모든 기재 및 표기사항은 "컴퓨터용 흑색 수성 사인펜"만 사용합니다.
- 예비 마킹은 중복 답안으로 판독될 수 있습니다.

✎ 직업기초능력평가(40문항/50분)

1. 밑줄 친 부분과 바꾸어 쓰기에 가장 적절한 것은?

> 전 지구적인 해수의 연직 순환은 해수의 밀도 차이에 의해 발생한다. 바닷물은 온도가 낮고 염분 농도가 높아질수록 밀도가 높아져 <u>아래로 가라앉는다.</u> 이 때문에 북대서양의 차갑고 염분 농도가 높은 바닷물은 심층수를 이루며 적도로 천천히 이동한다.
>
> 그런데 지구 온난화로 인해 북반구의 고위도 지역의 강수량이 증가하고 극지방의 빙하가 녹은 물이 대량으로 바다에 유입되면 어떻게 될까? 북대서양의 염분 농도가 감소하여 바닷물이 가라앉지 못하는 일이 벌어질 수 있다. 과학자들은 컴퓨터 시뮬레이션을 통해 차가운 북대서양 바닷물에 빙하가 녹은 물이 초당 십만 톤 이상 들어오면 전 지구적인 해수의 연직 순환이 느려져 지구의 기후가 변화한다는 사실을 알아냈다

① 침강(沈降)

② 침식(侵蝕)

③ 침체(沈滯)

④ 침범(侵犯)

⑤ 침해(侵害)

2. 다음 글을 읽고, 오늘날 유행성 감기의 적절한 통제가 필요한 이유 중 가장 옳은 것을 고르면?

> 유행성 감기는 인간의 여행 속도에 비례하여 퍼진다. 수레가 없던 시대에는 이 병의 퍼지는 속도가 느렸다. 1918년 인간은 8주에 지구를 한 바퀴 돌 수 있었으며, 이는 유행성 감기가 지구 일주를 완료하는데 걸리는 것과 꼭 같은 시간이었다. 오늘날 대형 비행기 등을 통해 인간은 보다 빠른 속도로 여행한다. 이 같은 현대식 속도는 시시각각으로 유행성 감기의 도래를 예측할 수 없게 만든다. 이것은 이 질병에 대한 통제수단도 이에 비례하여 더 빨라져야 한다는 것을 뜻한다.

① 세계 전역 어디에서나 발생할 수 있기 때문에

② 병균이 비행기만큼 빨리 퍼질 수 있기 때문에

③ 인간이 유행성 감기를 피할 수 있을 만큼 빨리 여행할 수 있기 때문에

④ 유행성 감기는 항상 인간의 몸속에 기생하고 있기 때문에

⑤ 유행성 감기에 대한 적절한 백신이나 치료제가 없기 때문에

3. 다음 글을 읽고 이 글을 뒷받침할 수 있는 주장으로 가장 적합한 것은?

X선 사진을 통해 폐질환 진단법을 배우고 있는 의과대학 학생을 생각해 보자. 그는 암실에서 환자의 가슴을 찍은 X선 사진을 보면서, 이 사진의 특징을 설명하는 방사선 전문의의 강의를 듣고 있다. 그 학생은 가슴을 찍은 X선 사진에서 늑골뿐만 아니라 그 밑에 있는 폐, 늑골의 음영, 그리고 그것들 사이에 있는 아주 작은 반점들을 볼 수 있다. 하지만 처음부터 그럴 수 있었던 것은 아니다. 첫 강의에서는 X선 사진에 대한 전문의의 설명을 전혀 이해하지 못했다. 그가 가리키는 부분이 무엇인지, 희미한 반점이 과연 특정질환의 흔적인지 전혀 알 수가 없었다. 전문의가 상상력을 동원해 어떤 가상적 이야기를 꾸며내는 것처럼 느껴졌을 뿐이다. 그러나 몇 주 동안 이론을 배우고 실습을 하면서 지금은 생각이 달라졌다. 그는 문제의 X선 사진에서 이제는 늑골 뿐 아니라 폐와 관련된 생리적인 변화, 흉터나 만성 질환의 병리학적 변화, 급성질환의 증세와 같은 다양한 현상들까지도 자세하게 경험하고 알 수 있게 될 것이다. 그는 전문가로서 새로운 세계에 들어선 것이고, 그 사진의 명확한 의미를 지금은 대부분 해석할 수 있게 되었다. 이론과 실습을 통해 새로운 세계를 볼 수 있게 된 것이다.

① 관찰은 배경지식에 의존한다.

② 과학에서의 관찰은 오류가 있을 수 있다.

③ 과학 장비의 도움으로 관찰 가능한 영역은 확대된다.

④ 관찰정보는 기본적으로 시각에 맺혀지는 상에 의해 결정된다.

⑤ X선 사진의 판독은 과학데이터 해석의 일반적인 원리를 따른다.

4. 유기농 식품 매장에서 근무하는 K씨에게 계란 알레르기가 있는 고객이 제품에 대해 문의를 해왔다. K씨가 제품에 부착된 다음 설명서를 참조하여 고객에게 반드시 안내해야 할 말로 가장 적절한 것은?

- 제품명 : 든든한 현미국수
- 식품의 유형 : 면 – 국수류, 스프 – 복합조미식품
- 내용량 : 95g(면 85g, 스프 10g)
- 원재료 및 함량
  • 면 : 무농약 현미 98%(국내산), 정제염
  • 스프 : 멸치 20%(국내산), 다시마 10%(국내산), 고춧가루, 정제소금, 마늘분말, 생강분말, 표고분말, 간장분말, 된장분말, 양파분말, 새우분말, 건미역, 건당근, 건파, 김, 대두유
- 보관장소 : 직사광선을 피하고 서늘한 곳에 보관
- 이 제품은 계란, 메밀, 땅콩, 밀가루, 돼지고기를 이용한 제품과 같은 제조시설에서 제조하였습니다.
- 본 제품은 공정거래위원회 고시 소비분쟁해결 기준에 의거 교환 또는 보상받을 수 있습니다.
- 부정불량식품신고는 국번 없이 1399

① 조리하실 때 계란만 넣지 않으시면 문제가 없을 것입니다.

② 제품을 조리하실 때 집에서 따로 육수를 우려서 사용하시는 것이 좋겠습니다.

③ 이 제품은 무농약 현미로 만들어져 있기 때문에 알레르기 체질 개선에 효과가 있습니다.

④ 이 제품은 계란이 들어가는 식품을 제조하는 시설에서 생산되었다는 점을 참고하시기 바랍니다.

⑤ 알레르기 반응이 나타나실 경우 구매하신 곳에서 교환 또는 환불 받으실 수 있습니다.

5. 다음 자료는 '인공지능'과 '통계'에 대한 관계를 설명하는 글이다. 다음 자료를 보고 대화를 나누는 5명의 의견 중, 맥락상 어긋나는 발언을 한 사람은 누구인가?

요즘 인공지능이 대세다. 딥러닝이 여기저기서 언급되기 시작하면서 슬슬 지펴지던 열기는 지난 3월 이세돌과 알파고의 바둑 대결이 이뤄지고, 알파고가 4 : 1로 이세돌을 이기면서 한층 달아올랐다. 최근 업무 관련해서 사람들과 이야기를 나누다 보면, 전에는 '데이터 분석에는 기계 학습(Machine Learning) 을 사용하느냐', '통계와 데이터 마이닝이 뭐가 다르냐, 데이터 분석에는 무엇을 쓰냐 등의 질문이었다. 그런데 최근에는 거기에 한 종류가 더 추가되었다. '데이터 분석은 인공지능하고 무슨 관계일까', '통계 기법은 인공지능 시대에 뒤떨어진 게 아니냐 같은 이야기 들이다.

하지만 이 질문들에 대해 내 답은 보통 유사하다. 데이터를 사용해서 문제를 풀어서 해답을 찾는 것에서, 최적의 방식은 문제에 따라 다르고, 그 방식을 사용하면 되는 것이라고 생각한다. 그 방식이 문제에 따라 통계 기법이 될 수도 있고, 알고리즘을 활용한 데이터 마이닝이 될 수도 있다. 머신 러닝은 인공지능의 다양한 가치 중 하나이니 크게 보면 인공지능 문제가 될 수도 있을 것이다. 이런 것들이 서로 연관성이 없는 것도 아니고, 어느 한 쪽이 다른 한 쪽보다 뒤떨어진다고는 생각하지 않는다.

기계 학습, 빅데이터, 인공지능, 고급 분석 등 최근 데이터 분석 관련 용어들이 무분별하게 쏟아지다보니 많은 사람들이 이런 용어들의 개념에 대해서 헷갈려하고, 더욱 어려워한다. 하지만 이를 뜯어보면 일부는 용어 자체가 모호하거나, 혹은 각 용어들의 개념이 일부 중첩되어 있고, 어떤 한 용어가 갑자기 주목을 받는다고 해서 갑자기 사라지거나 하는 것이 아니다.

김 과장 : 이제 '인공지능' 붐이 불면서, 늘 도전을 맞이해야 했던 통계 관련 분야도 새로운 도전을 맞이하고 있는 것 같습니다.

박 과장 : 하지만 통계는 앞으로도 더욱 많은 인공지능 관련 분야에서는 활용되는 것과 동시에, 인공지능 분야 내에서 많은 기여를 할 것입니다.

정 대리 : 그렇다면 인공지능을 위한 기본적인 초석이자 근간으로, AI가 빠진 통계란 이미 상상할 수도 없으며, 아무 것도 아니라는 의미라고 할 수 있겠군요.

유 대리 : 네, 다시 말하면, 데이터에 맞게 최적화하는 과정은 대부분 무수한 통계적 기법을 활용한 변수 튜닝 및 집계 방식 변경 등으로 이루어지게 된다는 의미이지요.

문 과장 : 하지만 통계 입장에서 생각해 보면, 늘 그랬듯이, 기본적으로 '데이터가 중시되는' 변화에서는 앞으로도 통계의 역할은 작아지려야 작아질 수 없다고 봅니다.

① 김 과장
② 박 과장
③ 정 대리
④ 유 대리
⑤ 문 과장

6. 다음은 산재보험의 소멸과 관련된 글이다. 다음 보기 중 글의 내용은 올바르게 이해한 것이 아닌 것은 무엇인가?

가. 보험관계의 소멸사유
- 사업의 폐지 또는 종료 : 사업이 사실상 폐지 또는 종료된 경우를 말하는 것으로 법인의 해산등기 완료, 폐업신고 또는 보험관계소멸신고 등과는 관계없음
- 직권소멸 : 근로복지공단이 보험관계를 계속해서 유지할 수 없다고 인정하는 경우에는 직권소멸 조치
- 임의가입 보험계약의 해지신청 : 사업주의 의사에 따라 보험계약해지 신청가능하나 신청 시기는 보험가입승인을 얻은 해당 보험 연도 종료 후 가능
- 근로자를 사용하지 아니할 경우 : 사업주가 근로자를 사용하지 아니한 최초의 날부터 1년이 되는 날의 다음날 소멸
- 일괄적용의 해지 : 보험가입자가 승인을 해지하고자 할 경우에는 다음 보험 연도 개시 7일 전까지 일괄적용해지신청서를 제출하여야 함

나. 보험관계의 소멸일 및 제출서류
- (1) 사업의 폐지 또는 종료의 경우
  - 소멸일 : 사업이 사실상 폐지 또는 종료된 날의 다음 날
  - 제출서류 : 보험관계소멸신고서 1부
  - 제출기한 : 사업이 폐지 또는 종료된 날의 다음 날부터 14일 이내
- (2) 직권소멸 조치한 경우
  - 소멸일 : 공단이 소멸을 결정·통지한 날의 다음날
- (3) 보험계약의 해지신청
  - 소멸일 : 보험계약해지를 신청하여 공단의 승인을 얻은 날의 다음 날
  - 제출서류 : 보험관계해지신청서 1부
  - ※ 다만, 고용보험의 경우 근로자(적용제외 근로자 제외) 과반수의 동의를 받은 사실을 증명하는 서류(고용보험 해지신청 동의서)를 첨부하여야 함

① 고용보험과 산재보험의 해지 절차가 같은 것은 아니다.

② 사업장의 사업 폐지에 따른 서류 및 행정상의 절차가 완료되어야 보험관계가 소멸된다.

③ 근로복지공단의 판단으로도 보험관계가 소멸될 수 있다.

④ 보험 일괄해지를 원하는 보험가입자는 다음 보험 연도 개시 일주일 전까지 서면으로 요청을 해야 한다.

⑤ 보험계약해지 신청에 대한 공단의 승인이 12월 1일에 났다면 그 보험계약은 12월 2일에 소멸된다.

7. 다음의 내용을 참고할 때, 밑줄 친 부분이 바르게 쓰인 것은?

- 채 [의존 명사]
  이미 있는 상태 그대로 있다는 뜻을 나타내는 말.
- 체 [의존 명사]
  그럴듯하게 꾸미는 거짓 태도나 모양.
- –째 [접사]
  '그대로', 또는 '전부'의 뜻을 더하는 접미사.

① 사과를 껍질째로 먹었다.

② 나는 앉은 체로 잠이 들었다.

③ 그녀는 혼자 똑똑한 채를 한다.

④ 사나운 멧돼지를 산 째로 잡았다.

⑤ 곰이 다가오자 그는 죽은 채를 했다.

8. 다음 자료에 대한 올바른 해석이 아닌 것은 어느 것인가?

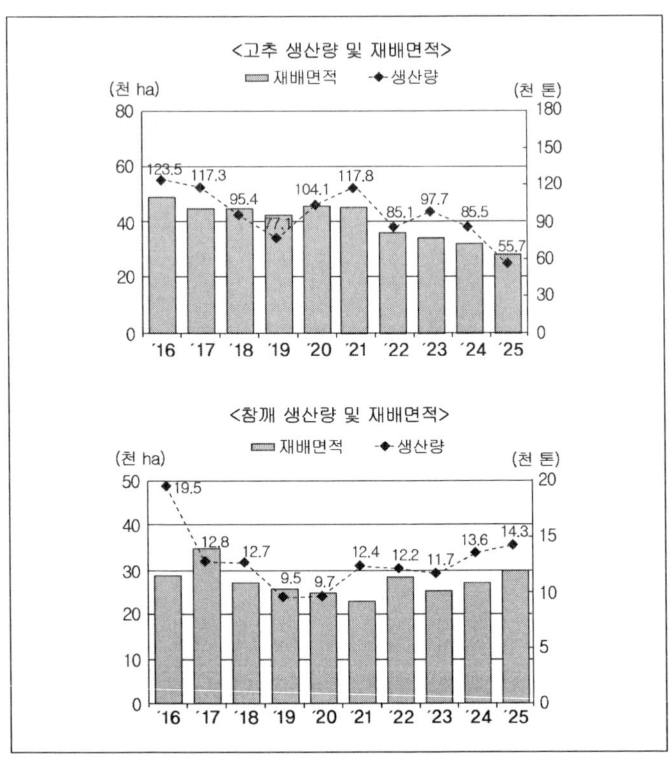

① 전년대비 2025년의 재배면적은 고추와 참깨가 모두 증가
하였다.

② 2023~2025년의 재배면적과 생산량의 증감 추이는 고추
와 참깨가 상반된다.

③ 2016년 대비 2025년에는 고추와 참깨의 생산이 모두 감
소하였다.

④ 재배면적의 감소세는 고추가 참깨보다 더 뚜렷하다.

⑤ 재배면적이 감소하였다고 반드시 생산량도 함께 감소한
것은 아니다.

9. 수영장에 물을 가득 채울 때 수도관 A로는 6시간, B로는 4시간, C로는 3시간이 걸린다. A, B, C 세 수도관을 모두 사용하여 수영장에 물을 가득 채우는 데 걸리는 시간은?

① 1시간 10분   ② 1시간 20분
③ 1시간 30분   ④ 1시간 40분
⑤ 1시간 50분

10. 다음 중 제시된 자료를 올바르게 분석한 것이 아닌 것은?

〈65세 이상 노인인구 대비 기초 (노령)연금 수급자 현황〉

(단위 : 명, %)

연도	65세 이상 노인인구	기초(노령) 연금수급자	국민연금 동시 수급자
2017	5,267,708	3,630,147	719,030
2018	5,506,352	3,727,940	823,218
2019	5,700,972	3,818,186	915,543
2020	5,980,060	3,933,095	1,023,457
2021	6,250,986	4,065,672	1,138,726
2022	6,520,607	4,353,482	1,323,226
2023	6,771,214	4,495,183	1,444,286
2024	6,987,489	4,581,406	1,541,216
2025	7,015,278	4,592,382	1,553,179

〈가구유형별 기초연금 수급자 현황(2024년)〉

(단위 : 명, %)

65세 이상 노인 수	수급자 수					수급률
	계	단독가구	부부가구			
			소계	1인수급	2인수급	
6,987,489	4,581,406	2,351,026	2,230,380	380,302	1,850,078	65.6

① 기초연금 수급자 대비 국민연금 동시 수급자의 비율은
2017년 대비 2024년에 증가하였다.

② 기초연금 수급률은 65세 이상 노인 수 대비 수급자의 비
율이다.

③ 2024년 단독가구 수급자는 전체 수급자의 50%가 넘는다.

④ 2024년 1인 수급자는 전체 기초연금 수급자의 약 17%에
해당한다.

⑤ 2017년부터 65세 이상 노인인구는 꾸준히 증가하였다.

‖11~12‖ 다음은 연도별 우울증 진료 환자 추이에 대한 자료이다. 물음에 답하시오.

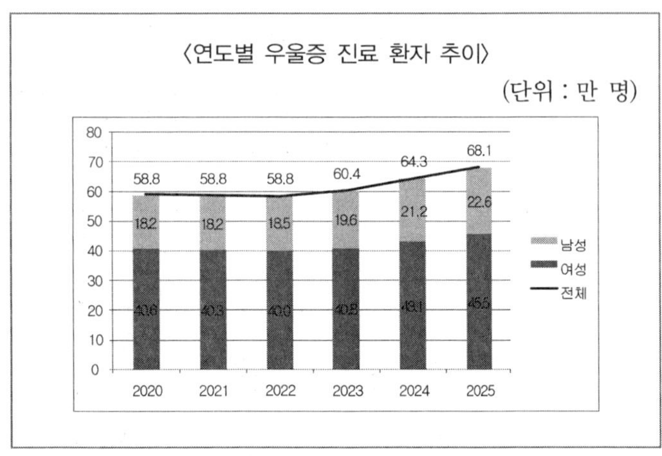

11. 자료를 통하여 알 수 있는 사실로 옳은 것을 〈보기〉에서 모두 고르면?

〈보기〉

㉮ 2022년 이후 남녀 우울증 진료 환자의 수는 매년 증가하고 있다.

㉯ 전체 우울증 진료 환자에서 여성이 차지하는 비중은 매년 감소하고 있다.

㉰ 전체 우울증 진료 환자에서 남성이 차지하는 비중은 2024년이 가장 높다.

㉱ 전년 대비 전체 우울증 진료 환자의 증가율은 2024년이 2025년보다 더 높다.

① ㉮, ㉯, ㉱   ② ㉮, ㉰, ㉱

③ ㉮, ㉯, ㉰   ④ ㉯, ㉰, ㉱

⑤ ㉮, ㉯, ㉰, ㉱

12. 2026년 남성 우울증 환자 수는 전년대비 10% 증가하고 여성 우울증 환자 수는 10% 감소하였다면, 2026년 전체 우울증 환자 수는 몇 명인가? (소수 둘째 자리에서 반올림함)

① 67.9만 명   ② 66.3만 명

③ 65.8만 명   ④ 64.2만 명

⑤ 63.1만 명

13. 다음 표와 그림은 2025년 한국 골프 팀 A~E의 선수 인원수 및 총 연봉과 각각의 전년대비 증가율을 나타낸 것이다. 이에 대한 설명으로 옳지 않은 것은?

〈2025년 골프 팀 A~E의 선수 인원수 및 총 연봉〉

(단위 : 명. 억 원)

골프 팀	선수 인원수	총 연봉
A	5	15
B	10	25
C	8	24
D	6	30
E	6	24

※ 팀 선수 평균 연봉 $= \dfrac{\text{총 연봉}}{\text{선수 인원수}}$

〈2025년 골프 팀 A~E의 선수 인원수 및 총 연봉의 전년대비 증가율〉

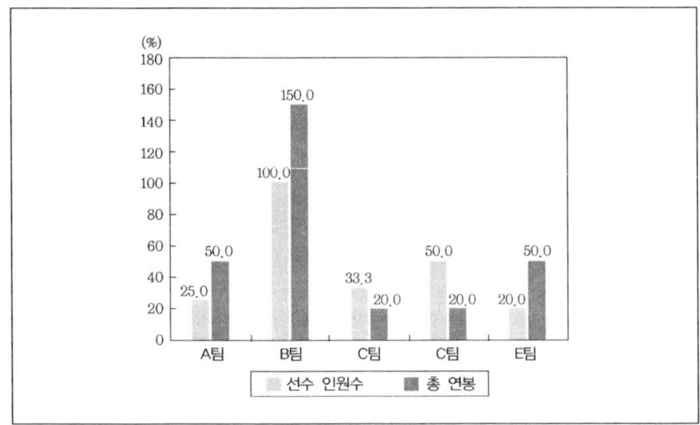

※ 전년대비 증가율은 소수점 둘째자리에서 반올림한 값이다.

① 2025년 팀 선수 평균 연봉은 D팀이 가장 많다.

② 2025년 전년대비 증가한 선수 인원수는 C팀과 D팀이 동일하다.

③ 2025년 A팀이 팀 선수 평균 연봉은 전년대비 증가하였다.

④ 2025년 선수 인원수가 전년대비 가장 많이 증가한 팀은 총 연봉도 가장 많이 증가하였다.

⑤ 2024년 총 연봉은 A팀이 E팀보다 많다.

14. 다음은 서원이가 매일하는 운동에 관한 기록지이다. 1회당 정문에서 후문을 왕복하여 달리는 운동을 할 때, <u>정문에서 후문까지의 거리 ㉠</u>과 <u>후문에서 정문으로 돌아오는데 걸린 시간 ㉡</u>은? (단, 매회 달리는 속도는 일정하다고 가정한다.)

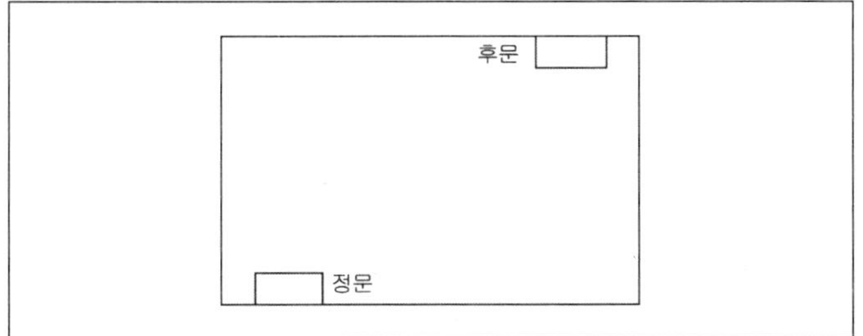

회차	속도		시간
1회	정문→후문	20m/초	5분
	후문→정문		
⋮			⋮
5회			70분

※ 총 5회 반복
※ 마지막 바퀴는 10분을 쉬고 출발

	㉠	㉡		㉠	㉡
①	6,000m	7분	②	5,000m	8분
③	4,000m	9분	④	3,000m	10분
⑤	2,000m	11분			

15. 다음 글을 근거로 유추할 경우 옳은 내용만을 바르게 짝지은 것은?

- 9명의 참가자는 1번부터 9번까지의 번호 중 하나를 부여 받고, 동시에 제비를 뽑아 3명은 범인, 6명은 시민이 된다.
- '1번의 오른쪽은 2번, 2번의 오른쪽은 3번, …, 8번의 오른쪽은 9번, 9번의 오른쪽은 1번'과 같이 번호 순서대로 동그랗게 앉는다.
- 참가자는 본인과 바로 양 옆에 앉은 사람이 범인인지 시민인지 알 수 있다.
- "옆에 범인이 있다."라는 말은 바로 양 옆에 앉은 2명 중 1명 혹은 2명이 범인이라는 뜻이다.
- "옆에 범인이 없다."라는 말은 바로 양 옆에 앉은 2명 모두 범인이 아니라는 뜻이다.
- 범인은 거짓말만 하고, 시민은 참말만 한다.

㉠ 1, 4, 6, 7, 8번의 진술이 "옆에 범인이 있다."이고, 2, 3, 5, 9번의 진술이 "옆에 범인이 없다."일 때, 8번이 시민임을 알면 범인들을 모두 찾아낼 수 있다.
㉡ 만약 모두가 "옆에 범인이 있다."라고 진술한 경우, 범인이 부여받은 번호의 조합은 (1, 4, 7) / (2, 5, 8) / (3, 6, 9) 3가지이다.
㉢ 한 명만이 "옆에 범임이 없다."라고 진술한 경우는 없다.

① ㉡　　　　　　　　　② ㉢
③ ㉠, ㉡　　　　　　　④ ㉠, ㉢
⑤ ㉠, ㉡, ㉢

16. 아래는 이야기 내용과 그에 관한 설명이다. 이야기에 관한 설명 중 이야기 내용과 일치하는 것은 모두 몇 개인가?

[이야기 내용] 미용사가 한 여성의 머리를 커트하고 있었고, 한 남성은 옆의 소파에 앉아 기다리고 있었다. 이 여성에 대한 커트가 끝나자, 기다리던 남성도 머리를 커트하였다. 커트 비용으로 여자 미용사는 남성으로부터 모두 10,000원을 받았다. 이들 3사람 외에 다른 사람은 없었다.

[이야기에 관한 설명]
1. 이 미용실의 손님은 여성과 남성 각각 1명씩이었다.
2. 이 미용실의 미용사는 여성이다.
3. 여자 미용사는 남성의 머리를 커트하였다.
4. 돈을 낸 사람은 머리를 커트한 남자 손님이었다.
5. 이 미용실의 커트 비용은 일인당 5,000원이었다.
6. 머리를 커트한 사람은 모두 2명이다.

① 0개   ② 1개

③ 2개   ④ 3개

⑤ 4개

17. 재적의원이 210명인 '갑'국 의회에서 다음과 같은 규칙에 따라 안건 통과 여부를 결정한다고 할 때, 옳은 설명만으로 바르게 짝지어진 것은?

〈규칙〉
· 안건이 상정된 회의에서 기권표가 전체의 3분의 1 이상이면 안건은 부결된다.
· 기권표를 제외하고, 찬성 또는 반대의견을 던진 표 중에서 찬성표가 50%를 초과해야 안건이 가결된다.

※ 재적의원 전원이 참석하여 1인 1표를 행사하였고, 무효표는 없다.

㉠ 70명이 기권하여도 71명이 찬성하면 안건은 가결된다.
㉡ 104명이 반대하면 기권표에 관계없이 안건이 부결된다.
㉢ 141명이 찬성하면 기권표에 관계없이 안건이 가결된다.
㉣ 안건이 가결될 수 있는 최소 찬성표는 71표이다.

① ㉠, ㉡

② ㉠, ㉢

③ ㉡, ㉢

④ ㉡, ㉣

⑤ ㉢, ㉣

18. 다음은 L공사의 국민임대주택 예비입주자 통합 정례모집 관련 신청자격에 대한 사전 안내이다. 甲~戊 중 국민임대주택 예비입주자로 신청할 수 있는 사람은? (단, 함께 살고 있는 사람은 모두 세대별 주민등록표상에 함께 등재되어 있고, 제시되지 않은 사항은 모두 조건을 충족한다고 가정한다)

□ 20××년 5월 정례모집 개요

구분	모집공고일	대 상 지 역
20××년 5월	20××. 5. 7(화)	수도권
	20××. 5. 15(수)	수도권 제외한 나머지 지역

□ 신청자격

입주자모집공고일 현재 무주택세대구성원으로서 아래의 소득 및 자산보유 기준을 충족하는 자

※ 무주택세대구성원이란?

다음의 세대구성원에 해당하는 사람 전원이 주택(분양권 등 포함)을 소유하고 있지 않은 세대의 구성원을 말합니다.

세대구성원(자격검증대상)	비고
• 신청자	
• 신청자의 배우자	신청자와 세대 분리되어 있는 배우자도 세대구성원에 포함
• 신청자의 직계존속 • 신청자의 배우자의 직계존속 • 신청자의 직계비속 • 신청자의 직계비속의 배우자	신청자 또는 신청자의 배우자와 세대별 주민등록표상에 함께 등재되어 있는 사람에 한함
• 신청자의 배우자의 직계비속	신청자와 세대별 주민등록표상에 함께 등재되어 있는 사람에 한함

※ 소득 및 자산보유 기준

구분	소득 및 자산보유 기준		
	가구원수	월평균 소득기준	참고사항
소득	3인 이하 가구	3,781,270원 이하	• 가구원수는 세대구성원 전원을 말함 (외국인 배우자와 임신 중인 경우 태아 포함)
	4인 가구	4,315,641원 이하	
	5인 가구	4,689,906원 이하	
	6인 가구	5,144,224원 이하	• 월평균소득액은 세전 금액으로서 세대구성원 전원의 월평균소득액을 모두 합산한 금액임
	7인 가구	5,598,542원 이하	
	8인 가구	6,052,860원 이하	
자산	• 총자산가액 : 세대구성원 전원이 보유하고 있는 총자산가액 합산기준 28,000만 원 이하		
	• 자동차 : 세대구성원 전원이 보유하고 있는 전체 자동차가액 2,499만 원 이하		

① 甲의 아내는 주택을 소유하고 있지만, 甲과 세대 분리가 되어 있다.

② 아내의 부모님을 모시고 살고 있는 乙 가족의 월평균소득은 500만 원이 넘는다.

③ 丙은 재혼으로 만난 아내의 아들과 함께 살고 있는데, 아들은 전 남편으로부터 물려받은 아파트 분양권을 소유하고 있다.

④ 丁은 독신으로 주택을 소유하고 있지는 않지만 2억 원의 현금과 3천만 원짜리 자동차가 있다.

⑤ 어머니를 모시고 사는 戊은 아내가 셋째 아이를 출산하면서 戊 가족의 월평균소득으로는 1인당 80만 원도 돌아가지 않게 되었다.

19. 다음은 서울교통공사가 안전하고 행복한 지하철 이용을 위해 제공한 '안전장비 취급요령'에 대한 내용이다. 보기 내용 중 가장 적절하지 않은 것은?

소화기 사용 방법	1. 안전핀 제거	소화기의 안전핀을 뽑는다. 이때 상단레버만 손으로 잡는다.
	2. 화재 방향 조준	바람을 등지고 3~5m 전방에서 호스를 불 쪽으로 향해 잡는다.
	3. 상단 레버	상단레버(손잡이)를 힘껏 움겨잡는다.
	4. 약제 방사	불길 양 옆으로 골고루 약제를 방사한다.
	유의사항	• 소화기를 방사할 때 너무 가까이 접근하여 화상을 입지 않도록 주의한다. • 바람을 등지고 상하로 방사한다. • 지하공간이나 창이 없는 곳에서 사용하면 질식의 우려가 있다. • 방사할 때 기화에 따른 동상을 주의한다. • 방사된 가스는 마시지 말고 사용 후 즉시 환기하여야 한다.
소화전 사용 방법	1. 호스 반출	소화전함을 열고 호스를 꺼내 불이 난 곳까지 꼬이지 않게 펼친다.
	2. 개폐밸브 개방	소화전 밸브를 왼쪽 방향으로 돌리면서 서서히 연다.
	3. 방수	호스 끝 부분을 두 손으로 꼭 잡고 불이 난 곳을 향하여 불을 끈다.
	유의사항	• 노즐 조작자와 개폐밸브 및 호스 조작자 등 최소 2명이 필요하다. • 소화전 사용 시 호스가 꺾이지 않도록 주의하고 호스의 반동력이 크므로 노즐을 도중에 내려놓거나 놓치지 않도록 주의한다.
비상 코크 사용 방법	1. 위치 확인	출입문 비상코크 위치를 확인하고 뚜껑을 연다.
	2. 비상코크 조작	비상코크를 잡고 몸 쪽으로 당긴다.
	3. 출입문 개방	출입문을 양손으로 잡고 당겨 연다.
	유의사항	• 출입문 비상코크는 객차 내 의자 양 옆 아래쪽에 위치해 있다. • 선로에 내릴 땐 다른 열차가 오는지 주의해야 한다.
비상 통화 장치 사용 방법	1. 커버 열기	커버를 열고 마이크를 꺼낸다.
	2. 통화	운전실에 비상경보음이 울리며, 마이크를 통해 승무원과 통화가 가능하다.
	기타사항	비상통화장치 설치위치 / -객실당 2개 설치 -내장재 교체 차량에 설치

① 소화기를 잘못 사용하게 되면 화상 및 동상을 입을 수도 있다.

② 비상시에 출입문을 손으로 열기 위해서는 객차 양 끝의 장치를 조작해야만 한다.

③ 최소 2명이 있어야 사용할 수 있는 장치는 소화전뿐이다.

④ 소화기는 가급적 공기가 통하는 곳에서 사용하는 것이 안전하다.

⑤ 소화전 사용 시 노즐을 도중에 내려놓지 않도록 주의해야 한다.

┃20~21┃ 다음은 S공사에서 제공하는 휴양콘도 이용 안내문이다. 다음 안내문을 읽고 이어지는 물음에 답하시오.

▲ 휴양콘도 이용대상

• 주말, 성수기 : 월평균소득이 243만 원 이하 근로자

– 평일 : 모든 근로자(월평균소득이 243만 원 초과자 포함), 특수형태근로종사자

– 이용희망일 2개월 전부터 신청 가능

– 이용희망일이 주말, 성수기인 경우 최초 선정일 전날 23시 59분까지 접수 요망. 이후에 접수할 경우 잔여객실 선정일정에 따라 처리

▲ 휴양콘도 이용우선순위

① 주말, 성수기

• 주말 · 성수기 선정 박수가 적은 근로자

• 이용가능 점수가 높은 근로자

• 월평균소득이 낮은 근로자

　※ 위 기준 순서대로 적용되며, 근로자 신혼여행의 경우 최우선 선정

② 평일: 선착순

▲ 이용 · 변경 · 신청취소

• 선정결과 통보 : 이용대상자 콘도 이용권 이메일 발송

• 이용대상자로 선정된 후에는 변경 불가→ 변경을 원할 경우 신청 취소 후 재신청

• 신청취소는 「근로복지서비스〉신청결과확인」 메뉴에서 이용일 10일 전까지 취소

　※ 9일전~1일전 취소는 이용점수가 차감되며, 이용당일 취소 또는 취소 신청 없이 이용하지 않는 경우 (No-Show) 1년 동안 이용 불가

- 선정 후 취소 시 선정 박수에는 포함되므로 이용우선순위에 유의(평일 제외)
  ※ 기준년도 내 선정 박수가 적은 근로자 우선으로 자동선발하고, 차순위로 점수가 높은 근로자 순으로 선발하므로 선정 후 취소 시 차후 이용우선순위에 영향을 미치니 유의하시기 바람
  – 이용대상자로 선정된 후 타인에게 양도 등 부정사용 시 신청일 부터 5년간 이용 제한

▲ 기본점수 부여 및 차감방법 안내

- 매년(년1회) 연령에 따른 기본점수 부여

[월평균소득 243만 원 이하 근로자]

연령대	50세 이상	40~49세	30~39세	20~29세	19세 이하
점수	100점	90점	80점	70점	60점

  ※ 월평균소득 243만 원 초과 근로자, 특수형태근로종사자, 고용·산재보험 가입사업장 : 0점
- 기 부여된 점수에서 연중 이용점수 및 벌점에 따라 점수 차감

구분	이용점수(1박당)			벌점	
	성수기	주말	평일	이용취소 (9~1일 전 취소)	No-show (당일취소, 미이용)
차감점수	20점	10점	0점	50점	1년 사용제한

▲ 벌점(이용취소, No-show)부과 예외
- 이용자의 배우자·직계존비속 또는 배우자의 직계존비속이 사망한 경우
- 이용자 본인·배우자·직계존비속 또는 배우자의 직계존비속이 신체이상으로 3일 이상 의료기관에 입원하여 콘도 이용이 곤란한 경우
- 운송기관의 파업·휴업·결항 등으로 운송수단을 이용할 수 없어 콘도 이용이 곤란한 경우
  ※ 벌점부과 예외 사유에 의한 취소 시에도 선정박수에는 포함되므로 이용우선순위에 유의하시기 바람

20. 다음 중 위의 안내문을 보고 올바른 콘도 이용계획을 세운 사람은 누구인가?

① "난 이용가능 점수도 높아 거의 1순위인 것 같은데, 올해엔 시간이 없으니 내년 여름휴가 때 이용할 콘도나 미리 예약해 둬야겠군."

② "경태 씨, 우리 신혼여행 때 휴양 콘도 이용 일정을 넣고 싶은데 이용가능점수도 낮고 소득도 좀 높은 편이라 어려울 것 같네요."

③ "여보, 지난 번 신청한 휴양콘도 이용자 선정 결과가 아직 안 나왔나요? 신청할 때 제 전화번호를 기재했다고 해서 계속 기다리고 있는데 전화가 안 오네요."

④ "영업팀 최 부장님은 50세 이상이라서 기본점수가 높지만 지난 번 성수기에 2박 이용을 하셨으니 아직 미사용 중인 20대 엄 대리가 점수 상으로는 좀 더 선정 가능성이 높겠군."

⑤ "총무팀 박 대리는 엊그제 아버님 상을 당해서 오늘 콘도 이용은 당연히 취소겠군. 취소야 되겠지만 벌점 때문에 내년에 재이용은 어렵겠어."

21. 다음 〈보기〉의 신청인 중 올해 말 이전 휴양콘도 이용 순위가 높은 사람부터 순서대로 올바르게 나열한 것은 어느 것인가?

〈보기〉

A씨 : 30대, 월 소득 200만 원, 주말 2박 선정 후 3일 전 취소(무벌점)

B씨 : 20대, 월 소득 180만 원, 신혼여행 시 이용 예정

C씨 : 40대, 월 소득 220만 원, 성수기 2박 기 사용

D씨 : 50대, 월 소득 235만 원, 올 초 선정 후 5일 전 취소, 평일 1박 기 사용

---

① D씨 − B씨 − A씨 − C씨

② B씨 − D씨 − C씨 − A씨

③ C씨 − D씨 − A씨 − B씨

④ B씨 − D씨 − A씨 − C씨

⑤ B씨 − A씨 − D씨 − C씨

▌22~23▐ 다음 위임전결규정을 보고 이어지는 질문에 답하시오.

〈결재규정〉

- 결재를 받으려는 업무에 대해서는 최고결재권자(대표이사)를 포함한 이하 직책자의 결재를 받아야 한다.
- '전결'이라 함은 회사의 경영활동이나 관리활동을 수행함에 있어 의사 결정이나 판단을 요하는 일에 대하여 최고결재권자의 결재를 생략하고, 자신의 책임 하에 최종적으로 의사 결정이나 판단을 하는 행위를 말한다.
- 전결사항에 대해서도 위임 받은 자를 포함한 이하 직책자의 결재를 받아야 한다.
- 표시내용 : 결재를 올리는 자는 최고결재권자로부터 전결사항을 위임받은 자가 있는 경우 결재란에 전결이라고 표시하고 최종결재권자란에 위임 받은 자를 표시한다. 다만, 결재가 불필요한 직책자의 결재란은 상향대각선으로 표시한다.
- 최고결재권자의 결재사항 및 최고결재권자로부터 위임된 전결사항은 아래의 표에 따른다.

구분	내용	금액기준	결재서류	팀장	본부장	대표이사
접대비	거래처 식대, 경조사비 등	20만 원 이하	접대비지출품의서 지출결의서	● ■		
		30만 원 이하			● ■	
		30만 원 초과				● ■
교통비	국내 출장비	30만 원 이하	출장계획서 출장비 신청서	● ■		
		50만 원 이하		●	■	
		50만 원 초과		●		■
	해외 출장비			●		■
소모품비	사무용품		지출결의서	■		
	문서, 전산 소모품					■
	기타 소모품	20만 원 이하		■		
		30만 원 이하			■	
		30만 원 초과				■
교육 훈련비	사내외 교육		기안서 지출결의서	●		■
법인 카드	법인카드 사용	50만 원 이하	법인카드 신청서	■		
		100만 원 이하			■	
		100만 원 초과				■

※ ● : 기안서, 출장계획서, 접대비지출품의서

　■ : 지출결의서, 세금계산서, 발행요청서, 각종신청서

22. 홍 대리는 바이어 일행 내방에 따른 저녁 식사비로 약 120만 원의 지출 비용을 책정하였다. 법인카드를 사용하여 이를 결제할 예정인 홍 대리가 작성해야 할 문서의 결재 양식으로 옳은 것은 어느 것인가?

①
법인카드신청서			
담당	팀장	본부장	대표이사
홍 대리			

(결재)

②
접대비지출품의서			
담당	팀장	본부장	대표이사
홍 대리			

(결재)

③
법인카드신청서			
담당	팀장	본부장	최종결재
홍 대리			/

(결재)

④
접대비지출품의서			
담당	팀장	본부장	대표이사
홍 대리		전결	/

(결재)

⑤
법인카드신청서			
담당	팀장	본부장	대표이사
홍 대리			/

(결재)

23. 권 대리는 광주로 출장을 가기 위하여 출장비 45만 원에 대한 신청서를 작성하려 한다. 권 대리가 작성해야 할 문서의 결재 양식으로 옳은 것은 어느 것인가?

①
출장비신청서			
담당	팀장	본부장	최종결재
권 대리			본부장

(결재)

②
출장비계획서			
담당	팀장	본부장	최종결재
권 대리			/

(결재)

③
출장비계획서			
담당	팀장	본부장	최종결재
권 대리		전결	/

(결재)

④
출장비신청서			
담당	팀장	본부장	최종결재
권 대리			/

(결재)

⑤
출장비신청서			
담당	팀장	본부장	최종결재
권 대리		전결	본부장

(결재)

<주요 안전투자 세부 내역>

(단위 : 억 원)

구분	내용	2024년	2025년	증감
	합계	4,537	5,223	686
전동차	2·3호선 노후전동차 교체	1430	852	△578
	5·7호선 노후전동차 교체	1	704	703
	전동차 전방 CCTV설치 등	57	116	59
승강장 안전문	승강장안전문 전면 재시공	70	119	49
	PSD비상문 교체	132	105	△27
	PSD 검지센서 모니터링 등	2	13	11
내진 및 고가 구조물	내진성능 보강	592	551	△41
	방음벽 및 고가 구조물 보강	19	47	28
	고가 구조물 유지보수 및 진단	17	16	△1
공기질	시청(2)역 석면 제거	11	110	99
	공기질 개선 측정기구	0	72	72
	잠실새내역 환경개선 등	15	147	132
디지털 기반 안전 시스템 (SCM)	스마트 차량검수 시스템 구축	20	34	14
	기계설비자동제어(SAMBA)	36	95	59
	CCTV 지능형통합모니터링	20	174	154
	차세대 정보통신망 구축	110	253	143
	운행정보 실시간모니터링 등	9	9	0
노후시설 개선	노후 전선로 개량	97	193	96
	노후 전력설비 개량	326	268	△58
	노후 제연설비 개량 등	653	491	△162
기타	승강편의 유지관리 용역	156	129	△27
	통합관제 시스템 구축	37	147	110
	안전5중 방호벽 시제품	727	578	△149

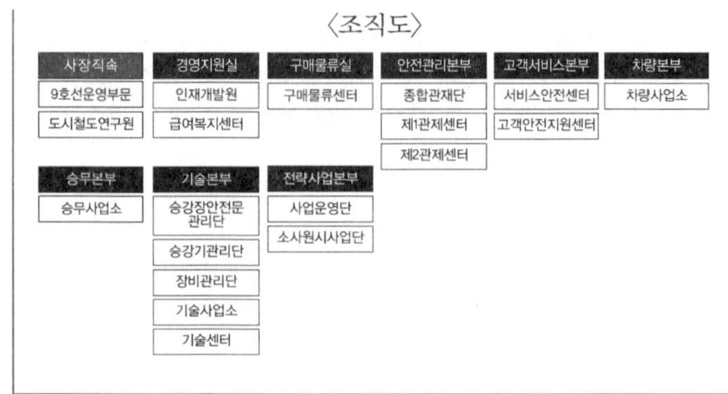

24. 다음 중 옳은 것을 모두 고르면?

> ㉠ 2024년과 2025년 모두 안전투자 비용에서 가장 큰 비중을 차지하고 있는 것은 '전동차'이다.
> ㉡ 공기질 개선 측정기구를 통해 공기질을 관리하는 것은 2025년에 새로 도입한 방법일 것이다.
> ㉢ 노후 전선로 및 노후 전력설비 개량비용은 2024년과 2025년 모두 노후시설 개선 분야에서 절반 이상의 비중을 차지한다.
> ㉣ 2024년에 비해 2025년에 각 세부 내용의 투자비용이 모두 증가한 분야는 '공기질'과 '디지털 기반 안전시스템(SCM)'이다.

① ㉠, ㉢
② ㉡, ㉣
③ ㉠, ㉡, ㉣
④ ㉡, ㉢, ㉣
⑤ ㉠, ㉡, ㉢, ㉣

25. 조직도를 참고할 때, 유추할 수 있는 내용으로 가장 잘못된 것은?

① 승강장안전문에 대한 업무는 기술본부의 '승강장안전문관리단'에서 총괄할 것이다.
② 관제사가 되고자 하는 자는 종합관제단에서 실시하는 신체검사에 합격하여야 한다.
③ 통합 관제시스템 구축 예산안은 안전관리본부 소속 종합관제단에서 수립할 것이다.
④ 각종 유지보수에 필요한 소모품 등의 구매 및 계약은 구매물류실 소속 구매물류센터에서 총괄할 것이다.
⑤ 9호선운영부문은 업무와 관련하여 사장에게 직접 보고할 것이다.

26. 다음은 서울교통공사의 데이터 관리 규칙 중 일부를 나타낸 것이다. 다음 중 옳지 않은 것은?

① 데이터는 공사의 핵심 자산으로 인식하여 체계적으로 관리되어야 한다.

② 데이터는 공사 데이터 표준이 준수되어야 하며, 데이터의 정의를 일관되고 명확하게 함으로써 사용자에게 유용할 수 있도록 하여야 한다.

③ 데이터 수요자에게 유효한 데이터를 적시, 적소에 공급될 수 있도록 데이터의 흐름을 관리하여야 한다.

④ 데이터 품질지표를 설정하여 주기적인 평가활동을 수행하고 데이터에 대한 책임 및 관리 주체를 명확히 하여야 한다.

⑤ 데이터는 개인적인 저장소에 수집·저장하여 정보 수요자에게 제공되어야 한다.

27. 다음은 스프레드시트(엑셀)를 이용하여 진급 대상자 명단을 작성한 것이다. 옳은 설명만을 모두 고른 것은? (단, 순위[E4:E8]은 '자동채우기' 기능을 사용한다)

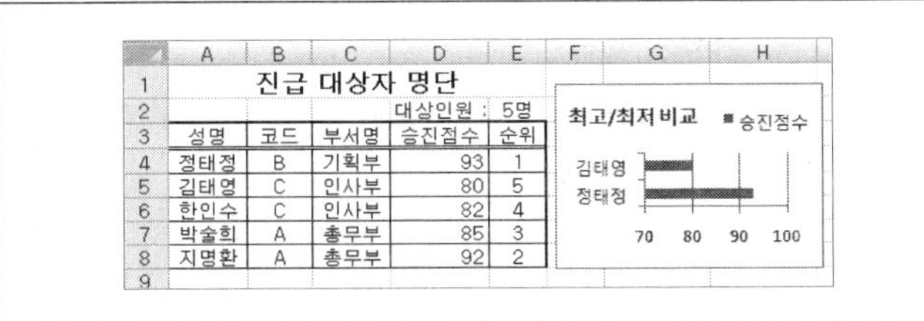

	A	B	C	D	E	F	G	H
1	진급 대상자 명단							
2				대상인원 : 5명				
3	성명	코드	부서명	승진점수	순위			
4	정태정	B	기획부	93	1			
5	김태영	C	인사부	80	5			
6	한인수	C	인사부	82	4			
7	박술희	A	총무부	85	3			
8	지명환	A	총무부	92	2			
9								

㉠ 차트는 '가로 막대형'으로 나타냈다.
㉡ 부서명을 기준으로 '오름차순' 정렬을 하였다.
㉢ 순위 [E4]셀의 함수식은 '=RANK(D4,$D$4:$D$8,0)'이다.

① ㉠
② ㉡
③ ㉠, ㉢
④ ㉡, ㉢
⑤ ㉠, ㉡, ㉢

┃28~29┃ 다음은 서울교통공사에서 제공한 '시간대별 지하철 이용 인원수'를 나타낸 자료 중 일부이다. 각 물음에 답하시오.

	A	B	C	D	E	F	G	H	I	J
1	역명	구분	04 ~ 05	05 ~ 06	06 ~ 07	07 ~ 08	08 ~ 09	09 ~ 10	10 ~ 11	11 ~ 12
2	서울역	승차	43	386	478	1528	2853	2139	2240	3385
3	서울역	하차	2	342	2213	4387	9548	5577	3428	3082
4	시청	승차	3	80	132	285	363	509	609	864
5	시청	하차	0	164	756	3011	8725	3472	1763	1693
6	종각	승차	1	120	162	246	451	565	787	1246
7	종각	하차	1	213	1272	4317	12140	6222	3186	3029
8	종로3가	승차	7	152	163	229	421	507	993	1452
9	종로3가	하차	3	111	490	1005	2320	2507	2550	2668
10	종로5가	승차	1	78	112	211	332	465	842	1127
11	종로5가	하차	0	120	563	1330	4098	1928	1901	2105

28. 지하철역별로 시간대별 '승차' 인원수만 따로 보려고 할 때 가장 적절한 방법은?

① 구분에 '하차'라고 적혀 있는 3, 5, 7, 9, 11열을 삭제한다.

② lookup 함수를 이용한다.

③ 필터 기능을 이용하여 '구분' 셀(B1)에서 '승차'값만 선택한다.

④ '보기'의 '틀 고정'에서 '첫 행 고정'을 선택한다.

⑤ '조건부 서식 – 셀 강조 규칙'에서 '승차'를 포함한 텍스트 서식을 지정한다.

29. 위 자료를 다음과 같이 나타내려고 한다. 다음 중 사용한 기능이 아닌 것은?

	A	B	C	D	E	F	G	H	I	J
1	역명	04 ~ 05	05 ~ 06	06 ~ 07	07 ~ 08	08 ~ 09	09 ~ 10	10 ~ 11	11 ~ 12	시간대별 인원수 추이
2	서울역	45	728	2691	5915	12401	7716	5668	6467	
3	시청	3	244	888	3296	9088	3981	2372	2557	
4	종각	2	333	1434	4563	12591	6787	3973	4275	
5	종로3가	10	263	653	1234	2741	3014	3543	4120	
6	종로5가	1	198	675	1541	4430	2393	2743	3232	
7	시간대별 평균 이용자수	12.2	353.2	1268.2	3309.8	8250.2	4778.2	3659.8	4130.2	

① 열 삭제
② sum 함수
③ 필터
④ 스파크라인
⑤ average 함수

30. 경비 집행을 담당하는 H대리는 이번 달 사용한 비용 내역을 다음과 같이 정리하였다. 이를 본 팀장은 H대리에게 이번 달 간접비의 비중이 직접비의 25%를 넘지 말았어야 했다고 말한다. 다음과 같이 H대리가 생각하는 내용 중 팀장이 이번 달 계획했던 비용 지출 계획과 어긋나는 것은?

〈이번 달 비용 내역〉

* 직원 급여 1,200만 원   * 출장비 200만 원
* 설비비 2,200만 원   * 자재대금 400만 원
* 사무실 임대료 300만 원   * 수도/전기세 35만 원
* 광고료 600만 원   * 비품 30만 원
* 직원 통신비 60만 원

① '비품을 다음 달에 살 걸 그랬네…'

② '출장비가 80만 원만 더 나왔어도 팀장님이 원하는 비중대로 되었을 텐데…'

③ '어쩐지 수도/전기세를 다음 달에 몰아서 내고 싶더라…'

④ '직원들 통신비를 절반으로 줄이기만 했어도…'

⑤ '가만, 내가 설비비 부가세를 포함했는지 확인해야겠다. 그것만 포함되면 될텐데…'

31. 다음은 공무원에게 적용되는 '병가' 규정의 일부이다. 다음을 참고할 때, 규정에 맞게 병가를 사용한 것으로 볼 수 없는 사람은?

병가(복무규정 제18조)

▲ 병가사유
  - 질병 또는 부상으로 인하여 직무를 수행할 수 없을 때
  - 감염병의 이환으로 인하여 그 공무원의 출근이 다른 공무원의 건강에 영향을 미칠 우려가 있을 때
▲ 병가기간
  - 일반적 질병 또는 부상 : 연 60일의 범위 내
  - 공무상 질병 또는 부상 : 연 180일의 범위 내
▲ 진단서를 제출하지 않더라도 연간 누계 6일까지는 병가를 사용할 수 있으나, 연간 누계 7일째 되는 시점부터는 진단서를 제출하여야 함
▲ 질병 또는 부상으로 인한 지각·조퇴·외출의 누계 8시간은 병가 1일로 계산, 8시간 미만은 계산하지 않음
▲ 결근·정직·직위해제일수는 공무상 질병 또는 부상으로 인한 병가일수에서 공제함

① 공무상 질병으로 179일 병가 사용 후, 같은 질병으로 인한 조퇴 시간 누계가 7시간인 K씨

② 일반적 질병으로 인하여 직무 수행이 어려울 것 같아 50일 병가를 사용한 S씨

③ 정직 30일의 징계와 30일의 공무상 병가를 사용한 후 지각 시간 누계가 7시간인 L씨

④ 일반적 질병으로 60일 병가 사용 후 일반적 부상으로 인한 지각·조퇴·외출 시간이 각각 3시간씩인 H씨

⑤ 진단서 없이 6일간의 병가 사용 후 지각·조퇴·외출 시간이 각각 2시간씩인 J씨

32. 다음과 같은 프로그램 명령어를 참고할 때, 아래의 모양 변화가 일어나기 위해서 두 번의 스위치를 눌렀다면 어떤 스위치를 눌렀는가? (위부터 아래로 차례로 1~4번 도형임)

스위치	기능
◉	1번, 4번 도형을 시계 방향으로 90도 회전함
◈	2번, 3번 도형을 시계 방향으로 90도 회전함
▣	1번, 2번 도형을 시계 반대 방향으로 90도 회전함
◑	3번, 4번 도형을 시계 반대 방향으로 90도 회전함

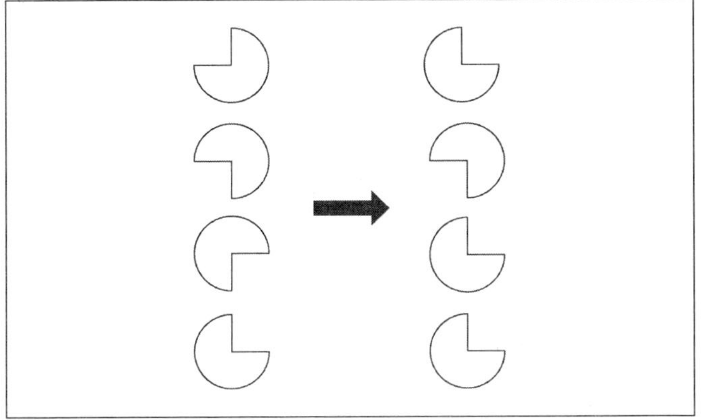

① ▣, ◉

② ◈, ▣

③ ◉, ▣

④ ◑, ◉

⑤ ◑, ◈

33. 다음의 사례는 4차 산업발전을 기반으로 한 C2C의 내용이다. 아래의 내용으로 미루어 보아 4차 산업발전의 기술을 기반으로 한 C 쇼핑이 제공하는 서비스와 가장 관련성이 높은 것은 무엇인가?

> 4차 산업혁명의 기술로 인해 우리의 실생활을 변화 시켜가고 있다. 자동차의 공유, 자전거우 공유, 우버택시 서비스, 카카오 택시 등 플랫폼을 활용한 공유경제가 우리 사회를 주도해 가고 있다. 특히 공유경제는 저비용, 고효율에 기반을 둔 개개인의 수익창출에 근간을 둔다. 공유경제의 기반은 플랫폼이다.
>
> 4차 산업혁명으로 인해 C2C의 경우 소비자는 상품을 구매하는 주체이면서 동시에 공급의 주체가 되기도 한다. 인터넷이 소비자들을 직접 연결시켜주는 시장의 역할을 하게 됨으로써 발생한 거래형태로 현재는 경매나 벼룩시장처럼 중고품을 중심으로 거래가 이루어지고 있는데, 그 한 가지 사례가 있어 소개한다.
>
> 스마트폰으로 팔고 싶은 물품의 사진이나 동영상을 인터넷에 올려 당사자끼리 직접 거래할 수 있는 모바일 오픈 마켓 서비스가 등장했다. C 쇼핑은 수수료를 받지 않고 개인 간 물품거래를 제공하는 스마트폰 애플리케이션 '오늘 마켓'을 서비스한다고 밝혔다. 기존 오픈 마켓은 개인이 물건을 팔려면 사진을 찍어 PC로 옮기고, 인터넷 카페나 쇼핑몰에 판매자 등록을 한 뒤 사진을 올리는 복잡한 과정을 거쳐야 했다. 오늘마켓은 판매자가 휴대전화로 사진이나 동영상을 찍어 앱으로 바로 등록할 수 있고 전화나 문자메시지, e메일, 트위터 등 연락 방법을 다양하게 설정할 수 있다.
>
> 구매자는 상품 등록시간이나 인기 순으로 상품을 검색할 수 있고 위치 기반 서비스(LBS)를 바탕으로 자신의 위치와 가까운 곳에 있는 판매자의 상품만 선택해 볼 수도 있다. 애플 스마트폰인 아이 폰용으로 우선 제공되며 안드로이드 스마트폰용은 상반기 안으로 서비스 예정이다. 이렇듯 4차 산업발전으로 인해 C2C 또한 빠르고 편리한 서비스를 제공하게 되는 것이다.

① 정부에서 필요로 하는 조달 물품을 구입할 시에 흔히 사용하는 입찰방식이다.

② 소비자와 소비자 간 물건 등을 매매할 수 있는 형태이다.

③ 정보의 제공, 정부문서의 발급, 홍보 등에 주로 활용되는 형태이다.

④ 홈뱅킹, 방송, 여행 및 각종 예약 등에 활용되는 형태이다.

⑤ 4차 산업혁명과 C2C는 기술적으로 아무런 관련성이 없는 방식이다.

34. 추후 우리나라의 물류 및 유통 분야도 4차 산업혁명의 영향을 많이 받게 될 것이다. 아래의 그림은 이러한 기술의 발전으로 인해 불필요한 물류흐름을 줄이고 나타낸 형태이다. 이때 기술발전으로 인한 물류의 각 단계별 흐름에 대한 설명으로 옳게 연결된 것을 고르면?

> 아마도 완전히 자동화되어 사람은 단 한 명도 찾아볼 수 없는 광경일 것이다. 좀 더 상상력이 뛰어난 사람이라면 드론이 날아다니며 물품을 옮기고, 인간형 로봇들이 물품을 분류하는 장면까지 그려낼 수 있을 것이다.
>
> 그러한 상상의 그림이 현실로 이루어질 때가 멀지 않았다. 인공지능, 빅데이터, 사물인터넷 등 다양한 ICT 기술과 타 산업의 융합을 근간으로 하는 4차 산업혁명이 현실로 다가오기 시작했다. 이는 비단 제조업계에 국한된 이야기가 아니다. 미래의 물류창고는 이미 그 모습을 드러내기 시작했다. 새로운 기술의 활용과 더불어 물류 창고 내의 패러다임에도 많은 변화가 이뤄지고 있다. 지브라 테크놀로지스의 연구 보고서에 따르면 물류창고 업계의 62%가 향후 5년 이내에 음성-화면 피킹 방식을 도입함으로써 작업자들의 눈과 손을 자유롭게 하고 작업 생산성을 높일 계획이다. 또한 응답자의 61%는 2020년까지 크로스도킹(Cross-Docking, 물품을 적재하지 않고 들어오는 차량에서 나가는 차량으로 곧바로 옮겨 싣는 방식) 사용을 확대해 작업 효율성을 극대화 할 예정이다.
>
> 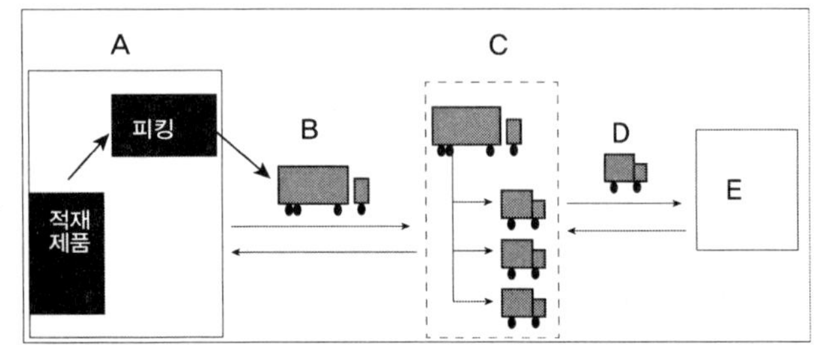
>

① A : 창고 → B : 수송 → C : 크로스도크 운송 → D : 루트 배송 → E : 고객

② A : 창고 → B : 수송 → C : 루트 배송 → D : 크로스도크 운송 → E : 고객

③ A : 창고 → B : 크로스도크 운송 → C : 수송 → D : 루트 배송 → E : 고객

④ A : 수송 → B : 창고 → C : 크로스도크 운송 → D : 루트 배송 → E : 고객

⑤ A : 수송 → B : 루트 배송 → C : 크로스도크 운송 → D : 창고 → E : 고객

35. 일본을 상대로 하는 무역회사에 다니고 있는 김 대리는 지금 하고 있는 일이 너무 익숙해져버려서 변화를 주어야겠다는 느낌을 받고 자기개발을 하려고 한다. 김 대리는 업무에 필요한 기초적인 일본어는 가능하지만 고급 일본어 구사에 부족함을 느껴 일본어를 공부하기로 마음을 먹었다. 다음은 김 대리가 목표와 계획을 작성한 것이다. 이를 본 상사의 반응으로 옳지 않은 것은?

〈김 대리의 자기개발 계획〉

- 목표 : 고급 일본어 공부하기
- 계획 : 일주일에 3일 고급 일본어 강의 수강
- 방법 : 퇴근하고 화, 목, 토요일 저녁 8~9시까지 집 근처 학원에서 고급 일본어를 수강

〈학원 강의 시간표〉

시간	월	화	수	목	금	토
07:00 ~ 08:00	고급 일본어	초급 중국어	고급 일본어	초급 중국어	고급 일본어	초급 중국어
20:00 ~ 21:00	초급 중국어	고급 일본어	초급 중국어	고급 일본어	초급 중국어	고급 일본어

① 목표를 장·단기로 나눠서 구체적으로 정하는 것이 더 좋을 것 같은데.

② 우리 회사의 특성상 야근이 많을 수 있으므로 퇴근 후보다는 출근 전에 학원을 가는 것이 좋지 않겠나?

③ 김 대리는 일본어는 기본적인 대화가 가능하니까, 이참에 중국어를 배워보는 건 어떻겠나?

④ 자기개발은 현재 직무를 고려해야 하는데 현재의 직무를 고려하지 않은 것이 흠이군.

⑤ 온라인 강의는 어떤가? 퇴근 후 학원까지 가야하는 번거로움이 줄어들 것 같은데.

36. 다음의 각 사례는 대인관계 향상을 위한 내용들이다. 이에 대한 각 사례를 잘못 파악하고 있는 것을 고르면?

> ㉠ 야구를 매우 좋아하는 아들을 둔 친구가 있었다. 그러나 이 친구는 야구에 전혀 관심이 없었다. 어느 해 여름, 그는 아들을 데리고 프로야구를 보기 위해 여러 도시를 다녔다. 야구 구경은 6주일 이상이 걸렸고 비용 역시 엄청나게 많이 들었다. 그러나 이 여행이 부자간의 인간관계를 강력하게 결속시키는 계기가 되었다. 내 친구에게 "자네는 그 정도로 야구를 좋아하나?"라고 물었더니 그는 "아니, 그렇지만 내 아들을 그만큼 좋아하지."라고 대답했다.
>
> ㉡ 나는 몇 년 전에 두 아들과 함께 저녁시간을 보낸 적이 있다. 체조와 레슬링을 구경하고 영화를 관람하고 돌아오는 길에, 날씨가 몹시 추웠기 때문에 나는 코트를 벗어서 작은 아이를 덮어 주었다. 큰 아이는 보통 재미있는 일이 있으면 수다스러운 편인데, 그날따라 유난히 계속 입을 다물고 있었고 돌아와서는 곧장 잠잘 채비를 하였다. 그 행동이 이상해서 큰 아이의 방에 들어가서 아이의 얼굴을 보니 눈물을 글썽이고 있었다. "얘야 무슨 일이니? 왜 그래?". 큰 아이는 고개를 돌렸고 나는 그 애의 떨리는 눈과 입술 그리고 턱을 보며 그 애가 약간 창피함을 느끼고 있음을 눈치챘다. "아빠, 내가 추울 때 나에게도 코트를 덮어줄 거예요?". 그날 밤의 여러 프로그램 중 가장 중요한 것은 바로 그 사소한 친절행위였다. 작은 아이에게만 보여준 순간적이고 무의식적인 애정이 문제였던 것이다.
>
> ㉢ 나는 지키지 못할 약속은 절대로 하지 않는다는 철학을 가지고 이를 지키기 위해 노력해왔다. 그러나 이 같은 노력에도 불구하고 약속을 지키지 못하게 되는 예기치 않은 일이 발생하면 그 약속을 지키든가, 그렇지 않으면 상대방에게 나의 상황을 충분히 설명해 연기한다.
>
> ㉣ 업무설명서를 작성하는 것이 당신과 상사 중 누구의 역할인지에 대해 의견차이가 발생하는 경우를 생각해보자. 거의 모든 대인관계에서 나타나는 어려움은 역할과 목표 사이의 갈등이다. 누가 어떤 일을 해야 하는지의 문제를 다룰 때, 예를 들어 딸에게 방 청소는 시키거나 대화를 어떻게 해야 하는지, 누가 물고기에게 먹이를 주고 쓰레기를 내놓아야 하는지 등의 문제를 다룰 때, 우리는 불분명한 기대가 오해와 실망을 불러온다는 것을 알 수 있다.
>
> ㉤ 직장동료 K는 상사에게 매우 예의가 바른 사람이다. 그런데 어느 날 나와 단 둘이 있을 때, 상사를 비난하기 시작하였다. 나는 순간 의심이 들었다. 내가 없을 때 그가 나에 대한 악담을 하지 않을까?

① ㉠은 '상대방에 대한 이해심'과 관련한 내용으로 야구를 좋아하는 아들을 둔 아버지에 대한 사례이다.

② ㉡은 '사소한 일에 대한 관심'과 관련한 내용으로 사소한 일이라도 대인관계에 있어 매우 중요함을 보여주고 있다.

③ ㉢은 '약속의 이행'과 관련한 내용으로 대인관계 향상을 위해서는 철저하게 약속을 지키는 것이 매우 중요함을 보여주고 있다.

④ ㉣은 '기대의 명확화'와 관련한 내용으로 분명한 기대치를 제시해 주는 것이 대인관계에 있어서 오해를 줄이는 방법임을 보여주고 있다.

⑤ ㉤은 '진지한 사과'와 관련한 내용으로 자신이 잘못을 하였을 경우 진지하게 사과하는 것이 매우 중요하기는 하지만 같은 잘못을 되풀이하면서 사과를 하는 것은 오히려 대인관계 향상을 저해할 수 있음을 보여주고 있다.

37. 다음 상황에서 미루어 볼 때 이러한 고객 유형에 대한 응대요령으로 가장 적절한 것을 고르면?

> 타인이 보았을 때 유창하게 말하려는 사람은 자신을 과시하는 형태의 고객으로써 자기 자신은 모든 것을 다 알고 있는 전문가인 양 행동할 수 있다. 또한, 자신이 지니고 있는 확신에 대한 고집을 꺾지 않으려 하지 않으며 좀처럼 설득되지 않고 권위적인 느낌을 주어 상대의 판단에 영향을 미치려고 한다. 비록 언어 예절을 깍듯이 지키며 겸손한 듯이 행동하지만 내면에는 강한 우월감을 지니고 있으므로 거만한 인상을 주게 된다.

① 고객이 결정을 내리지 못하는 갈등요소가 무엇인지를 표면화시키기 위해 시기 적절히 질문을 하여 상대가 자신의 생각을 솔직히 드러낼 수 있도록 도와준다.

② 상대의 말에 지나치게 동조하지 말고 항의 내용의 골자를 요약해 확인한 후 문제를 충분히 이해하였음을 알리고 문제 해결에 대한 확실한 결론을 내어 고객에게 믿음을 주도록 한다.

③ 부드러운 분위기를 유지하며 정성스럽게 응대하되 음성에 웃음이 섞이지 않도록 유의한다.

④ 우선적으로 고객의 말을 잘 들으면서 상대의 능력에 대한 칭찬 및 감탄의 말로 응수해 상대를 인정하고 높여주면서 친밀감을 조성해야 한다.

⑤ 대화의 초점을 주제방향으로 유도해서 해결점에 도달할 수 있도록 자존심을 존중해 가면서 응대한다.

38. G사 홍보팀 직원들은 팀워크를 향상시킬 수 있는 방법에 대한 토의를 진행하며 다음과 같은 의견들을 제시하였다. 다음 중 팀워크의 기본요소를 제대로 파악하고 있지 못한 사람은 누구인가?

> A : "팀워크를 향상시키기 위해서는 무엇보다 팀원 간의 상호 신뢰와 존중이 중요하다고 봅니다."
> B : "또 하나 빼놓을 수 없는 것은 스스로에 대한 넘치는 자아의식이 수반되어야 팀워크에 기여할 수 있어요."
> C : "팀워크는 상호 협력과 각자의 역할에서 책임을 다하는 자세가 기본이 되어야 함을 우리 모두 명심해야 합니다."
> D : "저는 팀원들끼리 솔직한 대화를 통해 서로를 이해하는 일이 무엇보다 중요하다고 생각해요."
> E : "갈등을 어떻게 해결해 나가는지도 팀워크에 영향을 준다고 생각합니다."

① A   ② B
③ C   ④ D
⑤ E

39. 다음 제시된 직장 내 예절교육의 항목 중 적절한 내용으로 보기 어려운 설명을 모두 고른 것은?

> 가. 악수를 하는 동안에는 상대의 눈을 맞추기보다는 맞잡은 손에 집중한다.
> 나. 내가 속해 있는 회사의 관계자를 타 회사의 관계자에게 소개한다.
> 다. 처음 만나는 사람과 악수할 경우에는 가볍게 손끝만 잡는다.
> 라. 상대방에게서 명함을 받으면 받은 즉시 명함지갑에 넣지 않는다.
> 마. e-mail 메시지는 길고 자세한 것보다 명료하고 간략하게 만든다.
> 바. 정부 고관의 직급명은 퇴직한 사람을 소개할 경우엔 사용을 금지한다.
> 사. 명함에 부가 정보는 상대방과의 만남이 끝난 후에 적는다.

① 나, 라, 마, 사   ② 가, 다, 라
③ 나, 마, 바, 사   ④ 가, 다, 바
⑤ 가, 나, 라, 바

40. 영업팀에서 근무하는 조 대리는 아래와 같은 상황을 갑작스레 맞게 되었다. 다음 중 조 대리가 취해야 할 행동으로 가장 적절한 것은?

> 조 대리는 오늘 휴일을 맞아 평소 자주 방문하던 근처 고아원을 찾아가기로 하였다. 매번 자신의 아들인 것처럼 자상하게 대해주던 영수에게 줄 선물도 준비하였고 선물을 받고 즐거워할 영수의 모습에 설레는 마음을 감출 수 없었다.
> 그러던 중 갑자기 일본 지사로부터, 내일 방문하기로 예정되어 있던 바이어 일행 중 한 명이 현지 사정으로 인해 오늘 입국하게 되었다는 소식을 전해 들었다. 바이어의 한국 체류 시 모든 일정을 동행하며 계약 체결에 차질이 없도록 접대해야 하는 조 대리는 갑자기 공항으로 서둘러 출발해야 하는 상황에 놓이게 되었다.

① 업무상 긴급한 상황이지만, 휴일인 만큼 계획대로 영수와의 시간을 갖는다.

② 지사에 전화하여 오늘 입국은 불가하며 내일 비행기 편을 다시 알아봐 줄 것을 요청한다.

③ 영수에게 아쉬움을 전하며 다음 기회를 약속하고 손님을 맞기 위해 공항으로 나간다.

④ 지난 번 도움을 주었던 차 대리에게 연락하여 대신 공항 픽업부터 호텔 투숙, 저녁 식사까지만 대신 안내를 부탁한다.

⑤ 영수에게 먼저 들렀다가 조금 늦게 바이어 일행을 마중 나간다.

1 다음 중 열경화성 수지를 모두 고르면?

> ㉠ 폴리염화비닐수지
> ㉡ 초산비닐수지
> ㉢ 페놀수지
> ㉣ 요소수지
> ㉤ 폴리아미드수지
> ㉥ 실리콘수지

① ㉠㉡㉣　　　　② ㉠㉢㉤
③ ㉡㉣㉥　　　　④ ㉢㉣㉥
⑤ ㉢㉤㉥

2 얇고 작은 부품주조에 이용되는 주조법은?

① 원심 주조법
② 진공 주조법
③ 인베스트먼트 주조법
④ 칠드 주조법
⑤ 셸 몰드 주조법

3 표면경화 열처리 방법에 대한 설명으로 옳지 않은 것은?

① 청화법은 NaCn, KCN 등의 청화물질이 철과 작용하여 금속표면에 질소와 탄소가 동시에 침투되도록 한 것이다.

② 고주파경화법은 금속표면에 코일을 감고 고주파 전류로 표면만 고온으로 가열 후 급랭하는 것이다.

③ 침탄법은 저탄소강의 표면에 탄소를 침투시켜 고탄소강으로 만든 후 담금질을 하는 것이다.

④ 질화법은 이산화탄소 속에 강을 넣고 단시간 가열하여 철과 질소가 작용하여 질화 철이 되도록 하는 것이다.

⑤ 화염경화법은 산소-아세틸렌 불꽃으로 강의표면만 가열하여 열이 중심 부분에 전달되기 전에 급랭하는 것이다.

4 체인(chain)에 대한 설명으로 옳지 않은 것은?

① 초기 장력을 줄 필요가 없다.

② 정지 시에 장력이 작용한다.

③ 큰 동력을 전달할 수 있다.

④ 미끄럼이 적으며 일정한 속도비를 얻을 수 있다.

⑤ 동력 전달용으로 롤러 체인과 사일런트 체인이 사용된다.

5 자동차 엔진의 피스톤 링에 대한 설명으로 옳지 않은 것은?

① 압축 링의 주 기능은 피스톤과 실린더 사이의 기밀 유지이다.

② 오일 링은 실린더 벽에 뿌려진 과잉 오일을 긁어내린다.

③ 피스톤 링은 탄성을 주기 위해 절개부가 없는 원형으로 만든다.

④ 실린더와 피스톤 사이의 열전달작용, 오일제어작용 등의 역할을 한다.

⑤ 피스톤 링은 압축 링과 오일 링으로 구분할 수 있다.

6 강의 열처리 방법에 대한 설명을 순서대로 옳게 나열한 것은?

> ㉠ 불안정한 조직을 재가열하여 원자들을 좀 더 안정적인 위치로 이동시킴으로써 인성을 증대
> ㉡ 재료를 단단하게 하기 위해 가열된 재료를 급랭하여 강도를 증가시켜서 내마멸성을 향상
> ㉢ 강 속에 있는 내부 응력을 완화시켜 강의 성질을 개선하는 것으로 노(爐)나 공기 중에서 서냉
> ㉣ 강을 표준 상태로 하기 위하여 가공 조직의 균일화, 결정립의 미세화, 기계적 성질의 향상

① 뜨임, 담금질, 풀림, 불림

② 뜨임, 풀림, 담금질, 불림

③ 불림, 뜨임, 담금질, 풀림

④ 불림, 담금질, 뜨임, 풀림

⑤ 풀림, 뜨임, 담금질, 불림

7 다음 강과 탄소량의 관계에 대한 것으로 바르지 않은 것은?

① 강의 탄소함유량이 많아지면 연신율이 감소한다.

② 강의 탄소함유량이 많을수록 용접이 어려워진다.

③ 강의 탄소함유량이 많아지면 경도가 감소한다.

④ 탄소강은 탄소를 0.03%~2.0% 함유한 철이다.

⑤ 강은 순철보다는 탄소함유량이 많으나 주철보다는 적다.

8 운동용 나사 중 다음 조건을 충족시키는 것은?

> • 공작기계의 리드 스크류와 같이 정밀한 운동의 전달용으로 사용한다.
> • 애크미(acme) 나사라고도 하며, 정밀가공이 용이하다.

① 삼각나사

② 사다리꼴 나사

③ 사각나사

④ 셀러나사

⑤ 볼나사

9 연삭가공 방법의 하나인 폴리싱(polishing)에 대한 설명으로 옳은 것은?

① 랩과 공작물을 누르며 상대 운동을 시켜 정밀 가공을 하는 것이다.

② 원통면, 평면 또는 구면에 미세한 입자로 된 숫돌을 접촉시키면서 진동을 주는 정밀가공으로 고밀도의 표면을 얻는 가공이다.

③ 세립자로 된 각 봉의 공구를 구멍 내에서 회전과 동시에 왕복운동을 시켜 구멍내면을 정밀가공하는 작업이다.

④ 알루미나 등의 연마 입자가 부착된 연마 벨트에 의한 가공으로 일반적으로 버핑 전 단계의 가공이다.

⑤ 공작물과 숫돌 입자, 콤파운드 등을 회전하는 통 속이나 진동하는 통 속에 넣고 서로 마찰 충돌시켜 표면의 녹, 흠집 등을 제거하는 공정이다.

10 응력－변형률 선도에 대한 설명으로 옳지 않은 것은?

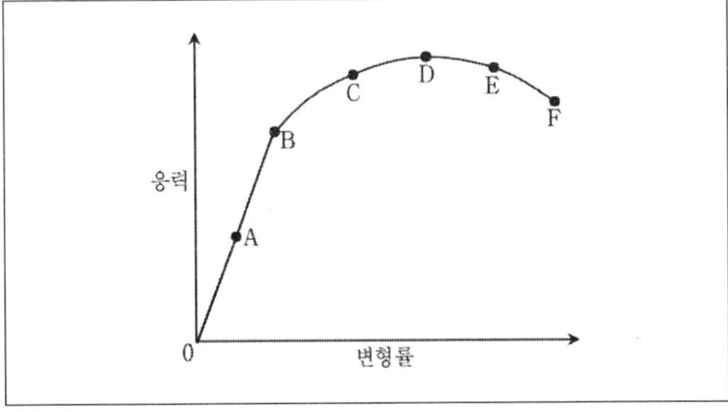

① A점은 후크의 법칙이 적용된다.

② B지점은 탄성한도, F지점은 파괴점이다.

③ C점에서 하중을 제거하면 영구변형이 발생한다.

④ D점은 인장강도이고 진응력－진변형률 선도에서 나타난다.

⑤ E점에서 네킹(necking)이 진행된다.

11 합성수지에 대한 설명으로 옳지 않은 것은?

① 합성수지는 전기 절연성이 좋고 착색이 자유롭다.

② 열경화성 수지는 성형 후 재가열하면 다시 재생 할 수 없으며 에폭시 수지, 요소 수지 등이 있다.

③ 열가소성 수지는 성형 후 재가열하면 용융되며 페놀 수지, 멜라민 수지 등이 있다.

④ 아크릴 수지는 투명도가 좋아 투명 부품, 조명 기구에 사용된다.

⑤ 열가소성 수지는 고온에서 사용할 수 없으며 내후성이 한계가 있다.

12 다음 중 키가 전달할 수 있는 동력이 큰 순서대로 나열한 것은?

① 접선키 > 스플라인키 > 세리이션 > 반달키
② 스플라인키 > 안장키 > 묻힘키 > 세레이션
③ 세레이션 > 스플라인키 > 묻힘키 > 안장키
④ 안장키 > 묻힘키 > 스플라인키 > 세레이션
⑤ 평키 > 안장키 > 묻힘키 > 스플라인

13 연삭가공 및 특수가공에 대한 설명으로 옳지 않은 것은?

① 전자빔 가공은 전자의 운동에너지로부터 얻는 열에너지를 이용한다.
② 전해가공은 공구의 소모가 크다.
③ 초음파가공 시 공작물은 연삭입자에 의해 미소 치핑이나 침식작용을 받는다.
④ 방전가공에서 방전액은 냉각제의 역할을 한다.
⑤ 기계적 특수가공으로 버핑, 버어니싱, 숏트피이닝 등이 있다.

14 금속의 결정격자구조에 대한 설명으로 옳은 것은?

① 면심입방격자의 단위 격자당 원자는 4개이다.
② 체심입방격자의 단위 격자당 원자는 1개이다.
③ 조밀육방격자의 단위 격자당 원자는 4개이다.
④ 체심입방격자에는 정육면체의 각 모서리와 각 면의 중심에 각각 1개의 원자가 배열되어 있다.
⑤ 면심입방격자 구조를 가진 금속은 Zn, Mg, Co 등이 있다.

15 축(세로)방향 단면적 A의 물체에 인장하중을 가하였을 때, 인장방향 변형률이 ϵ이면, 단면적의 변화량은? (단, 이 물체의 포아송의 비는 0.5이다.)

① ϵA
② $2\epsilon A$
③ $3\epsilon A$
④ $4\epsilon A$
⑤ $5\epsilon A$

16 다음 중 공차란 무슨 뜻인가?

① 최대허용치수 − 최소허용치수
② 기준치수 − 최소허용치수
③ 최대허용치수 − 기준치수
④ 기준치수 − 최대허용치수
⑤ 기준치수 − 편차

17 절삭가공에서 발생하는 열에 대한 설명으로 옳지 않은 것은?

① 공작물의 강도가 크고 비열이 낮을수록 절삭열에 의한 온도 상승이 커진다.
② 절삭속도가 증가할수록 공구나 공작물로 배출되는 열의 비율은 작아진다.
③ 발생한 열의 60%는 칩으로 빠져나간다.
④ 전단면에서의 전단변형과, 공구와 칩의 마찰작용이 절삭 열 발생의 주 원인이다.
⑤ 공구의 날 끝에서 최고 온도점이 나타난다.

18 가스 용접에서 사용되는 안전기의 역할로 옳은 것은?

① 역화방지   ② 불순물 제거

③ 부식방지   ④ 가스압력조절

⑤ 절단간격조절

19 회전수가 400rpm, 절삭 속도가 5.0m/min일 때, 드릴의 지름은? (소수점 둘째자리에서 반올림하시오.)

① 3.7mm

② 3.8mm

③ 3.9mm

④ 4.0mm

⑤ 4.1mm

20 펌프에서 수격현상의 방지 대책으로 옳은 것은?

① 플라이 휠을 제거한다.

② 배관을 타원형으로 시공한다.

③ WHC를 설치하고 조압수조는 설치하지 않는다.

④ 관경을 크게 한다.

⑤ 송출관 내의 유속이 빠르도록 지름을 선정한다.

21 축압 브레이크의 일종으로, 회전축 방향에 힘을 가하여 회전을 제동하는 제동 장치는?

① 밴드 브레이크

② 드럼 브레이크

③ 래칫 브레이크

④ 원판 브레이크

⑤ 블록 브레이크

22 다음 ㉠~㉢에 들어갈 용어를 순서대로 연결한 것은?

> • 용광로에 코크스, 철광석, 석회석을 교대로 장입하고 용해하여 나오는 철을 (㉠)이라 하며, 이 과정을 (㉡) 과정이라 한다.
>
> • 용광로에서 나온 (㉠)을 다시 평로, 전기로 등에 넣어 불순물을 제거하여 제품을 만드는 과정을 (㉢)과정이라 한다.

① 제선 – 선철 – 제강

② 선철 – 제강 – 제선

③ 선철 – 제선 – 제강

④ 제강 – 제선 – 선철

⑤ 제강 – 선철 – 제선

23 다음 중 내연기관의 실린더 내에서 형성되는 압축비를 가장 잘 설명한 것은?

① 행정체적과 간극체적의 합을 행정체적으로 나눈 값

② 간극체적을 행정체적으로 나눈 값

③ 행정체적을 간극체적으로 나눈 값

④ 간극체적을 행정체적과 간극체적의 합으로 나눈 값

⑤ 행정체적과 간극체적의 합을 간극체적으로 나눈 값

24 다음 중 미끄럼(슬라이딩) 베어링을 구름 베어링과 비교한 것으로 바르지 않은 것은?

① 추력하중을 용이하게 받는다.

② 마찰계수가 크다.

③ 소음이 작다.

④ 고속회전에 유리하다.

⑤ 충격흡수능력이 크다.

25 다음 중 기어에 대한 설명으로 옳지 않은 것은?

① 헬리컬기어는 물림길이가 길어 진동과 소음이 적다.

② 웜기어는 한 쌍의 원뿔 마찰면이 만나는 기어이다.

③ 큰 감속이 필요한 경우 웜과 웜기어를 적용한다.

④ 인벌류트 치형은 가공이 쉽고 이뿌리 강도가 크다.

⑤ 사이클로이드 치형은 계측기나 시계 등에 사용된다.

26 ㉠과 ㉡에 해당하는 것을 순서대로 나열한 것은?

> ㉠ 0.05~0.3% 사이의 특정한 영구 변형률을 발생시키는 응력
> ㉡ 재료가 파단하기 전에 가질 수 있는 최대 응력

① 탄성강도, 항복강도

② 극한강도, 탄성강도

③ 극한강도, 항복강도

④ 항복강도, 탄성강도

⑤ 항복강도, 극한강도

27 금속의 응고 시 나타나는 현상에 대한 설명으로 옳은 것은?

> ㉠ 용융금속이 급랭되면 핵 생성률이 증가하여 결정립의 크기가 작아진다.
> ㉡ 금속이 응고되면 일반적으로 다결정을 형성한다.
> ㉢ 결정립계의 원자들은 결정립 내부의 원자에 비해 반응성이 높아 부식되기 어렵다.
> ㉣ 결정립이 커질수록 항복강도가 증가한다.

① ㉠㉡

② ㉠㉢

③ ㉡㉢

④ ㉡㉣

⑤ ㉠㉡㉢㉣

28 관용나사에 대한 설명으로 옳은 것은?

① 관 내부에 유체 누설을 방지하기 위해 사용된다.

② 관용나사의 나사 산각은 60도이다.

③ 강도저하를 크게 하기 위해 높이가 낮은 관용나사를 사용한다.

④ 형상에 따라 수직나사, 평행나사, 경사나사가 있다.

⑤ 관용 테이퍼나사의 테이퍼 값은 16이다.

29 다음 중 내연기관에서 사용되는 윤활유가 갖추어야 할 조건으로 옳지 않은 것은?

> ㉠ 산화 안전성이 클 것
> ㉡ 기포 발생이 많을 것
> ㉢ 부식 방지성이 좋을 것
> ㉣ 점도가 높을 것

① ㉠㉡   ② ㉠㉢

③ ㉡㉢   ④ ㉡㉣

⑤ ㉢㉣

30 그림과 같은 제네바 기어에 대한 설명으로 옳지 않은 것은?

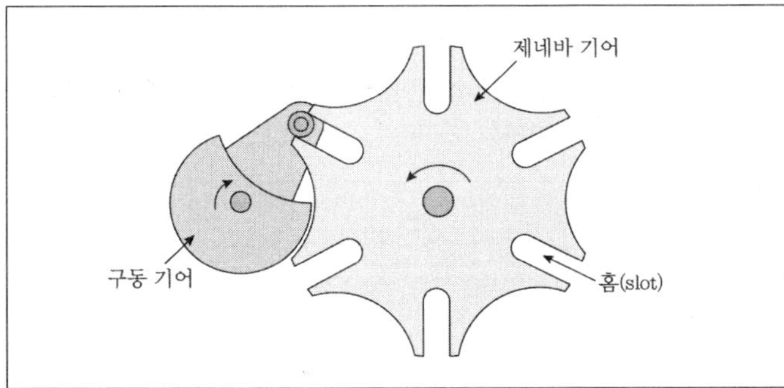

① 커플러가 구름-미끄럼 조인트로 대체된 4절 링크 장치로
볼 수 있다.
② 구공기어가 제네바기어의 슬롯에 걸렸을 때만 기어가 회
전한다.
③ 구동기어가 1회전하는 동안 제네바 기어는 60도 회전한다.
④ 제네바 기어가 회전하는 동안 제네바 기어의 각속도는 일
정하다.
⑤ 간헐적으로 회전운동을 하는 구동장치이다.

31 상온에서 금속결정의 단위격자가 면심입방구조가 아닌 것은?

① Pt   ② Al
③ Cu   ④ Ag
⑤ Cr

32 다음은 스프링의 도시법에 관한 사항들이다. 이 중 바르지 않
은 것은?

① 스프링은 원칙적으로 하중인 상태로 그린다.
② 특별한 단서가 없는 한 모두 왼쪽 감기로 도시한다.
③ 조립도나 설명도 등에서 코일 스프링은 그 단면만으로 표
시하여도 좋다.
④ 스프링의 종류와 모양만을 도시할 때에는 재료의 중심선
만을 굵은 실선으로 그린다.
⑤ 하중과 높이(또는 길이) 또는 처짐과의 관계를 표시할 필
요가 있을 때에는 선도 또는 항목표에 나타낸다.

33 금속재료의 기계적 성질 중 단위가 같은 것을 모두 고른 것
은?

㉠ 인장강도	㉡ 탄성계수
㉢ 피로한도	㉣ 항복강도

① ㉠㉡
② ㉡㉢㉣
③ ㉠㉡㉢
④ ㉢㉣
⑤ ㉠㉡㉢㉣

34 축방향 하중을 지지하는 데 가장 부적합한 베어링은?

① 앵귤러 콘택트 볼베어링
② 테이퍼 롤러베어링
③ 단열 깊은 홈 볼베어링
④ 니들 롤러베어링
⑤ 스러스트 롤러베어링

35 다음 ㉠과 ㉡에 해당하는 것은?

> ㉠ 금속판재에서 원통 및 각통 등과 같이 이음매 없이 바닥이 있는 용기를 만드는 프레스가공법이다.
>
> ㉡ 압력을 가하여 용탕금속을 금형공동부에 주입하는 주조법으로, 얇고 복잡한 형상의 비철금속 제품 제작에 적합한 주조법이다.

① ㉠-플랜징, ㉡-다이캐스팅
② ㉠-딥드로잉, ㉡-다이캐스팅
③ ㉠-플랜징, ㉡-인베스트먼트주조법
④ ㉠-딥드로잉, ㉡-인베스트먼트주조법
⑤ ㉠-다이캐스팅, ㉡-플랜징

36 TIG용접(GTAW)에 대한 설명으로 옳은 것은?

① 산화철 분말과 알루미늄 분말의 반응열을 이용하는 용접법이다.
② 비소모성인 텅스텐 전극으로 아크를 발생시킨다.
③ 소모성인 금속전극으로 아크를 발생시킨다.
④ 용가재를 별도로 공급해야지만 아크열에 의해 모재를 녹여 용접할 수 있다.
⑤ 노즐을 통해 용접부에 미리 도포된 용제 속에서 용접봉과 모재 사이에 아크를 발생시키는 용접법이다.

37 제도에서 다듬질 방법을 지정하지 않는 것을 표시하는 보조기호는?

① C
② G
③ M
④ F
⑤ E

38 ㉠, ㉡에 들어갈 축 이음으로 적절한 것은?

> 두 축의 중심선을 일치시키기 어렵거나, 진동이 발생되기 쉬운 경우에는 ㉠을 사용하여 축을 연결하고, 두 축이 만나는 각이 수시로 변화하는 경우에는 ㉡이(가) 사용된다.

	㉠	㉡
①	플랜지 커플링	유니버설 조인트
②	플렉시블 커플링	유니버설 조인트
③	플랜지 커플링	유체 커플링
④	플렉시블 커플링	유체 커플링
⑤	플렉시블 커플링	플랜지 커플링

39 금속 속 재료의 가공성을 바르게 나열한 것은?

① 주조성, 내마멸성, 절삭성, 용접성
② 절삭성, 용접성, 소성가공성, 주조성
③ 용접성, 내열성, 고온강도, 내식성
④ 내식성, 전연성, 소성가공성, 내마멸성
⑤ 내마멸성, 내열성, 절삭성, 전연성

40 다음 중 센터리스연삭기에 대한 설명으로 옳지 않은 것은?

① 긴 축 재료의 연삭이 용이하다.
② 일감에 선터구멍을 뚫을 필요가 없다.
③ 연삭여유가 적어도 된다.
④ 작업자의 높은 숙련도가 필요하다.
⑤ 연속작업이 가능하여 대량생산에 적합하다.

서울교통공사 필기시험

성 명

(자 필 성 명)

생 년 월 일

⓪	⓪	⓪	⓪	⓪	⓪	⓪	⓪
①	①	①	①	①	①	①	①
②	②	②	②	②	②	②	②
③	③	③	③	③	③	③	③
④	④	④	④	④	④	④	④
⑤	⑤	⑤	⑤	⑤	⑤	⑤	⑤
⑥	⑥	⑥	⑥	⑥	⑥	⑥	⑥
⑦	⑦	⑦	⑦	⑦	⑦	⑦	⑦
⑧	⑧	⑧	⑧	⑧	⑧	⑧	⑧
⑨	⑨	⑨	⑨	⑨	⑨	⑨	⑨

직업기초능력평가

번호	답	번호	답
1	① ② ③ ④ ⑤	21	① ② ③ ④ ⑤
2	① ② ③ ④ ⑤	22	① ② ③ ④ ⑤
3	① ② ③ ④ ⑤	23	① ② ③ ④ ⑤
4	① ② ③ ④ ⑤	24	① ② ③ ④ ⑤
5	① ② ③ ④ ⑤	25	① ② ③ ④ ⑤
6	① ② ③ ④ ⑤	26	① ② ③ ④ ⑤
7	① ② ③ ④ ⑤	27	① ② ③ ④ ⑤
8	① ② ③ ④ ⑤	28	① ② ③ ④ ⑤
9	① ② ③ ④ ⑤	29	① ② ③ ④ ⑤
10	① ② ③ ④ ⑤	30	① ② ③ ④ ⑤
11	① ② ③ ④ ⑤	31	① ② ③ ④ ⑤
12	① ② ③ ④ ⑤	32	① ② ③ ④ ⑤
13	① ② ③ ④ ⑤	33	① ② ③ ④ ⑤
14	① ② ③ ④ ⑤	34	① ② ③ ④ ⑤
15	① ② ③ ④ ⑤	35	① ② ③ ④ ⑤
16	① ② ③ ④ ⑤	36	① ② ③ ④ ⑤
17	① ② ③ ④ ⑤	37	① ② ③ ④ ⑤
18	① ② ③ ④ ⑤	38	① ② ③ ④ ⑤
19	① ② ③ ④ ⑤	39	① ② ③ ④ ⑤
20	① ② ③ ④ ⑤	40	① ② ③ ④ ⑤

직무수행능력평가

번호	답	번호	답
1	① ② ③ ④ ⑤	21	① ② ③ ④ ⑤
2	① ② ③ ④ ⑤	22	① ② ③ ④ ⑤
3	① ② ③ ④ ⑤	23	① ② ③ ④ ⑤
4	① ② ③ ④ ⑤	24	① ② ③ ④ ⑤
5	① ② ③ ④ ⑤	25	① ② ③ ④ ⑤
6	① ② ③ ④ ⑤	26	① ② ③ ④ ⑤
7	① ② ③ ④ ⑤	27	① ② ③ ④ ⑤
8	① ② ③ ④ ⑤	28	① ② ③ ④ ⑤
9	① ② ③ ④ ⑤	29	① ② ③ ④ ⑤
10	① ② ③ ④ ⑤	30	① ② ③ ④ ⑤
11	① ② ③ ④ ⑤	31	① ② ③ ④ ⑤
12	① ② ③ ④ ⑤	32	① ② ③ ④ ⑤
13	① ② ③ ④ ⑤	33	① ② ③ ④ ⑤
14	① ② ③ ④ ⑤	34	① ② ③ ④ ⑤
15	① ② ③ ④ ⑤	35	① ② ③ ④ ⑤
16	① ② ③ ④ ⑤	36	① ② ③ ④ ⑤
17	① ② ③ ④ ⑤	37	① ② ③ ④ ⑤
18	① ② ③ ④ ⑤	38	① ② ③ ④ ⑤
19	① ② ③ ④ ⑤	39	① ② ③ ④ ⑤
20	① ② ③ ④ ⑤	40	① ② ③ ④ ⑤

서울교통공사

제5회 모의고사

성명		생년월일	
문제 수(배점)	80문항	풀이시간	/ 100분
영역	직업기초능력평가, 직무수행능력평가(기계일반)		
비고	객관식 5지선다형		

※ 유의사항

- 문제지 및 답안지의 해당란에 문제유형, 성명, 응시번호를 정확히 기재하세요.
- 모든 기재 및 표기사항은 "컴퓨터용 흑색 수성 사인펜"만 사용합니다.
- 예비 마킹은 중복 답안으로 판독될 수 있습니다.

제5회 서울교통공사 필기시험 모의고사

1. 다음은 ○○공사의 고객서비스헌장의 내용이다. 밑줄 친 단어를 한자로 바꾸어 쓴 것으로 옳지 않은 것은?

〈고객서비스헌장〉

1. 우리는 모든 업무를 고객의 입장에서 생각하고, 신속·정확하게 처리하겠습니다.
2. 우리는 친절한 자세와 상냥한 언어로 고객을 맞이하겠습니다.
3. 우리는 고객에게 잘못된 서비스로 불편을 초래한 경우, 신속히 시정하고 적정한 보상을 하겠습니다.
4. 우리는 다양한 고객서비스를 발굴하고 개선하여 고객만족도 향상에 최선을 다하겠습니다.
5. 우리는 모든 시민이 고객임을 명심하여 최고의 서비스를 제공하는 데 정성을 다하겠습니다.

이와 같이 선언한 목표를 달성하기 위하여 구체적인 서비스 이행기준을 설정하여 임·직원 모두가 성실히 실천할 것을 약속드립니다.

① 헌장 − 憲章
② 자세 − 姿勢
③ 초래 − 招來
④ 발굴 − 拔掘
⑤ 달성 − 達成

2. 다음은 L공사의 홈페이지 사용자만족도 설문조사 이벤트 안내이다. 빈칸에 들어갈 가장 적절한 단어를 고르면?

L공사 설문조사 이벤트

− L공사 홈페이지 사용만족도 설문조사 −

L공사에서는 20××년 대표 홈페이지 개편에 앞서 현재 운영 중인 홈페이지에서 (   )되고 있는 콘텐츠 및 서비스에 대한 여러분의 소중한 의견을 듣고자 합니다.
설문에 응하여 주신 분께는 추첨을 통하여 경품을 드립니다.

설문조사 참여하기

※ 참여방법 : L공사 홈페이지 또는 모바일홈페이지를 둘러보고 설문조사에 참여해 주세요.
※ 참여기간 : 20××.1.9.(수) ~ 20××.1.16.(수)
※ 발표 : 20××.1.21.(월) 설문 응답자 중 무작위 자동 추첨
※ 경품
　− 1등(1명) : 11형 ipad Pro(256GB) 1대(실버)
　− 참여자(200명) : 스타벅스 아메리카노 Tall 1잔

① 공급
② 공고
③ 공표
④ 제공
⑤ 생산

지레는 받침과 지렛대를 이용하여 물체를 쉽게 움직일 수 있는 도구이다. 지레에서 힘을 주는 곳을 힘점, 지렛대를 받치는 곳을 받침점, 물체에 힘이 작용하는 곳을 작용점이라 한다. 받침점에서 힘점까지의 거리가 받침점에서 작용점까지의 거리에 비해 멀수록 힘점에 작은 힘을 주어 작용점에서 물체에 큰 힘을 가할 수 있다. 이러한 지레의 원리에는 돌림힘의 개념이 숨어있다.

물체의 회전 상태에 변화를 일으키는 힘의 효과를 돌림힘이라고 한다. 물체에 회전 운동을 일으키거나 물체의 회전 속도를 변화시키려면 물체에 힘을 가해야 한다. 같은 힘이라도 회전축으로부터 얼마나 멀리 떨어진 곳에 가해 주느냐에 따라 회전 상태의 변화 양상이 달라진다. 물체에 속한 점 X와 회전축을 최단 거리로 잇는 직선과 직각을 이루는 동시에 회전축과 직각을 이루도록 힘을 X에 가한다고 하자. 이때 물체에 작용하는 돌림힘의 크기는 회전축에서 X까지의 거리와 가해 준 힘의 크기의 곱으로 표현되고 그 단위는 N·m(뉴턴미터)이다.

동일한 물체에 작용하는 두 돌림힘의 합을 알짜 돌림힘이라 한다. 두 돌림힘의 방향이 같으면 알짜 돌림힘의 크기는 두 돌림힘의 크기의 합이 되고 그 방향은 두 돌림힘의 방향과 같다. 두 돌림힘의 방향이 서로 반대이면 알짜 돌림힘의 크기는 두 돌림힘의 크기의 차가 되고 그 방향은 더 큰 돌림힘의 방향과 같다. 지레의 힘점에 힘을 주지만 물체가 지레의 회전을 방해하는 힘을 작용점에 주어 지레가 움직이지 않는 상황처럼, 두 돌림힘의 크기가 같고 방향이 반대이면 알짜 돌림힘은 0이 되고 이때를 돌림힘의 평형이라고 한다. 회전 속도의 변화는 물체에 알짜 돌림힘이 일을 해 주었을 때에만 일어난다. 돌고 있는 팽이에 마찰력이 일으키는 돌림힘을 포함하여 어떤 돌림힘도 작용하지 않으면 팽이는 영원히 돈다. 일정한 형태의 물체에 일정한 크기와 방향의 알짜 돌림힘을 가하여 물체를 회전시키면, 알짜 돌림힘이 한 일은 알짜 돌림힘의 크기와 회전 각도의 곱이고 그 단위는 J(줄)이다.

가령, 마찰이 없는 여닫이문이 정지해 있다고 하자. 갑은 지면에 대하여 수직으로 서 있는 문의 회전축에서 1m 떨어진 지점을 문의 표면과 직각으로 300N의 힘으로 밀고, 을은 문을 사이에 두고 갑의 반대쪽에서 회전축에서 2m만큼 떨어진 지점을 문의 표면과 직각으로 200N의 힘으로 미는 상태에서 문이 90° 즉, 0.5π 라디안을 돌면, 알짜 돌림힘이 문에 해 준 일은 50π J이다.

알짜 돌림힘이 물체를 돌리려는 방향과 물체의 회전 방향이 일치하면 알짜 돌림힘이 양(+)의 일을 하고 그 방향이 서로 반대이면 음(−)의 일을 한다. 어떤 물체에 알짜 돌림힘이 양의 일을 하면 그만큼 물체의 회전 운동 에너지는 증가하고 음의 일을 하면 그만큼 회전 운동 에너지는 감소한다. 형태가 일정한 물체의 회전 운동 에너지는 회전 속도의 제곱에 정비례한다. 그러므로 형태가 일정한 물체에 알짜 돌림힘이 양의 일을 하면 회전 속도가 증가하고, 음의 일을 하면 회전 속도가 감소한다.

3. 윗글의 내용과 일치하지 않는 것은?

① 물체에 힘이 가해지지 않으면 돌림힘은 작용하지 않는다.

② 물체에 가해진 알짜 돌림힘이 0이 아니면 물체의 회전 상태가 변화한다.

③ 회전 속도가 감소하고 있는, 형태가 일정한 물체에는 돌림힘이 작용한다.

④ 힘점에 힘을 받는 지렛대가 움직이지 않으면 돌림힘의 평형이 이루어져 있다.

⑤ 형태가 일정한 물체의 회전 속도가 2배가 되면 회전 운동 에너지는 2배가 된다.

4. 박스 안의 예에서 문이 90° 회전하는 동안의 상황에 대한 이해로 적절한 것은?

① 갑의 돌림힘의 크기는 을의 돌림힘의 크기보다 크다.

② 알짜 돌림힘과 갑의 돌림힘은 방향이 같다.

③ 문에는 돌림힘의 평형이 유지되고 있다.

④ 문의 회전 운동 에너지는 점점 증가한다.

⑤ 알짜 돌림힘의 크기는 점점 증가한다.

5. 다음은 「보안업무규칙」의 일부이다. A연구원이 이 내용을 보고 알 수 있는 사항이 아닌 것은?

제3장 인원보안

제7조 인원보안에 관한 업무는 인사업무 담당부서에서 관장한다.

제8조

① 비밀취급인가 대상자는 별표 2에 해당하는 자로서 업무상 비밀을 항상 취급하는 자로 한다.

② 원장, 부원장, 보안담당관, 일반보안담당관, 정보통신보안담당관, 시설보안담당관, 보안심사위원회 위원, 분임보안담당관과 문서취급부서에서 비밀문서 취급담당자로 임용되는 자는 II급 비밀의 취급권이 인가된 것으로 보며, 비밀취급이 불필요한 직위로 임용되는 때에는 해제된 것으로 본다.

제9조 각 부서장은 소속 직원 중 비밀취급인가가 필요하다고 인정되는 때에는 별지 제1호 서식에 의하여 보안담당관에게 제청하여야 한다.

제10조 보안담당관은 비밀취급인가대장을 작성·비치하고 인가 및 해제사유를 기록·유지한다.

제11조 다음 각 호의 어느 하나에 해당하는 자에 대하여는 비밀취급을 인가해서는 안 된다.

　　1. 국가안전보장, 연구원 활동 등에 유해로운 정보가 있음이 확인된 자

　　2. 3개월 이내 퇴직예정자

　　3. 기타 보안 사고를 일으킬 우려가 있는 자

제12조

① 비밀취급을 인가받은 자에게 규정한 사유가 발생한 경우에는 그 비밀취급인가를 해제하고 해제된 자의 비밀취급인가증은 그 소속 보안담당관이 회수하여 비밀취급인가권자에게 반납하여야 한다.

① 비밀취급인가 대상자에 관한 내용

② 취급인가 사항에 해당되는 비밀의 분류와 내용

③ 비밀취급인가의 절차

④ 비밀취급인가의 제한 조건 해당 사항

⑤ 비밀취급인가의 해제 및 취소

6. 다음은 「개인정보 보호법」과 관련한 사법 행위의 내용을 설명하는 글이다. 다음 글을 참고할 때, '공표' 조치에 대한 올바른 설명이 아닌 것은?

「개인정보 보호법」 위반과 관련한 행정처분의 종류에는 처분 강도에 따라 과태료, 과징금, 시정조치, 개선권고, 징계권고, 공표 등이 있다. 이 중, 공표는 행정질서 위반이 심하여 공공에 경종을 울릴 필요가 있는 경우 명단을 공표하여 사회적 낙인을 찍히게 함으로써 경각심을 주는 제재 수단이다.

「개인정보 보호법」 위반행위가 은폐·조작, 과태료 1천만 원 이상, 유출 등 다음 7가지 공표기준에 해당하는 경우, 위반행위자, 위반행위 내용, 행정처분 내용 및 결과를 포함하여 개인정보 보호위원회의 심의·의결을 거쳐 공표한다.

※ 공표기준

1. 1회 과태료 부과 총 금액이 1천만 원 이상이거나 과징금 부과를 받은 경우

2. 유출·침해사고의 피해자 수가 10만 명 이상인 경우

3. 다른 위반행위를 은폐·조작하기 위하여 위반한 경우

4. 유출·침해로 재산상 손실 등 2차 피해가 발생하였거나 불법적인 매매 또는 건강 정보 등 민감 정보의 침해로 사회적 비난이 높은 경우

5. 위반행위 시점을 기준으로 위반 상태가 6개월 이상 지속된 경우

6. 행정처분 시점을 기준으로 최근 3년 내 과징금, 과태료 부과 또는 시정조치 명령을 2회 이상 받은 경우

7. 위반행위 관련 검사 및 자료제출 요구 등을 거부·방해하거나 시정조치 명령을 이행하지 않음으로써 이에 대하여 과태료 부과를 받은 경우

공표절차는 과태료 및 과징금을 최종 처분할 때 ① 대상자에게 공표 사실을 사전 통보, ② 소명자료 또는 의견 수렴 후 개인정보보호위원회 송부, ③ 개인정보보호위원회 심의·결, ④ 홈페이지 공표 순으로 진행된다.

공표는 행정안전부장관의 처분 권한이지만 개인정보보호위원회의 심의·의결을 거치게 함으로써 「개인정보 보호법」 위반자에 대한 행정청의 제재가 자의적이지 않고 공정하게 행사되도록 조절해 주는 장치를 마련하였다.

① 공표는 「개인정보 보호법」 위반에 대한 가장 무거운 행정
조치이다.

② 행정안전부장관이 공표를 결정한다고 해서 반드시 최종
공표 조치가 취해져야 하는 것은 아니다.

③ 공표 조치가 내려진 대상자는 공표와 더불어 반드시 1천
만 원 이상의 과태료를 납부하여야 한다.

④ 공표 조치를 받는 대상자는 사전에 이를 통보받게 된다.

⑤ 반복적이거나 지속적인 위반 행위에 대한 제재는 공표 조
치의 취지에 포함된다.

7. 보람마트에서 여름 이벤트로 아이스크림 1세트를 첫 날 3,000
원을 시작으로 매일 500원씩 할인하여 판매하고 있다. 해당 아이스
크림의 하루 판매 개수는 10세트로 동일하고, 총 매출이 100,000일
때, 며칠 동안 판매한 것인가?

① 4일   ② 5일

③ 6일   ④ 7일

⑤ 8일

8. 다음은 최근 5년간 혼인형태별 평균연령에 관한 자료이다. A
~E에 들어갈 값으로 옳지 않은 것은? (단, 남성의 나이는 여성의
나이보다 항상 많다)

(단위 : 세)

연도	평균 초혼연령			평균 이혼연령			평균 재혼연령		
	여성	남성	남녀차	여성	남성	남녀차	여성	남성	남녀차
2021	24.8	27.8	3.0	C	36.8	4.1	34.0	38.9	4.9
2022	25.4	28.4	A	34.6	38.4	3.8	35.6	40.4	4.8
2023	26.5	29.3	2.8	36.6	40.1	3.5	37.5	42.1	4.6
2024	27.0	B	2.8	37.1	40.6	3.5	37.9	E	4.3
2025	27.3	30.1	2.8	37.9	41.3	D	38.3	42.8	4.5

① A − 3.0   ② B − 29.8

③ C − 32.7   ④ D − 3.4

⑤ E − 42.3

9. 다음은 2023~2025년도의 지방자치단체 재정력지수에 대한
자료이다. 매년 지방자치단체의 기준재정수입액이 기준재정수요액에
미치지 않는 경우, 중앙정부는 그 부족분만큼의 지방교부세를 당해
년도에 지급한다고 할 때, 3년간 지방교부세를 지원받은 적이 없는
지방자치단체는 모두 몇 곳인가?

(단, 재정력지수 = $\dfrac{기준재정수입액}{기준재정수요액}$)

지방 자치단체 \ 연도	2023	2024	2025	평균
서울	1.106	1.088	1.010	1.068
부산	0.942	0.922	0.878	0.914
대구	0.896	0.860	0.810	0.855
인천	1.105	0.984	1.011	1.033
광주	0.772	0.737	0.681	0.730
대전	0.874	0.873	0.867	0.871
울산	0.843	0.837	0.832	0.837
경기	1.004	1.065	1.032	1.034
강원	0.417	0.407	0.458	0.427
충북	0.462	0.446	0.492	0.467
충남	0.581	0.693	0.675	0.650
전북	0.379	0.391	0.408	0.393
전남	0.319	0.330	0.320	0.323
경북	0.424	0.440	0.433	0.432
경남	0.653	0.642	0.664	0.653

① 0곳

② 1곳

③ 2곳

④ 3곳

⑤ 5곳

10. 다음은 K공사 직원들의 인사이동에 따른 4개의 지점별 직원 이동 현황을 나타낸 자료이다. 다음 자료를 참고할 때, 빈칸 ㉠, ㉡에 들어갈 수치로 알맞은 것은 어느 것인가?

〈인사이동에 따른 지점별 직원 이동 현황〉

(단위 : 명)

이동 후 / 이동 전	A	B	C	D
A	–	32	44	28
B	16	–	34	23
C	22	18	–	32
D	31	22	17	–

〈지점별 직원 현황〉

(단위 : 명)

시기 / 지점	인사이동 전	인사이동 후
A	425	(㉠)
B	390	389
C	328	351
D	375	(㉡)

① 380, 398

② 390, 388

③ 400, 398

④ 410, 408

⑤ 420, 418

11. 다음은 철도안전법령상 철도차량정비기술자 인정기준에 관한 자료이다. '역량지수 = 자격별 경력점수 + 학력점수'일 때 역량지수가 가장 높은 사람은?

가. 자격별 경력점수

국가기술자격 구분	점수
기술사 및 기능장	10점/년
기사	8점/년
산업기사	7점/년
기능사	6점/년
국가기술자격증이 없는 경우	5점/년

나. 학력점수

학력 구분	점수	
	철도차량정비 관련 학과	철도차량정비 관련 학과 외의 학과
석사 이상	35점	30점
학사	25점	20점
전문학사(3년제)	20점	15점
전문학사(2년제)	15점	10점
고등학교 졸업	5점	

※ "철도차량정비 관련 학과"란 철도차량 유지보수와 관련된 학과 및 기계·전기·전자·통신 관련 학과를 말한다.

용식 : 고등학교 졸업, 철도차량정비기능장 경력 5년

재원 : 철도통신과 학사, 차량기술사 경력 2년

효봉 : 철도전기과 전문학사(3년제), 철도차량산업기사 경력 4년

범수 : 경영학과 석사, 전기철도산업기사 경력 4년

지수 : 철도전자과 석사, 철도차량정비기능사 경력 2년

① 용식

② 재원

③ 효봉

④ 범수

⑤ 지수

12. 다음은 A, B, C, D 4대의 자동차별 속성과 연료 종류별 가격에 대한 자료이다. 다음 중 옳지 않은 것은?

〈자동차별 속성〉

특성 자동차	사용연료	최고시속 (km/h)	연비 (km/l)	연료탱크 (l)	신차구입가격 (만 원)
A	휘발유	200	10	60	2,000
B	LPG	160	8	60	1,800
C	경유	150	12	50	2,500
D	휘발유	180	20	45	3,500

〈연료 종류별 가격〉

연료 종류	리터당 가격(원/l)
휘발유	1,700
LPG	1,000
경유	1,500

※ 1) 자동차의 1년 주행거리는 20,000km임.

　2) 필요경비 = 신차구입가격＋연료비

　3) 이자율은 0%로 가정하고, 신차구입은 일시부로 함.

① 10년을 운행하면 A자동차의 필요경비가 D자동차의 필요경비보다 적다.

② 연료탱크를 완전히 채웠을 때 추가 주유 없이 가장 긴 거리를 운행할 수 있는 것은 D자동차이다.

③ B자동차로 500km를 운행하기 위해서는 운행중간에 적어도 한 번 주유를 해야 한다.

④ 동일한 거리를 운행하는데 연료비가 가장 많이 드는 차는 A자동차이다.

⑤ 자동차 구입 시점부터 처음 1년 동안의 필요경비가 가장 적은 차량은 B자동차이고 가장 많은 차는 D자동차이다.

13. 다음 그림은 교통량 흐름에 관한 내용의 일부를 발췌한 것이다. 이에 대한 분석결과로서 가장 옳지 않은 항목을 고르면? (단, 교통수단은 승용차, 버스, 화물차로 한정한다.)

• 고속국도

구분	주행거리 (천대 · km)	구성비 (%)
승용차	153,946	68.5
버스	6,675	3.0
화물차	63,934	28.5
계	224,555	100.0

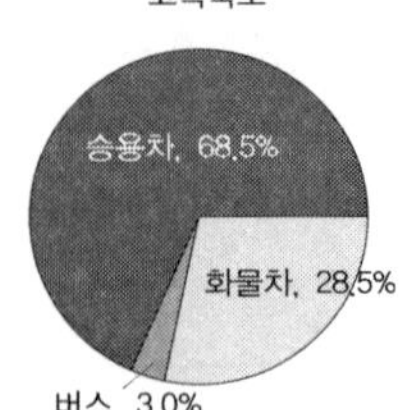

• 일반국도

구분	주행거리 (천대 · km)	구성비 (%)
승용차	123,341	75.7
버스	3,202	2.0
화물차	36,239	22.3
계	162,782	100.0

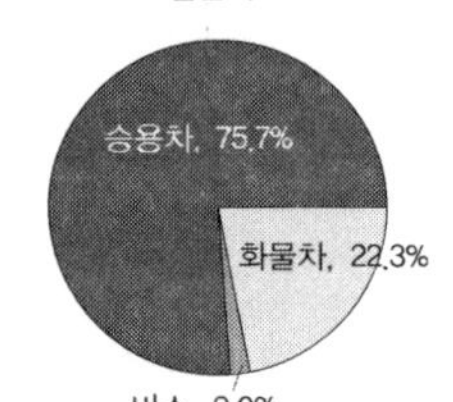

• 지방도 계

구분	주행거리 (천대 · km)	구성비 (%)
승용차	61,466	70.4
버스	2,387	2.7
화물차	23,484	26.9
계	87,337	100.0

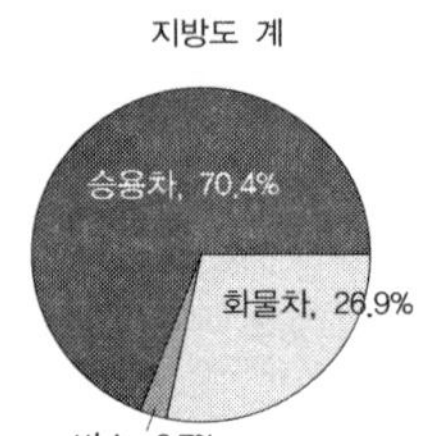

• 국가지원지방도

구분	주행거리 (천대 · km)	구성비 (%)
승용차	18,164	70.1
버스	684	2.6
화물차	7,064	27.3
계	25,912	100.0

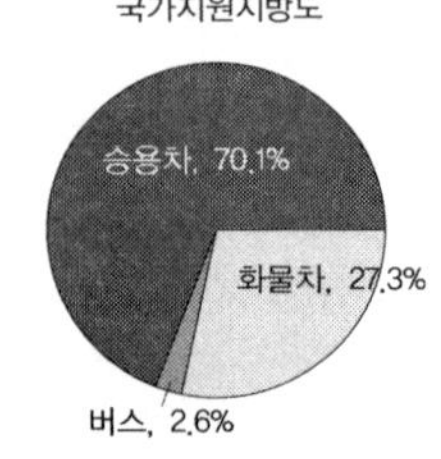

• 지방도

구분	주행거리 (천대 · km)	구성비 (%)
승용차	43,302	70.5
버스	1,703	2.8
화물차	16,420	26.7
계	61,425	100.0

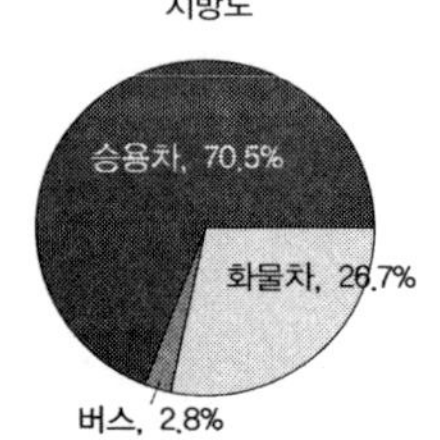

① 고속국도에서 승용차는 주행거리 및 구성비 등이 다 교통
   수단에 비해 압도적으로 높음을 알 수 있다.
② 일반국도의 경우 주행거리는 버스가 3,202km로 가장 낮다.
③ 지방도로의 주행거리에서 보면 가장 높은 수단과 가장 낮
   은 수단과의 주행거리 차이는 47,752km이다.
④ 국가지원지방도로에서 구성비가 가장 높은 수단과 가장
   낮은 수단과의 차이는 67.5%p이다.
⑤ 지방도로에서 버스의 경우 타 교통수단에 비해 주행거리
   가 가장 낮다.

14. 빵, 케이크, 마카롱, 쿠키를 판매하고 있는 달콤 베이커리 프
랜차이즈에서 최근 각 지점 제품을 섭취하고 복숭아 알레르기가 발
생했다는 민원이 제기되었다. 해당 제품에는 모두 복숭아가 들어가
지 않지만, 복숭아를 사용한 제품과 인접 시설에서 제조하고 있다.
아래의 사례를 참고할 때 다음 중 반드시 거짓인 경우는?

- 복숭아 알레르기 유발 원인이 된 제품은 빵, 케이크, 마카
  롱, 쿠키 중 하나이다.
- 각 지점에서 복숭아 알레르기가 있는 손님이 섭취한 제품과
  알레르기 유무는 아래와 같다.

광화문점	빵과 케이크를 먹고 마카롱과 쿠키를 먹지 않은 경우, 알레르기가 발생했다.
종로점	빵과 마카롱을 먹고 케이크와 쿠키를 먹지 않은 경우, 알레르기가 발생하지 않았다.
대학로점	빵과 쿠키를 먹고 케이크와 마카롱을 먹지 않은 경우 알레르기가 발생했다.
홍대점	케이크와 마카롱을 먹고 빵과 쿠키를 먹지 않은 경우 알레르기가 발생했다.
상암점	케이크와 쿠키를 먹고 빵과 마카롱을 먹지 않은 경우 알레르기가 발생하지 않았다.
강남점	마카롱과 쿠키를 먹고 빵과 케이크를 먹지 않은 경우 알레르기가 발생하지 않았다.

① 광화문점, 종로점, 홍대점의 사례만을 고려하면 케이크가
   알레르기의 원인이다.
② 광화문점, 대학로점, 상암점의 사례만을 고려하면, 빵이
   알레르기의 원인이다.
③ 종로점, 홍대점, 강남점의 사례만을 고려하면, 케이크가
   알레르기의 원인이다.
④ 대학로점, 홍대점, 강남점의 사례만을 고려하면, 마카롱
   이 알레르기의 원인이다.
⑤ 대학로점, 상암점, 강남점의 사례만을 고려하면, 빵이 알
   레르기의 원인이다.

15. 다음의 내용을 근거로 할 때 유추할 수 있는 옳은 내용만을 바르게 짝지은 것은?

갑과 을은 ○×퀴즈를 풀었다. 문제는 총 8문제(100점 만점)이고, 분야별 문제 수와 문제당 배점은 다음과 같다.

분야	문제 수	문제당 배점
한국사	6	10점
경제	1	20점
예술	1	20점

문제 순서는 무작위로 정해지고, 갑과 을이 각 문제에 대해 ○ 또는 ×를 다음과 같이 선택하였다.

문제	갑	을
1	○	○
2	×	○
3	○	○
4	○	×
5	×	×
6	○	×
7	×	○
8	○	○
총점	80점	70점

㉠ 갑과 을은 모두 경제 문제를 틀린 경우가 있을 수 있다.
㉡ 갑만 경제 문제를 틀렸다면, 예술 문제는 갑과 을 모두 맞혔다.
㉢ 갑이 역사 문제 두 문제를 틀렸다면, 을은 예술 문제와 경제 문제를 모두 맞혔다.

① ㉡
② ㉢
③ ㉠, ㉡
④ ㉠, ㉢
⑤ ㉡, ㉢

16. H공사에 다니는 乙 대리는 우리나라 근로자의 근로 시간에 관한 다음의 보고서를 작성하였는데 이 보고서를 검토한 甲 국장이 〈보기〉와 같은 추가사항을 요청하였다. 乙 대리가 추가로 작성해야 할 자료로 적절한 것은?

우리나라의 법정근로시간은 1953년 제정된 근로기준법에서는 주당 48시간이었지만, 이후 1989년 44시간으로, 그리고 2003년에는 40시간으로 단축되었다. 주당 40시간의 법정근로시간은 산업 및 근로자 규모별로 경과규정을 두어 연차적으로 실시하였지만, 2011년 7월 1일 이후는 모든 산업의 5인 이상 근로자에게로 확대되었다. 실제 근로시간은 법정근로시간에 주당 12시간까지 가능한 초과근로시간을 더한 시간을 의미한다.

2000년 이후 우리나라 근로자의 근로시간은 지속적으로 감소되어 2016년 5인 이상 임금근로자의 주당 근로시간이 40.6시간으로 감소했다. 이 기간 동안 2004년, 2009년, 2015년 비교적 큰 폭으로 증가했으나 전체적으로는 뚜렷한 감소세를 보인다. 사업체규모별·근로시간별로 살펴보면, 정규직인 경우 5~29인, 300인 이상 사업장의 근로시간이 42.0시간으로 가장 짧고, 비정규직의 경우 시간제 근로자의 비중의 영향으로 5인 미만 사업장의 근로시간이 24.8시간으로 가장 짧다. 산업별로는 광업, 제조업, 부동산업 및 임대업의 순으로 근로시간이 길고, 건설업과 교육서비스업의 근로시간이 가장 짧다.

국제비교에 따르면 널리 알려진 바와 같이 한국의 연간 근로시간은 2,113시간으로 멕시코의 2,246시간 다음으로 길다. 이는 OECD 평균의 1.2배, 근로시간이 가장 짧은 독일의 1.54배에 달한다.

〈보기〉

"乙 대리, 보고서가 너무 개괄적이군. 이번 안내 자료 작성을 위해서는 2016년 사업장 규모에 따른 정규직과 비정규직 근로자의 주당 근로시간을 비교할 수 있는 자료가 필요한데, 쉽게 알아볼 수 있는 별도 자료를 도표로 좀 작성해 주겠나?"

① (단위 : 시간)

구분	근로형태(2016년)			
	정규직	비정규직	재택	파견
주당 근로시간	42.5	29.8	26.5	42.7

② (단위 : 시간)

구분	2012	2013	2014	2015	2016
주당 근로시간	42.0	40.6	40.5	42.4	40.6

③ (단위 : 시간)

구분	산업별 근로시간(2016년)			
	광업	제조업	부동산업	운수업
주당 근로시간	43.8	43.6	43.4	41.8

④ (단위 : 시간)

구분		사업장 규모(2016년)			
		5인 미만	5~29인	30~299인	300인 이상
주당 근로시간	정규직	42.8	42.0	43.2	42.0
	비정규직	24.8	30.2	34.7	35.8

⑤ (단위 : 시간)

구분	산업별 근로시간 순위(2016년)				
주당 근로시간	광업	제조업	부동산업 및 임대업	건설업	교육 서비스업
	1	2	3	4	5

17. 다음으로부터 바르게 추론한 것으로 옳은 것을 보기에서 고르면?

- 5개의 갑, 을, 병, 정, 무 팀이 있다.
- 현재 '갑'팀은 0개, '을'팀은 1개, '병'팀은 2개, '정'팀은 2개, '무'팀은 3개의 프로젝트를 수행하고 있다.
- 8개의 새로운 프로젝트 a, b, c, d, e, f, g, h를 5개의 팀에게 분배하려고 한다.
- 5개의 팀은 새로운 프로젝트 1개 이상을 맡아야 한다.
- 기존에 수행하던 프로젝트를 포함하여 한 팀이 맡을 수 있는 프로젝트 수는 최대 4개이다.
- 기존의 프로젝트를 포함하여 4개의 프로젝트를 맡은 팀은 2팀이다.
- 프로젝트 a, b는 한 팀이 맡아야 한다.
- 프로젝트 c, d, e는 한 팀이 맡아야 한다.

〈보기〉

㉠ a를 '을'팀이 맡을 수 없다.
㉡ f를 '갑'팀이 맡을 수 있다.
㉢ 기존에 수행하던 프로젝트를 포함해서 2개의 프로젝트를 맡는 팀이 있다.

① ㉠

② ㉡

③ ㉢

④ ㉠㉢

⑤ ㉡㉢

18. 다음은 철도안전법상 안전관리체계의 승인의 취소에 관한 법률이다. 이에 대한 해석으로 옳은 것은?

> ① 국토교통부장관은 안전관리체계의 승인을 받은 철도운영자등이 다음 각 호의 어느 하나에 해당하는 경우에는 그 승인을 취소하거나 6개월 이내의 기간을 정하여 업무의 제한이나 정지를 명할 수 있다. 다만, 제1호에 해당하는 경우에는 그 승인을 취소하여야 한다.
> 1. 거짓이나 그 밖의 부정한 방법으로 승인을 받은 경우
> 2. 안전관리체계의 승인 조항을 위반하여 변경승인을 받지 아니하거나 변경신고를 하지 아니하고 안전관리체계를 변경한 경우
> 3. 안전관리체계의 유지 조항을 위반하여 안전관리체계를 지속적으로 유지하지 아니하여 철도운영이나 철도시설의 관리에 중대한 지장을 초래한 경우
> 4. 안전관리체계의 유지 조항에 따른 시정조치명령을 정당한 사유 없이 이행하지 아니한 경우
> ② 제1항에 따른 승인 취소, 업무의 제한 또는 정지의 기준 및 절차 등에 관하여 필요한 사항은 국토교통부령으로 정한다.

① 거짓으로 승인을 받은 경우 그 사유에 따라 6개월 이내의 기간을 정하여 업무의 제한이나 정지 처분을 받을 수 있다.

② 철도운영자는 안전관리체계의 변경승인을 받지 아니한 경우 6개월 이상의 업무제한을 받을 수 있다.

③ 안전관리체계를 지속적으로 유지하지 아니하여 중대한 지장을 초래한 경우 반드시 승인을 취소해야 한다.

④ 국토교통부장관은 부정한 방법으로 안전관리체계의 승인을 받은 철도운영자에게 승인을 취소해야 한다.

⑤ 안전관리체계의 유지 조항에 따른 시정조치명령을 이행하지 않은 경우에는 반드시 승인을 취소하거나 6개월 이내의 기간을 정하여 업무의 제한이나 정지를 명해야 한다.

19. 다음은 철도안전법에 관한 내용 중 일부 법령을 제시한 것이다. 이에 대한 내용을 잘못 이해한 사람을 고르면?

제15조(운전적성검사)
① 운전면허를 받으려는 사람은 철도차량 운전에 적합한 적성을 갖추고 있는지를 판정받기 위하여 국토교통부장관이 실시하는 적성검사(이하 "운전적성검사"라 한다)에 합격하여야 한다.
② 운전적성검사에 불합격한 사람 또는 운전적성검사 과정에서 부정행위를 한 사람은 다음 각 호의 구분에 따른 기간 동안 운전적성검사를 받을 수 없다.
1. 운전적성검사에 불합격한 사람 : 검사일부터 3개월
2. 운전적성검사 과정에서 부정행위를 한 사람 : 검사일부터 1년
③ 운전적성검사의 합격기준, 검사의 방법 및 절차 등에 관하여 필요한 사항은 국토교통부령으로 정한다.
④ 국토교통부장관은 운전적성검사에 관한 전문기관(이하 "운전적성검사기관"이라 한다)을 지정하여 운전적성검사를 하게 할 수 있다.
⑤ 운전적성검사기관의 지정기준, 지정절차 등에 관하여 필요한 사항은 대통령령으로 정한다.
⑥ 운전적성검사기관은 정당한 사유 없이 운전적성검사 업무를 거부하여서는 아니 되고, 거짓이나 그 밖의 부정한 방법으로 운전적성검사 판정서를 발급하여서는 아니 된다.

제38조의9(인증정비조직의 준수사항) 인증정비조직은 다음 각 호의 사항을 준수하여야 한다.
1. 철도차량정비기술기준을 준수할 것
2. 정비조직인증기준에 적합하도록 유지할 것
3. 정비조직운영기준을 지속적으로 유지할 것
4. 중고 부품을 사용하여 철도차량정비를 할 경우 그 적정성 및 이상 여부를 확인할 것
5. 철도차량정비가 완료되지 않은 철도차량은 운행할 수 없도록 관리할 것

제47조(여객열차에서의 금지행위)
① 여객은 여객열차에서 다음 각 호의 어느 하나에 해당하는 행위를 하여서는 아니 된다.
1. 정당한 사유 없이 국토교통부령으로 정하는 여객출입 금지장소에 출입하는 행위
2. 정당한 사유 없이 운행 중에 비상정지버튼을 누르거나 철도차량의 옆면에 있는 승강용 출입문을 여는 등 철도차량의 장치 또는 기구 등을 조작하는 행위

3. 여객열차 밖에 있는 사람을 위험하게 할 우려가 있는 물건을 여객열차 밖으로 던지는 행위

4. 흡연하는 행위

5. 철도종사자와 여객 등에게 성적(性的) 수치심을 일으키는 행위

6. 술을 마시거나 약물을 복용하고 다른 사람에게 위해를 주는 행위

7. 그 밖에 공중이나 여객에게 위해를 끼치는 행위로서 국토교통부령으로 정하는 행위

② 운전업무종사자, 여객승무원 또는 여객역무원은 제1항의 금지행위를 한 사람에 대하여 필요한 경우 다음 각 호의 조치를 할 수 있다.

1. 금지행위의 제지

2. 금지행위의 녹음·녹화 또는 촬영

① 용구 : 어떠한 경우라도 운전적성검사기관은 옳지 못한 방식으로 운전적성검사 판정서를 발급하면 안 돼.

② 원모 : 우리 형이 서울교통공사 다니잖아. 그런데 내용을 보니까 올해 2019년 11월에 운전적성검사를 봤는데 부끄럽게도 부정행위를 하는 바람에 다음 검사는 2020년 11월에나 다시 응시할 수 있어.

③ 우진 : 그렇구나. 이러한 운전적성검사 기준, 방법, 절차 등의 사항은 행정안전부령이 아닌 국토교통부령으로 정한다는 거 알고 있지?

④ 형일 : 그래 얘들아 너희들 혹시라도 열차 타고 갈 때 심심하다고 열차 밖의 사람들에게 흉기 등을 던지면 철도안전법 중에서도 여객열차에서의 금지행위에 속한다는 것쯤은 상식으로 알고 있지?

⑤ 연철 : 그건 그렇고 교통대란으로 인해 빨리 승객을 수송하기 위해서는 철도차량정비가 비록 완료되지 않은 차량이라도 운행하도록 해서 승객들의 불편을 최소화시켜야 해.

[지역방송 채널 편성규칙]

• K시의 지역방송 채널은 채널1, 채널2, 채널3, 채널4, 채널5 다섯 개이다.

• 오후 7시부터 12시까지는 다음을 제외한 모든 프로그램이 1시간 단위로만 방송된다.

시사정치	기획물	예능	영화 이야기	지역 홍보물
최소 2시간 이상	1시간 30분	40분	30분	20분

• 모든 채널은 오후 7시부터 12시까지 뉴스 프로그램이 반드시 포함되어 있다.

[오후 7시~12시 프로그램 편성내용]

• 채널1은 3개 프로그램이 방송되었으며, 9시 30분부터 시사정치를 방송하였다.

• 채널2는 시사정치와 지역 홍보물 방송이 없었으며, 기획물, 예능, 영화 이야기가 방송되었다.

• 채널3은 6시부터 시작한 시사정치 방송이 9시에 끝났으며, 바로 이어서 뉴스가 방송되었고 기획물도 방송되었다.

• 채널4에서는 예능 프로그램이 연속 2회 편성되었고, 예능을 포함한 4종류의 프로그램이 방송되었다.

• 채널5에서는 기획물이 연속 2회 편성되었고, 총 5개의 프로그램이 방송되었다.

20. 다음 중 위의 자료를 참고할 때, 오후 7시~12시까지의 방송 프로그램에 대하여 바르게 설명하지 못한 것은? (단, 프로그램의 중간에 광고방송 시간은 고려하지 않는다.)

① 채널1에서 기획물이 방송되었다면 예능은 방송되지 않았다.
② 채널2는 정확히 12시에 프로그램이 끝나며 새로 시작되는 프로그램이 있을 수 없다.
③ 채널3에서 영화 이야기가 방송되었다면, 정확히 12시에 어떤 프로그램이 끝나게 된다.
④ 채널4에서 예능 프로그램이 연속 2회 방송되기 위해서는 반드시 뉴스보다 먼저 방송되어야 한다.
⑤ 채널5에서 지역 홍보물이 방송되고 정확히 12시에 어떤 프로그램이 끝났다면 예능도 방송되었다.

21. 다음 중 각 채널별로 정각 12시에 방송하던 프로그램을 마치기 위한 방법을 설명한 것으로 옳지 않은 것은? (단, 프로그램의 중간에 광고방송 시간은 고려하지 않는다.)

① 채널1에서 기획물을 방송한다면 시사정치를 2시간 반만 방송한다.
② 채널2에서 지역 홍보물 프로그램을 추가한다.
③ 채널3에서 영화 이야기 프로그램을 추가한다.
④ 채널2에서 영화 이야기 프로그램 편성을 취소한다.
⑤ 채널5에서 영화 이야기 프로그램을 2회 연속 편성한다.

▌22~23▐ 다음은 승강기의 검사와 관련된 안내문이다. 이를 보고 물음에 답하시오.

❑ 근거법령
『승강기시설 안전관리법』 제13조 및 제13조의2에 따라 승강기 관리주체는 규정된 기간 내에 승강기의 검사 또는 정밀안전검사를 받아야 합니다.

❑ 검사의 종류

종류	처리기한	내용
완성검사	15일	승강기 설치를 끝낸 경우에 실시하는 검사
정기검사	20일	검사유효기간이 끝난 이후에 계속하여 사용하려는 경우에 추가적으로 실시하는 검사
수시검사	15일	승강기를 교체·변경한 경우나 승강기에 사고가 발생하여 수리한 경우 또는 승강기 관리 주체가 요청하는 경우에 실시하는 검사
정밀안전검사	20일	설치 후 15년이 도래하거나 결함 원인이 불명확한 경우, 중대한 사고가 발생하거나 또는 그 밖에 행정안전부장관이 정한 경우

❑ 검사의 주기
승강기 정기검사의 검사주기는 1년이며, 정밀안전검사는 완성검사를 받은 날부터 15년이 지난 경우 최초 실시하며, 그 이후에는 3년마다 정기적으로 실시합니다.

❑ 적용범위
"승강기"란 건축물이나 고정된 시설물에 설치되어 일정한 경로에 따라 사람이나 화물을 승강장으로 옮기는 데에 사용되는 시설로서 엘리베이터, 에스컬레이터, 휠체어리프트 등 행정안전부령으로 정하는 것을 말합니다.
• 엘리베이터

용도	종류	분류기준
승객용	승객용 엘리베이터	사람의 운송에 적합하게 제작된 엘리베이터
	침대용 엘리베이터	병원의 병상 운반에 적합하게 제작된 엘리베이터
	승객·화물용 엘리베이터	승객·화물겸용에 적합하게 제작된 엘리베이터
	비상용 엘리베이터	화재 시 소화 및 구조활동에 적합하게 제작된 엘리베이터
	피난용 엘리베이터	화재 등 재난 발생 시 피난활동에 적합하게 제작된 엘리베이터
	장애인용 엘리베이터	장애인이 이용하기에 적합하게 제작된 엘리베이터
	전망용 엘리베이터	엘리베이터 안에서 외부를 전망하기에 적합하게 제작된 엘리베이터
	소형 엘리베이터	단독주택의 거주자를 위한 승강행정이 12m 이하인 엘리베이터

• 에스컬레이터

용도	종류	분류기준
승객 및 화물용	에스컬레이터	계단형의디딤판을 동력으로 오르내리게 한 것
	무빙워크	평면의 디딤판을 동력으로 이동시키게 한 것

• 휠체어리프트

용도	종류	분류기준
승객용	장애인용 경사형 리프트	장애인이 이용하기에 적합하게 제작된 것으로서 경사진 승강로를 따라 동력으로 오르내리게 한 것
	장애인용 수직형 리프트	장애인이 이용하기에 적합하게 제작된 것으로서 수직인 승강로를 따라 동력으로 오르내리게 한 것

❏ 벌칙 및 과태료
• 벌칙 : 1년 이하의 징역 또는 1천만 원 이하의 벌금
• 과태료 : 500만 원 이하, 300만 원 이하

22. 다음에 제시된 상황에서 받아야 하는 승강기 검사의 종류가 잘못 연결된 것은?

① 1년 전 정기검사를 받은 승객용 엘리베이터를 계속해서 사용하려는 경우→정기검사

② 2층 건물을 4층으로 증축하면서 처음 소형 엘리베이터 설치를 끝낸 경우→완성검사

③ 에스컬레이터에 쓰레기가 끼이는 단순한 사고가 발생하여 수리한 경우→정밀안전검사

④ 7년 전 설치한 장애인용 경사형 리프트를 신형으로 교체한 경우→수시검사

⑤ 비상용 엘리베이터를 설치하고 15년이 지난 경우→정밀안전검사

23. ○○승강기 신입사원 甲는 승강기 검사와 관련하여 고객의 질문을 받아 응대해 주는 과정에서 상사로부터 고객에게 잘못된 정보를 제공하였다는 지적을 받았다. 甲이 응대한 내용 중 가장 옳지 않은 것은?

① 고객 : 승강기 검사유효기간이 끝나가서 정기검사를 받으려고 합니다. 오늘 신청하면 언제쯤 검사를 받을 수 있나요?

　甲 : 정기검사의 처리기한은 20일입니다. 오늘 신청하시면 20일 안에 검사를 받으실 수 있습니다.

② 고객 : 비상용 엘리베이터와 피난용 엘리베이터의 차이는 뭔가요?

　甲 : 비상용 엘리베이터는 화재 시 소화 및 구조활동에 적합하게 제작된 엘리베이터를 말합니다. 이에 비해 피난용 엘리베이터는 화재 등 재난 발생 시 피난활동에 적합하게 제작된 엘리베이터입니다.

③ 고객 : 판매 전 자동차를 대놓는 주차장에 자동차 운반을 위한 엘리베이터를 설치하려고 합니다. 덤웨이터를 설치해도 괜찮을까요?

　甲 : 덤웨이터는 적재용량이 300kg 이하인 소형 화물 운반에 적합한 엘리베이터입니다. 자동차 운반을 위해서는 자동차용 엘리베이터를 설치하시는 것이 좋습니다.

④ 고객 : 지난 2025년 1월에 마지막 정밀안전검사를 받았습
　　　　니다. 승강기에 별 문제가 없다면, 다음 정밀안전
　　　　검사는 언제 받아야 하나요?

　甲 : 정밀안전검사는 최초 실시 후 3년마다 정기적으로 실
　　　시합니다. 2025년 1월에 정밀안전검사를 받으셨다면,
　　　2028년 1월에 다음 정밀안전검사를 받으셔야 합니다.

⑤ 고객 : 고객들이 쇼핑카트나 유모차, 자전거 등을 가지고
　　　　층간 이동을 쉽게 할 수 있도록 에스컬레이터나 무
　　　　빙워크를 설치하려고 합니다. 뭐가 더 괜찮을까요?

　甲 : 말씀하신 상황에서는 무빙워크보다는 에스컬레이터
　　　설치가 더 적합합니다.

24. 아래 제시된 두 개의 조직도에 해당하는 조직의 특성을 올바
르게 설명하지 못한 것은 어느 것인가?

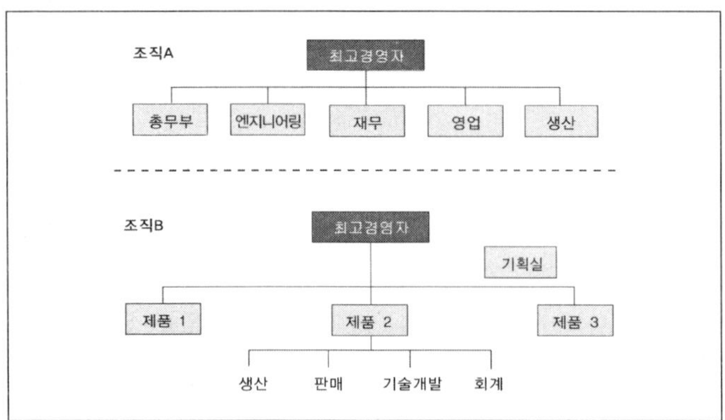

① 조직의 내부 효율성을 중요시하는 작은 규모 조직에서는
　조직 A와 같은 조직도가 적합하다.

② 조직 A와 같은 조직도를 가진 조직은 결재 라인이 짧아
　보다 신속한 의사결정이 가능하다.

③ 주요 프로젝트나 생산 제품 등에 의하여 구분되는 업무가
　많은 조직에서는 조직 B와 같은 조직도가 적합하다.

④ 조직 B와 같은 조직도를 가진 조직은 내부 경쟁보다는
　유사 조직 간의 협력과 단결된 업무 능력을 발휘하기에
　더 적합하다.

⑤ 조직 A는 기능적 조직구조를 가진 조직이며, 조직 B는
　사업별 조직구조를 가진 조직이다.

25. 아래의 글은 4차 산업혁명과 기업의 인력확보 전략에 관한 내
용 중 일부를 발췌한 것이 다. 특히 4차 산업혁명과 OJT는 서로 불
가분의 관계에 있는데 다음 중 밑줄 친 부분에 대한 내용으로 옳지
않은 것은?

> ■ 로봇, 3D프린터 등 4차 산업 분야 국가기술자격 신설된다.
> 새로운 노동시장 환경에 필요한 기술인력 양성을 위해 로봇,
> 3D프린터 등의 제4차 산업 분야 국가기술자격 신설을 본격
> 추진합니다. 고용노동부는 관계부처 합동으로 마련한 「제4차
> 산업혁명 대비 국가기술자격 개편방안」을 3월28일(화) 국무
> 회의에서 확정·발표 했습니다.
> 이번 대책은 그간 산업발전을 견인해 온 국가기술자격을 최
> 신 산업현장 직무에 맞게 개 선하기 위해 마련되었습니다.
> 올해는 4차 산업 분야 등 총 17개 자격을 중점 신설하고, 내
> 년부터는 매년 산업계 주도로 신설이 필요한 자격을 지속 발
> 굴합니다. 산업현장에서 필요로 하지 않는 자격은 시험을 중
> 단합니다.
> 폐지 대상 자격은 부처·산업계·전문가로 구성된 '자격개편
> 분과위원회'에서 현장수요, 산 업 특성 및 전망 등을 검토하
> 고, 토론회, 공청회 등을 통해 다양한 의견 수렴을 거쳐 선정
> 합니다. 시험횟수 축소, 유예기간(2~3년) 등을 거쳐 단계적
> 으로 자격 발급을 중단하며, 기존에 취득 한 자격의 효력은
> 그대로 유지됩니다.
> ■ 직업교육·훈련을 통한 국가기술자격 취득 확대
> 특성화고, 전문대학, 폴리텍 등 직업교육·훈련기관을 통해 자
> 격을 취득하는 과정평가형자 격을 연차적으로 확대합니다. 또한
> 교육·훈련과정 운영 지원과 외부 모니터링 강화 등을 통해 교
> 육·훈련의 질을 높입니다. 아울러, 현장 실무능력을 보강할 수
> 있도록 교육·훈련 과정에 기업실습, <u>OJT</u> 도입도 추진합니다.

① 현업에 종사하면서 감독자의 지휘 하에 훈련받는 현장실
　무 중심의 교육훈련 방식이다.

② 각 종업원의 습득 및 능력에 맞춰 훈련할 수 있다

③ 일을 하면서 훈련을 할 수 있다.

④ 다량의 인원을 한 번에 교육하기에 가장 적절한 방법이다.

⑤ 현실적이면서 많이 쓰이는 방식이다.

|26~27| T사에 입사한 당신은 시스템 모니터링 및 관리 업무를 담당하게 되었다. 시스템을 숙지한 후 이어지는 상황에 알맞은 입력코드를 고르시오.

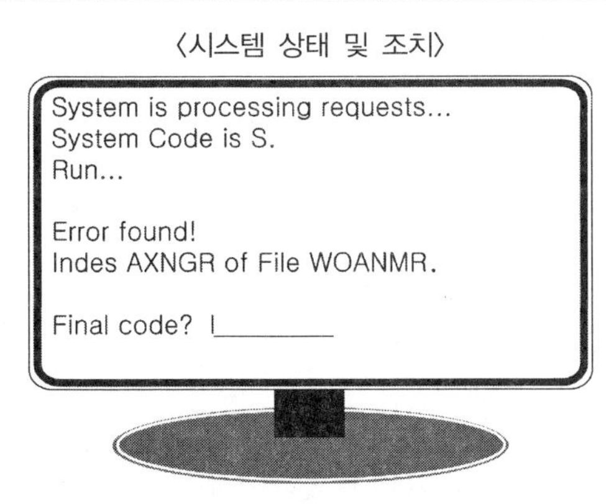

항목	세부사항
Index @@ of File@@	• 오류 문자 : Index 뒤에 나타나는 문제 • 오류 발생 위치 : File 뒤에 나타나는 문자
Error Value	오류 문자와 오류 발생 위치를 의미하는 문자에 사용된 알파벳을 비교하여 일치하는 알파벳의 개수를 확인
Final Code	Error Value를 통하여 시스템 상태 판단

〈시스템 상태 판단 기준〉

판단 기준	Final Code
일치하는 알파벳의 개수 = 0	Svem
0 < 일치하는 알파벳의 개수 ≤ 1	Atur
1 < 일치하는 알파벳의 개수 ≤ 3	Lind
3 < 일치하는 알파벳의 개수 ≤ 5	Nugre
5 < 일치하는 알파벳의 개수	Hfklhl

26.

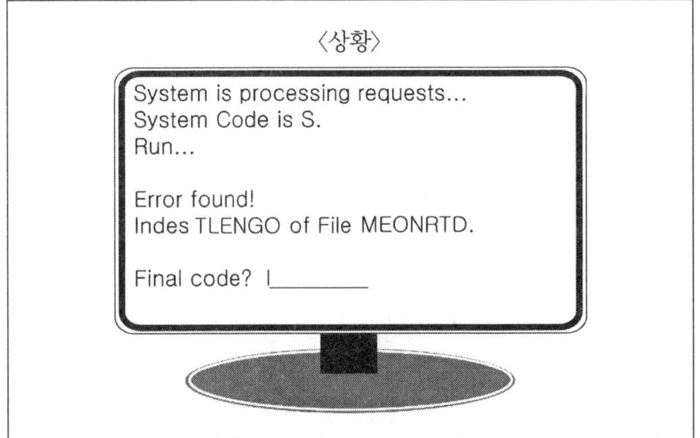

① Svem   ② Atur

③ Lind   ④ Nugre

⑤ Hfklhl

27.

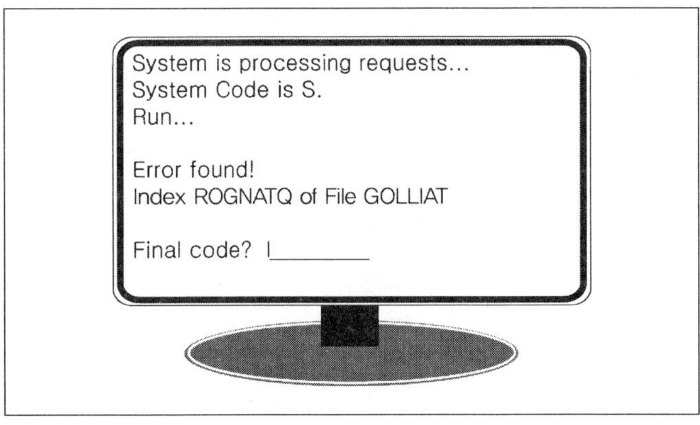

① Svem   ② Atur

③ Lind   ④ Nugre

⑤ Hfklhl

[재고상품 코드번호 예시]

2025년 4월 20일 오전 3시 15분에 입고된 강원도 목장3에서 생산한 산양의 초유 코드 250420A031502E3C

<u>250420</u>	<u>A0315</u>	<u>02E</u>	<u>3C</u>
입고연월일	입고시간	지역코드 + 고유번호	분류코드 + 고유번호

입고연월일	입고시간	생산 목장		제품 종류	
		지역코드	고유번호	분류코드	고유번호
		01 경기	A 목장1	1 우유	A 소
			B 목장2		B 염소
		02 강원	C 목장1		C 산양
			D 목장2	2 분유	A 소
			E 목장3		B 염소
		03 충북	F 목장1		C 산양
• 250415	• A0102		G 목장2	3 초유	A 소
−2025년	−오전	04 충남	H 목장1		B 염소
4월 15일	1시 2분	05 경북	I 목장1		C 산양
• 250425	• P0607		J 목장2	4 버터	A 소
−2025년	−오후	06 경남	K 목장1		B 염소
4월 25일	6시 7분		L 목장2		C 산양
		07 전북	M 목장1	5 치즈	A 소
			N 목장2		B 염소
		08 전남	O 목장1		C 산양
		09 제주	P 목장1	6 털	B 염소
			Q 목장2		C 산양

28. 재고상품 중 2025년 4월 22일 오후 4시 14분에 입고된 경상북도 목장2에서 생산한 염소 치즈의 코드로 알맞은 것은 무엇인가?

① 250422P041405L5B

② 250422P041405J5B

③ 250422A041405J5B

④ 250422P041405J5C

⑤ 250422P041405J5A

29. 물류 창고 관리자인 甲은 경북 지역에서 발생한 구제역으로 인하여 창고 내 재고상품 중 털 제품을 제외하고 경북 지역의 목장에서 생산된 제품을 모두 폐기하기로 하였다. 다음 중 폐기해야 하는 제품이 아닌 것은?

① 250401A080905I2C

② 250425P014505J1A

③ 250311A095905J4B

④ 250428P112505I6C

⑤ 250311A095905J3A

30. 다음은 4차 산업혁명 테마별 산업분류 코드목록이다. 각 산업의 코드형성 방식이 '대분류 – 테마 – 산업분류' 순서로 조합될 때 제시된 코드가 잘못된 것은?

가. 대분류			
제조업	개발업	공급업	서비스업
mb	dv	sp	sv

나. 테마					
자율주행차	로봇	인공지능	빅데이터	가상현실	블록체인
AD	RB	AI	BD	VR	BC

다. 산업분류

테마	산업분류	산업분류부호
자율주행차	축전지 제조업	28202
	응용소프트웨어 공급업	58222
	전기·전자공학 연구 개발업	70121
로봇	물리, 화학 및 생물학 연구 개발업	70111
	전자집적회로 제조업	26110
인공지능	컴퓨터 제조업	26310
	전기·전자공학 연구 개발업	70121
빅데이터	컴퓨터시스템 통합 자문 및 구축 서비스업	62021
	컴퓨터 프로그래밍 서비스업	62010
	응용소프트웨어 개발 및 공급업	58222
가상현실	전자집적회로 제조업	26110
	전기·전자공학 연구 개발업	70121
	시스템소프트웨어 개발업	58221
블록체인	포털 및 기타 인터넷 정보 매개 서비스업	63120
	전기·전자공학 연구 개발업	70121

① 자율주행차 응용소프트웨어 공급업 : spAD58222

② 로봇 전자집적회로 제조업 : mbRB26110

③ 인공지능 전기·전자공학 연구 개발업 : dvAI70111

④ 빅데이터 컴퓨터 프로그래밍 서비스업 : svBD62010

⑤ 블록체인 포털 및 기타 인터넷 정보 매개 서비스업
  : svBC63120

31. 다음은 ○○그룹 자원관리팀에 근무하는 현수의 상황이다. A자원을 구입하는 것과 B자원을 구입하는 것에 대한 분석으로 옳지 않은 것은?

> 현수는 새로운 프로젝트를 위해 B자원을 구입하였다. 그런데 B자원을 주문한 날 상사가 A자원을 구입하라고 지시하자 고민하다가 결국 상사를 설득시켜 그대로 B자원을 구입하기로 결정했다. 단, 여기서 두 자원을 구입하기 위해 지불해야 할 금액은 각각 50만 원씩으로 같지만 ○○그룹에게 있어 A자원의 실익은 100만 원이고 B자원의 실익은 150만 원이다. 그리고 자원을 주문한 이상 주문 취소는 불가능하다.

① 상사를 설득시켜 그대로 B자원을 구입하기로 결정한 현수의 선택은 합리적이다.

② B자원의 구입으로 인한 기회비용은 100만 원이다.

③ B자원을 구입하기 위해 지불한 50만 원은 회수할 수 없는 매몰비용이다.

④ ○○그룹에게 있어 더 큰 실제의 이익을 주는 자원은 A자원이다.

⑤ 주문 취소가 가능하더라도 B자원을 구입하는 것이 합리적이다.

32. 다음은 ○○도시철도공사의 이듬해 철도안전투자의 예산이다. ○○도시철도공사의 예산 중 철도차량교체 예산의 비중은?(단, 계산값은 소수점 둘째 자리에서 반올림 한다.)

(단위 : 백만 원)

철도차량교체	철도시설개량	안전설비의 설치	철도안전교육훈련	철도안전연구개발	철도안전홍보
9,994	49,179	91	669	7	60

① 15.9%

② 16.7%

③ 18.2%

④ 19.3%

⑤ 19.8%

33. 다음은 특정 시점 우리나라의 주택유형별 매매가격 대비 전세가격 비율을 나타낸 도표이다. 다음 자료에 대한 올바른 설명을 〈보기〉에서 모두 고른 것은? (단, 비교하는 모든 주택들은 동일 크기와 입지조건이라고 가정한다)

(단위 : %)

구분	전국	수도권	지방
종합	65	68	65
아파트	75	74	75
연립주택	66	65	69
단독주택	48	50	46

〈보기〉

㉮ 수도권의 아파트가 지방의 아파트보다 20% 높은 매매가이고 A평형 지방의 아파트가 2.5억 원일 경우, 두 곳의 전세가 차이는 2천만 원이 넘는다.
㉯ 연립주택은 수도권이, 단독주택은 지방이 매매가 대비 전세가가 더 낮다.
㉰ '종합'의 수치는 각각 세 가지 유형 주택의 전세가 지수의 평균값이다.
㉱ 수도권의 연립주택이 지방의 연립주택보다 20% 높은 매매가이고 A평형 지방의 연립주택이 2억 원일 경우, 두 곳의 전세가 차이는 2천만 원이 넘지 않는다.

① ㉯, ㉰, ㉱
② ㉮, ㉯, ㉱
③ ㉮, ㉰, ㉱
④ ㉮, ㉯, ㉰
⑤ ㉮, ㉯, ㉰, ㉱

｜34~35｜ 다음은 에어컨 실외기 설치 시의 주의사항을 설명하는 글이다. 다음을 읽고 이어지는 물음에 답하시오.

〈실외기 설치 시 주의사항〉

실외기는 다음의 장소를 선택하여 설치하십시오.
• 실외기 토출구에서 발생되는 뜨거운 바람 및 실외기 소음이 이웃에 영향을 미치지 않는 장소에 설치하세요. (주거지역에 설치 시, 운전 시간대에 유의하여 주세요.)
• 실외기를 도로상에 설치 시, 2m 이상의 높이에 설치하거나, 토출되는 열기가 보행자에게 직접 닿지 않도록 설치하세요. (건축물의 설비 기준 등에 관한 규칙으로 꼭 지켜야 하는 사항입니다.)
• 보수 및 점검을 위한 서비스 공간이 충분히 확보되는 장소에 설치하세요.
• 공기 순환이 잘 되는 곳에 설치하세요. (공기가 순환되지 않으면, 안전장치가 작동하여 정상적인 운전이 되지 않을 수 있습니다.)
• 직사광선 또는 직접 열원으로부터 복사열을 받지 않는 곳에 설치하여야 운전비가 절약됩니다.
• 실외기의 중량과 운전 시 발생되는 진동을 충분히 견딜 수 있는 장소에 설치하세요. (강도가 약할 경우, 실외기가 넘어져 사고의 위험이 있습니다.)
• 빗물이 새거나 고일 우려가 없는 평평한 장소에 설치하세요.
• 황산화물, 암모니아, 유황가스 등과 같은 부식성 가스가 존재하는 곳에 실내기 및 실외기를 설치하지 마세요.
• 해안지역과 같이 염분이 다량 함유된 지역에 설치 시, 부식의 우려가 있으므로 특별한 유지관리가 필요합니다.
• 히트펌프의 경우, 실외기에서도 드레인이 발생됨으로 배수 처리 및 설치되는 바닥의 방수가 용이한 곳에 설치하세요. (배수가 용이하지 않을 경우, 물이 얼어 낙하사고와 제품 파손이 될 수 있으므로 각별한 주의가 필요합니다.)
• 강풍이 불지 않는 장소에 설치하여 주세요.
• 실내기와 실외기의 냉매 배관 허용 길이 내에 배관 접속이 가능한 장소에 설치하세요.

34. 다음은 에어컨 설치 순서를 그림으로 나타낸 것이다. 위의 실외기 설치 시 주의사항을 참고할 때 빈 칸에 들어갈 가장 적절한 말은 어느 것인가?

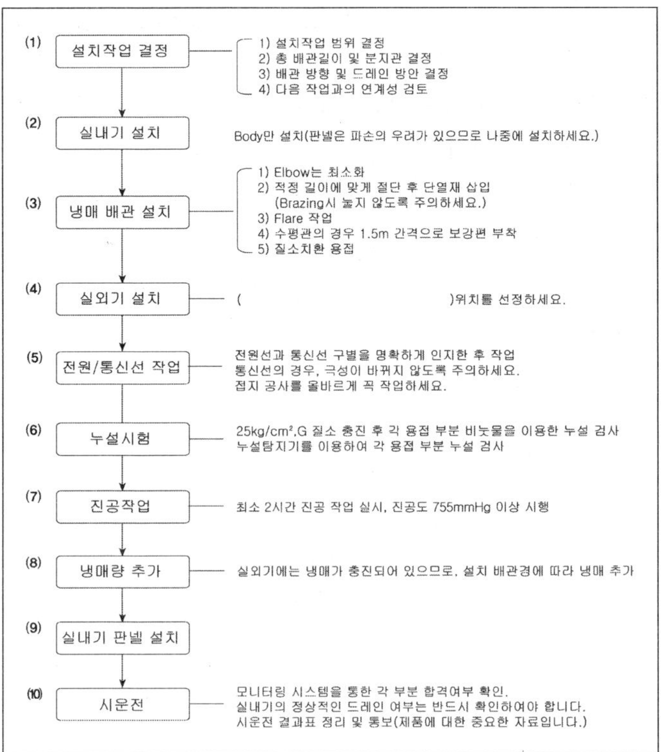

① 전원의 위치 및 전선의 길이를 감안한

② 이웃에 설치된 실외기와의 적정 공간을 감안한

③ 집밖에서 보았을 때 전체적인 미관을 손상시키는지를 감안한

④ 실내기와의 적정 거리를 충분히 유지할 수 있는지를 감안한

⑤ 배관에 냉매가 충진되어 있으므로 배관 길이를 감안한

35. 위의 실외기 설치 시 주의사항을 참고하여 설치한 다음 실외기 설치 방법 중 주의사항에서 설명한 내용에 부합되는 방법이라고 볼 수 없는 것은 어느 것인가?

① 실외기를 콘크리트 바닥면에 설치 시 기초지반 사이에 방진패드를 설치하였다.

② 실외기 토출구 열기가 보행자에게 닿지 않도록 토출구를 안쪽으로 돌려 설치하였다.

③ 실외기를 안착시킨 후 앵커볼트를 이용하여 제품을 단단히 고정하였다.

④ 주변에 배수구가 있는 베란다 창문 옆에 설치하였다.

⑤ 여러 대의 실외기가 설치된 곳에 실외기 간의 공간을 충분히 확보하여 설치하였다.

36. 당신은 ㈜소정의 신입사원이다. 당신은 아직 조직 문화에 적응하지 못하고 있어, 선배 사원들의 행동을 모방하며 적응해 가려고 한다. 그런데 회사의 내부 분위기는 상사가 업무 전반을 지휘하고, 그 하급자들은 명령에 무조건 복종하는 '상명하복 문화'가 지배적인 업무환경으로 판단된다. 또한 대부분의 선배 사원들은 상사의 업무 지휘에 대해 큰 불만을 가지지 않고, 맡겨진 업무에 대해서는 빠르게 처리하는 분위기이다. 이러한 조직 문화에 적응하려 할 때, 당신이 팔로워로서 발현하게 될 특징으로 가장 적절한 것은?

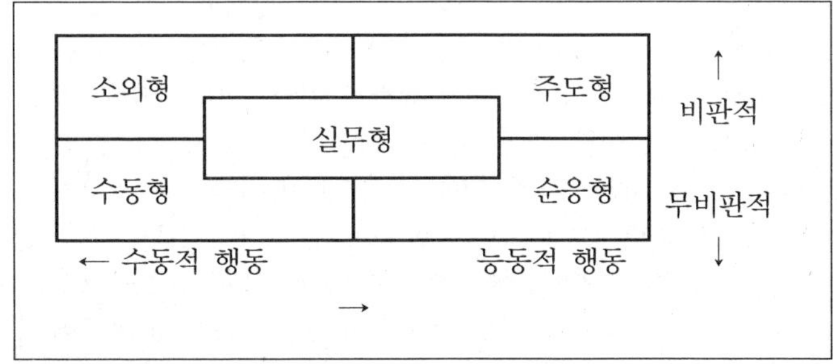

① 조직 변동에 민감하게 반응한다.

② 가치를 창조하는 직무활동을 수행한다.

③ 조직을 위해 자신과 가족의 요구를 양보한다.

④ 조직이 나의 아이디어를 원치 않는다고 생각한다.

⑤ 독립적인 사고와 비판적인 입장으로 생각한다.

37. A철도 운영자인 甲은 이번 안전관리 수준평가에서 우수운영자 지정을 받는 것을 목표로 하고 있다. 甲이 해야 하는 노력으로 옳지 않은 것은?

① 철도교통사고 건수를 줄이기 위해 철도안전점검을 실시한다.

② 최근 안전사고가 가장 많이 일어난 사항들을 확인하고 대책회의를 소집한다.

③ 우수운영자 지정의 권한을 가진 국토교통부장관의 최근 관심사와 학연을 알아본다.

④ 철도안전투자의 예산에 맞춰 예정된 사항들을 집행한다.

⑤ 정기검사를 주기적으로 실시하여 실적을 쌓는다.

38. 다음은 세계적인 스타트업 기업인 '우버'에 관한 사례이다. 다음 글을 보고 고객들이 우버의 윤리의식에 대하여 표출할 수 있는 불만의 내용으로 가장 적절하지 않은 것은 어느 것인가?

> 2009년 미국 샌프란시스코에서 차량 공유업체로 출발한 우버는 세계 83개국 674개 도시에서 여러 사업을 운영하고 있다. 2016년 기준 매출액 65억 달러, 순손실 28억 달러, 기업가치 평가액 680억 달러로 세계 1위 스타트업 기업이다. 우버가 제공하는 가장 일반적인 서비스는 개인 차량을 이용한 '우버 X'가 있다. 또한, '우버 블랙'은 고급 승용차를 이용한 프리미엄 서비스를 제공하고, 인원이 많거나 짐이 많을 경우에 '우버 XL'이 대형 차량 서비스를 제공한다. '우버 풀(POOL)'은 출퇴근길 행선지가 비슷한 사람들끼리 카풀을 할 수 있게 서로 연결해주는 일종의 합승서비스다. 그 밖에 '우버 이츠(EATS)'는 우버의 배달 서비스로서, 음식배달 주문자와 음식을 배달하는 일반인을 연결해주는 플랫폼이다.
>
> 앞으로 자율주행차량이 도입되면 가장 주목받는 기업으로 계속 발전할 것이라는 전망 속에서 2019년 주식 상장 계획이 있던 우버에게 2017년은 악재의 연속이었다. 연초에 전직 소프트웨어 엔지니어 수잔 파울러가 노골적인 성추행과 성차별이 횡행하는 막장 같은 우버의 사내 문화를 폭로하면서 악재가 시작되었다. 또 연말에는 레바논 주재 영국대사관 여직원 다이크스가 수도 베이루트에서 우버 택시 운전기사에 의해 살해당하는 사건이 발생했다. 우버 서비스의 고객 안전에 대한 우려가 현실로 나타난 것이다.

① 불안정 노동 문제에 대해 사회적 책임 의식을 공유해야 한다.

② 운전기사 고용 과정에서 이력 검증을 강화해야 한다.

③ 고객의 안전을 최우선시하는 의무 소홀에 대한 책임을 져야한다.

④ 실력이 있는 뛰어난 직원이라면 근무태도는 문제 삼지 않는 문화를 고쳐야 한다.

⑤ 단기 일자리를 제공하는 임시 고용형태를 없애야 한다.

39. 「4차 산업혁명 시대의 직업윤리 교육의 방향」의 논문에서 저자들은 4차 산업혁명으로 인해 사람을 기계의 일부로 봄으로써 윤리 규범을 붕괴시킬 우려를 언급하기도 했다. 다음의 사례는 테일러의 과학적 관리론에 관한 사례를 제시하였다. 아래의 글을 읽고 4차 산업혁명 시대의 직업윤리로서 인간을 기계의 일부분으로 취급하는 과학적관리론으로 인해 나타나는 내용 중 옳지 않은 것을 고르면?

> 자본주의 경제는 '비효율과의 전쟁'을 통해 발전해왔다. 초기에 비효율은 삼림 파괴, 수(水)자원 낭비, 탄광 개발 남발 등 주로 자원과 관련한 문제였다. 프레드릭 테일러(Frederick Taylor · 1856~1915)는 사람의 노력이 낭비되고 있다는 데 처음으로 주목했다. 효율적인 국가를 건설하려면 산업 현장에서 매일 반복되는 실수, 잘못된 지시, 노사 갈등을 해결하는 데서 출발해야 한다고 믿었다. 노사가 협업해 과학적인 생산 방법으로 생산성을 끌어올리면 분배의 공평성도 달성할 수 있다고 주장했다. 그가 이런 생각을 체계적으로 정리한 책이 《과학적 관리법》(1911년)이다.
>
> 테일러는 고등학교 졸업 후 공장에 들어가 공장장 자리에까지 오른 현장 전문가였다. 그는 30년간 과학적 관리법 보급을 위해 노력했지만 노동자로부터는 '초시계를 이용해 노동자를 착취한다'고, 기업가로부터는 '우리를 눈먼 돼지로 보느냐'고 비난받았다. 그러나 그는 과학적 관리법이 노사 모두에 도움이 되기 때문에 결국 널리 퍼질 것으로 확신했다. 훗날 과학적 관리법은 '테일러리즘(Taylorism)'으로 불리며 현대 경영학의 뿌리가 됐다. 1900년대 영국과 미국에선 공장 근로자의 근무태만이 만연했다. 노동조합도 '노동자가 너무 많은 일을 하면 다른 사람의 일자리를 뺏을 수 있다'며 '적은 노동'을 권했다. 전체 생산량에 따라 임금을 주니 특별히 일을 더 많이 할 이유도 없었다.

① 조직목표인 능률성 향상과 개인목표인 인간의 행복 추구 사이에는 궁극적으로 양립·조화 관계로 인식하였다.

② 작업 계층의 효율적인 관리를 위해 하위 계층 관리만을 연구대상으로 하고 인간을 목표 달성을 위한 조종 대상으로 보았다.

③ 생산성, 능률성 향상이 궁극적인 목적이다.

④ 조직 외적 환경과의 상호작용을 경시하고 조직을 개방체제가 아닌 폐쇄체제로 인식하였다.

⑤ 타인에 의한 내부적인 동기부여가 효율적이라고 생각한다.

40. 다음과 같은 상황을 맞은 강 대리가 취할 수 있는 가장 적절한 행동은 어느 것인가?

> 강 대리는 자신이 일하는 ◇◇교통공사에 고향에서 친하게 지냈던 형이 다음 주부터 철도차량운전사로 일하게 되었다는 소식을 듣게 되었다. 이 소식을 듣고 오랜만에 형과 만난 강 대리는 형과 이야기를 하던 중 형이 현재 복용하고 있는 약물이 법적으로 금지된 마약류이며 중독된 상황임을 알게 되었다. 강 대리는 형이 어렵게 취업을 하게 된 사정을 생각하며 고민하게 되었다.

① 인사과에 추가적인 이유는 말하지 않고 신입 운전사를 해고해야 할 것 같다고 말한다.

② 형에게 자신이 비밀을 지키는 대신 자신과 회사에서는 아는 척을 하지 말아달라고 부탁한다.

③ 철도차량 운전상의 위험과 장해를 일으킬 수 있으므로 형에게 직접 회사에 알릴 것을 권해야 한다.

④ 형의 성격상 철도차량운전사로 손색이 없다는 것을 알고 있으므로 괜히 기분 상할 일을 만들지 않고 그냥 넘어간다.

⑤ 면허가 취소될 수도 있기 때문에 형에게 그 동안 다른 사람의 면허를 잠시 대여하는 방법을 알려준다.

1 절삭속도 628m/min, 밀링커터의 날수를 10, 밀링커터의 지름을 100mm, 1날당 이송을 0.1mm로 할 경우 테이블 1분간 이송량(mm/min)은? (단, $\pi = 3.14$이다.)

① 1,000
② 2,000
③ 3,000
④ 4,000
⑤ 5,000

2 수차에 대한 설명으로 옳지 않은 것은?

① 펠턴 수차는 고낙차에 수량이 많은 곳에 사용하기 적합하다.
② 프란시스 수차에서 고정깃과 안내깃에 의해 유도된 물이 회전차를 회전시키고 축방향으로 송출된다.
③ 프로펠러 수차는 축류형 반동수차로 수량이 많고 저낙차인 곳에 적용된다.
④ 프란시스 수차는 반동수차의 일종이다.
⑤ 펠턴 수차는 200~1,800m의 고낙차다.

3 다음 설명에 가장 적합한 소재는?

- 우주선의 안테나, 치열 교정기, 안경 프레임, 급유관의 이음쇠 등에 사용한다.
- 소재의 회복력을 이용하여 용접 또는 납땜이 불가능한 것을 연결하는 이음쇠로도 사용 가능하다.

① 수소저장합금
② 알루미늄합금
③ 파인세라믹
④ 압전재료
⑤ 형상기억합금

4 연삭가공에서 연삭비로 옳은 것은?

① 단위체적의 숫돌마멸에 대한 제거된 재료체적
② 연삭숫돌의 속도에 대한 공작물의 속도
③ 연삭깊이와 연삭숫돌의 초당 회전속도 비율
④ 연삭숫돌의 체적에 대한 공극 비율
⑤ 숫돌의 경도와 입자의 크기 비율

5 레이디얼 구름 베어링의 구성요소가 아닌 것은?

① 내륜
② 고정륜
③ 리테이너
④ 케이지
⑤ 전동체

6 체결된 나사가 스스로 풀리지 않을 조건(self-locking condition)으로 옳은 것을 모두 고른 것은?

> ㉠ 마찰각 > 나선각
> ㉡ 마찰각 = 나선각
> ㉢ 마찰각 < 나선각

① ㉠
② ㉡
③ ㉢
④ ㉠㉡
⑤ ㉡㉢

7 선삭 가공에 사용되는 절삭 공구의 여유각에 대한 설명으로 옳지 않은 것은?

① 여유각을 크게 하면 인선강도가 증가한다.
② 공구와 공작물 접촉 부위에서 간섭과 미끄럼 현상에 영향을 준다.
③ 여유각이 크면 플랭크 마모가 감소된다.
④ 절삭깊이를 크게 하고 싶다면 여유각을 크게 한다.
⑤ 여유각이 작으면 떨림의 원인이 된다.

8 ㉠과 ㉡에 들어갈 말을 바르게 짝지은 것은?

> 강에서 (㉠)이라 함은 변태점 온도 이상으로 가열한 후 물 또는 기름과 같은 냉각제 속에 넣어 급랭시키는 열처리를 말하며, 일반적으로 강은 급랭시키면 (㉡)조직이 된다.

① 템퍼링(tempering), 소르바이트(sorbite)

② 어닐링(annealing), 오소테나이트(austenite)

③ 어닐링(annealing), 마르텐사이트(martensite)

④ 퀜칭(quenching), 오소테나이트(austenite)

⑤ 퀜칭(quenching), 마르텐사이트(martensite)

9 동일 재질로 만들어진 두 개의 원형단면 축이 같은 비틀림 모멘트 T를 받을 때, 각 축에 저장되는 탄성에너지의 비 $\dfrac{U_1}{U_2}$는? (단, 두 개의 원형 단면 축 길이는 L_1, L_2이고, 지름은 D_1, D_2이다.)

① $\dfrac{U_1}{U_2} = \left(\dfrac{D_1}{D_2}\right)^4 \dfrac{L_2}{L_1}$

② $\dfrac{U_1}{U_2} = \left(\dfrac{D_1}{D_2}\right)^4 \dfrac{L_1}{L_2}$

③ $\dfrac{U_1}{U_2} = \left(\dfrac{D_2}{D_1}\right)^4 \dfrac{L_2}{L_1}$

④ $\dfrac{U_1}{U_2} = \left(\dfrac{D_2}{D_1}\right)^4 \dfrac{L_1}{L_2}$

⑤ $\dfrac{U_1}{U_2} = \dfrac{D_2}{D_1} L_1 L_2$

10 재질이 주철, 연강인 공작물에 다듬질 스크레이퍼 작업을 할 때 적당한 스크레이퍼의 각도는?

① 150°   ② 130°

③ 100°   ④ 60°

⑤ 50°

11 호칭이 2N M8×1인 나사에 대한 설명으로 옳은 것은?

① 왼나사이다.   ② 4줄 나사이다.

③ 리드는 2mm이다.   ④ 유효지름이 1mm이다.

⑤ 피치는 8mm이다.

12 두 축의 중심선을 일치시키기 어려운 경우, 두 축의 연결 부위에 고무, 가죽 등의 탄성체를 넣어 축의 중심선 불일치를 완화하는 커플링은?

① 원통형 커플링   ② 플렉시블 커플링

③ 셀러 커플링   ④ 플랜지 커플링

⑤ 기어 커플링

13 각종 기계의 회전이나 동력을 전달하는 부분에 사용되는 기어에 대한 설명으로 가장 옳은 것은?

① 전위기어는 표준기어에 비해 최소 잇수를 적게 할 수 있다.

② 페이스기어는 베벨기어의 축을 엇갈리게 한 것으로서, 자동차의 차동 기어장치의 감속기어로 사용된다.

③ 간섭이 일어나는 한 쌍의 기어를 회전시킬 때 발생하는 기어의 언더컷은 압력각이 클 때 발생하기 쉽다.

④ 두 축 사이의 중심거리가 400mm인 한 쌍의 평기어에서 잇수가 $Z_1 = 30, Z_2 = 50$라면 모듈 $m = 5$이다.

⑤ 모듈 $m = 4$, 잇수 $Z_1 = 30, Z_2 = 45$인 한 쌍의 평기어에서 두 축 사이의 중심거리는 300mm이다.

14 기계요소 제작 시, 측정 정밀도가 우수한 삼침법(three wire method)과 오버핀법(over pin method)의 적용 범위로 옳은 것은?

	삼침법	오버핀법
①	수나사의 피치 측정	기어의 압력각 측정
②	수나사의 유효지름 측정	기어의 압력각 측정
③	수나사의 피치 측정	기어의 이두께 측정
④	수나사의 유효지름 측정	기어의 이두께 측정
⑤	기어의 압력각 측정	수나사의 유효지름 측정

15 용적형 펌프와 비용적형 펌프에 대한 설명으로 옳지 않은 것은?

① 용적형 펌프는 펌프의 축이 한 번 회전할 때 일정한 량을 토출한다.

② 용적형 펌프는 부하압력에 따라 토출량이 정해지므로 부하가 과대해지면 압력이 상승해서 픔프가 파괴될 염려가 있다.

③ 비용적형 펌프는 저압에서 대량의 유체를 수송하는데 사용한다.

④ 비용적형 펌프는 토출량이 일정하지 않으며 압력 사이에 일정관계가 있다.

⑤ 용적형 펌프의 종류로 베인 펌프, 피스톤 펌프, 원심력 펌프가 있으며, 비용적형 펌프의 종류로 혼류형 펌프, 로토젯 펌프, 나사 펌프가 있다.

16 원심 주조법의 장점으로 옳지 않은 것은?

① 코어가 필요없다.

② 기포, 용재의 개입이 적다.

③ 재질이 치밀하다.

④ 잔류응력이 거의 없다.

⑤ 주형을 회전시키기 위한 장치가 필요없다.

17 용접봉 표시기호 'E4301'에서 '43'이 뜻하는 것은?

① 최저인장강도　　　　② 용접기의 사용전류

③ 피복대 계통　　　　④ 용접봉 길이

⑤ 용접 자세

18 용접부에 생기는 잔류응력을 없애기 위한 방법은?

① 담금질을 한다.　　　　② 뜨임을 한다.

③ 풀림을 한다.　　　　④ 급랭시킨다.

⑤ 불림을 한다.

19 다음 중 드릴의 절삭속도(m/min)를 구하는 공식은?

① $V = \pi d N$　　　　② $V = \dfrac{\pi d N}{90}$

③ $V = \dfrac{\pi d N}{60}$　　　　④ $V = \dfrac{\pi d N}{1,000}$

⑤ $V = \dfrac{\pi d N}{6,000}$

20 알루미늄 합금인 두랄루민은 기계적 성질이 탄소강과 비슷하여 무게를 중시하고 강도가 큰 것을 요구하는 항공기, 자동차, 유람선 등에 사용될 때, 이 합금의 주성분은?

① Al, Cu, Ni　　　　② Al, Cu, Cr

③ Al, Cu, Mg, Mn　　　　④ Al, Si, Ni

⑤ Al, Si, Cr, Ni

21 절삭가공에서 발생하는 크레이터 마모에 대한 설명으로 옳은 것은?

> ㉠ 공구와 칩 경계에서 원자들의 상호 이동이 주요 원인이다.
> ㉡ 공구와 칩 경계의 온도가 어떤 범위 이상이면 마모는 급격하게 증가한다.
> ㉢ 공구의 여유면과 절삭면과의 마찰로 발생한다.
> ㉣ 경사각이 크면 마모의 발생과 성장이 지연된다.

① ㉠㉡
② ㉠㉡㉣
③ ㉡㉢
④ ㉡㉢㉣
⑤ ㉢㉣

22 미끄럼 베어링과 구름 베어링을 비교한 것으로 옳은 것은?

	구분	미끄럼 베어링	구름 베어링
①	회전상태	고속회전에 부적당하고 저속회전에 적당하다.	고속회전에 유리하고 저속회전에 부적당하다.
②	구조	축과 베어링 하우징에 내외륜이 끼워지기 때문에 끼워맞춤에 주의해야한다.	구조가 간단하다.
③	내충격성	충격에 약하다.	충격에 강하다.
④	소음, 진동	볼과 궤도면의 정밀도에 따라 발생하기 쉽다.	유막상태가 좋아 발생이 적다.
⑤	마찰특성	마찰이 크다.	마찰이 작다.

23 다음 중 피스톤의 구비조건으로 틀린 것은?

① 기계적 강도가 클 것
② 가스 및 오일 누출 방지
③ 무게감이 있을 것
④ 마찰로 인한 기계적 손실 방지
⑤ 폭발압력을 유효하게 이용할 것

24 'WA 54 L M V'라는 표시에서 'L'이 나타내는 것은?

① 조직
② 결합체
③ 결합도
④ 입자
⑤ 입도

25 기계요소 중 축에 관련된 설명으로 옳지 않은 것은?

① 축은 처짐과 비틀림 등으로 위험한 임계속도가 있다.
② 축은 고속회전에 사용되므로 피로파괴를 고려해야 한다.
③ 축 설계 시 비틀림각을 제한하기 위해 인장강도를 계산한다.
④ 전동축은 주로 비틀림 모멘트를 많이 받으나, 굽힘 모멘트도 작용한다.
⑤ 일반축에는 주로 탄소강을, 고속·고하중에는 특수강을 사용한다.

26 다음 중 서브머지드용접에 해당하는 것은?

① 용접할 물체에 전류를 통하여 접촉부에 발생되는 전기의 저항열로 모재를 용융상태로 만들어 외력을 가하여 접합하는 용접방법이다.
② 냉간용접의 종류로 20KHz 정도의 초음파에 의해 발생된 고주파 진동에너지에 의해 가압된 모재 사이에 존재하는 이물질이 제거되고, 모재 사이의 틈새가 원자간 거리로 좁혀지면서 용접을 하는 방법이다.
③ 산화철과 알루미늄 분말을 3:1 비율로 혼합한 후 점화하면 화학반응이 전개되어 발생하는 3,000˚C의 고온을 이용한 용접방법이다.
④ 자동 아크용접의 종류로 용접이음표면에 입사의 용재를 공급판을 통하여 공급시키고 그 속에 연속된 와이어로 된 전기 용접봉을 넣어 용접봉 끝과 모재 사이에 아크를 발생시켜 용접하는 방법이다.
⑤ 고도로 전리된 가스체의 아크를 이용한 용접방법으로 이행형의 형태에 따라 플라즈마 아크 및 플라즈마 제트로 구분한다.

27 금속재료의 열처리에 대한 설명으로 옳지 않은 것은?

① 풀림을 하면 가공경화나 내부응력을 제거할 수 있다.

② 불림은 조직을 표준화 시킨다.

③ 담금질을 하면 강도는 올라가고 경도는 하락한다.

④ 담금질은 가열온도를 변태점보다 30~50도 높게 한다.

⑤ 강의 탄소함유량을 측정할 때 불림을 이용한다.

28 아주 매끄러운 원통관에 흐르는 공기가 층류유동일 때, 레이놀드 수는 공기의 밀도, 점성 계수와 어떤 관계인가?

① 점성계수와 공기의 밀도와 아무런 관계가 없다.

② 점성계수와 공기의 밀도에 반비례한다.

③ 점성계수와 공기의 밀도에 비례한다.

④ 점성계수에 반비례하고 공기의 밀도에 비례한다.

⑤ 점성계수에 비례하고 공기의 밀도에 반비례한다.

29 다음 중 융점이 낮아 내열금속으로 사용되기에 적합하지 않은 금속은?

㉠ 아연	㉡ 텅스텐
㉢ 몰리브덴	㉣ 탄탈

① ㉠
② ㉡
③ ㉠㉢
④ ㉢㉣
⑤ ㉡㉢㉣

30 다음은 여러 가지 밸브에 관한 사항들이다. 이 중 바르지 않은 것은?

① 리프트 밸브는 유체 흐름의 방향과 평행하게 밸브가 개폐되는 것으로 유량을 조절한다.

② 슬루스 밸브는 리프트 밸브의 일종이다.

③ 체크 밸브는 유체를 한쪽 방향으로 흐르게 하는 밸브이다.

④ 나비형 밸브는 조름 밸브라고도 하며 평면 밸브의 흐름과 평행한 방향으로 회전시켜 유량을 조절한다.

⑤ 회전 밸브는 밸브가 원통 또는 원뿔형으로서 축의 주위로 돌려서 개폐한다.

31 압연 가공에 대한 설명으로 옳은 것은?

① 압연의 주목적은 재료의 두께 변화를 최소화하기 위한 것이다.

② 냉간 압연은 열간 압연에 비해 표면이 매끄럽지 못하다.

③ 압연에 의하여 폭은 약간 줄어든다.

④ 압연은 주조 조직을 부식으로부터 보전한다.

⑤ 압연은 기포를 압착하여 우수한 재질이 되게 한다.

32 다음 중 축지름을 d, 축 재료의 전단응력을 τ_a라 할 때, 비틀림 모멘트는?

① $T = \dfrac{\pi d^3}{16}\tau_a$
② $T = \dfrac{\pi d^3}{64}\tau_a$
③ $T = \dfrac{d^3}{16}\tau_a$
④ $T = \dfrac{d^3}{64}\tau_a$
⑤ $T = \pi d^3 \tau_a$

33 디젤기관과 가솔린기관의 비교 설명으로 옳은 것은?

① 디젤기관은 전기불꽃점화, 가솔린기관은 압축착화로 점화
　방식이 이루어진다.

② 가솔린기관은 평균유효압력 차이가 크지 않아 회전력 변
　동이 작다.

③ 디젤기관은 압축압력, 연소압력이 가솔린기관에 비해 낮
　아 출력당 중량이 작고, 제작비가 싸다.

④ 압축의 목적은 디젤 기관이 착화성 개선이며 가솔린 기관
　은 폭발력 증가이다.

⑤ 가솔린기관은 연소속도가 느린 경유나 중유를 사용하므로
　기관의 회전속도를 높이기 어렵다.

34 다음 중 압접의 종류에 해당하지 않는 것은?

① 전기저항 용접　　　② 플라즈마 용접
③ 초음파 용접　　　　④ 마찰 용접
⑤ 스터드 용접

35 주로 비틀림 작용을 받으며 모양과 치수가 정밀한 짧은 회전
축은?

① 차축　　　　　　　② 스핀들축
③ 크랭크축　　　　　④ 전동축
⑤ 플렉시블축

36 다음 중 많은 양의 기름을 운반할 경우에 사용하는 펌프는?

① 사류 펌프　　　　　② 베인 펌프
③ 축류 펌프　　　　　④ 원심 펌프
⑤ 왕복 펌프

37 다음 중 소성가공으로 옳지 않은 것은?

① 드릴링　　　　　　② 단조
③ 인발　　　　　　　④ 나사전조
⑤ 압출

38 연삭 숫돌바퀴(grinding wheel)를 고속으로 회전시켜 공작물
의 가공면을 미세하게 연삭 가공할 때, 사용하는 연삭 숫돌바퀴에
대한 다음 설명으로 옳은 것은?

> ㉠ 연삭 숫돌바퀴의 입도는 숫돌 입자의 개수를 나타낸 것이다.
> ㉡ 'A 24 P 4 B'로 표시된 연삭 숫돌바퀴에서 P는 결합체를
> 　나타낸다.
> ㉢ 입자, 결합체, 기공은 연삭 숫돌바퀴의 3요소이다.
> ㉣ 연삭 숫돌바퀴의 조직의 기호를 표시할 때, 거친 것은 C,
> 　중간 것은 M, 치밀한 것은 W로 표시한다.

① ㉠㉡　　　　　　　② ㉠㉢
③ ㉡㉢　　　　　　　④ ㉡㉣
⑤ ㉢㉣

39 아래의 TTT곡선에 나와 있는 화살표를 따라 강을 담금질할 때 얻게 되는 조직은? (A_1은 공석온도, M_s는 마르텐사이트 변태 개시점, M_f는 마르텐사이트 변태 완료점을 나타낸다.)

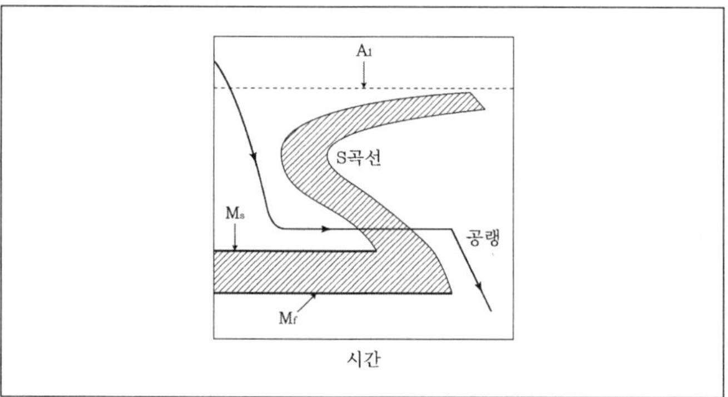

① 마르텐사이트　　　　② 시멘타이트

③ 오스테나이트　　　　④ 베이나이트

⑤ 페라이트

40 카운터 밸런스 밸브에 대한 설명으로 가장 적절한 것은?

① 회로 내의 압력을 설정치로 유지한다.

② 회로의 압력이 설정치에 달하면 펌프를 무부하로 상태로 변화시킨다.

③ 부하의 낙하를 방지하기 위해 배압을 부여한다.

④ 입구측 압력보다 출구측 압력을 낮은 설정압력으로 조정한다.

⑤ 밸브 순서를 회로의 압력으로 제어한다.

서울교통공사 필기시험

성 명

(자 필 성 명)

생 년 월 일

직업기초능력평가

문번	①	②	③	④	⑤	문번	①	②	③	④	⑤
1	①	②	③	④	⑤	21	①	②	③	④	⑤
2	①	②	③	④	⑤	22	①	②	③	④	⑤
3	①	②	③	④	⑤	23	①	②	③	④	⑤
4	①	②	③	④	⑤	24	①	②	③	④	⑤
5	①	②	③	④	⑤	25	①	②	③	④	⑤
6	①	②	③	④	⑤	26	①	②	③	④	⑤
7	①	②	③	④	⑤	27	①	②	③	④	⑤
8	①	②	③	④	⑤	28	①	②	③	④	⑤
9	①	②	③	④	⑤	29	①	②	③	④	⑤
10	①	②	③	④	⑤	30	①	②	③	④	⑤
11	①	②	③	④	⑤	31	①	②	③	④	⑤
12	①	②	③	④	⑤	32	①	②	③	④	⑤
13	①	②	③	④	⑤	33	①	②	③	④	⑤
14	①	②	③	④	⑤	34	①	②	③	④	⑤
15	①	②	③	④	⑤	35	①	②	③	④	⑤
16	①	②	③	④	⑤	36	①	②	③	④	⑤
17	①	②	③	④	⑤	37	①	②	③	④	⑤
18	①	②	③	④	⑤	38	①	②	③	④	⑤
19	①	②	③	④	⑤	39	①	②	③	④	⑤
20	①	②	③	④	⑤	40	①	②	③	④	⑤

직무수행능력평가

문번	①	②	③	④	⑤	문번	①	②	③	④	⑤
1	①	②	③	④	⑤	21	①	②	③	④	⑤
2	①	②	③	④	⑤	22	①	②	③	④	⑤
3	①	②	③	④	⑤	23	①	②	③	④	⑤
4	①	②	③	④	⑤	24	①	②	③	④	⑤
5	①	②	③	④	⑤	25	①	②	③	④	⑤
6	①	②	③	④	⑤	26	①	②	③	④	⑤
7	①	②	③	④	⑤	27	①	②	③	④	⑤
8	①	②	③	④	⑤	28	①	②	③	④	⑤
9	①	②	③	④	⑤	29	①	②	③	④	⑤
10	①	②	③	④	⑤	30	①	②	③	④	⑤
11	①	②	③	④	⑤	31	①	②	③	④	⑤
12	①	②	③	④	⑤	32	①	②	③	④	⑤
13	①	②	③	④	⑤	33	①	②	③	④	⑤
14	①	②	③	④	⑤	34	①	②	③	④	⑤
15	①	②	③	④	⑤	35	①	②	③	④	⑤
16	①	②	③	④	⑤	36	①	②	③	④	⑤
17	①	②	③	④	⑤	37	①	②	③	④	⑤
18	①	②	③	④	⑤	38	①	②	③	④	⑤
19	①	②	③	④	⑤	39	①	②	③	④	⑤
20	①	②	③	④	⑤	40	①	②	③	④	⑤

生년월일 마킹란:

⓪	⓪	⓪	⓪	⓪	⓪	⓪	⓪
①	①	①	①	①	①	①	①
②	②	②	②	②	②	②	②
③	③	③	③	③	③	③	③
④	④	④	④	④	④	④	④
⑤	⑤	⑤	⑤	⑤	⑤	⑤	⑤
⑥	⑥	⑥	⑥	⑥	⑥	⑥	⑥
⑦	⑦	⑦	⑦	⑦	⑦	⑦	⑦
⑧	⑧	⑧	⑧	⑧	⑧	⑧	⑧
⑨	⑨	⑨	⑨	⑨	⑨	⑨	⑨

서울교통공사
필기시험 모의고사

제1회~제3회

- 정답 및 해설 -

✎ 직업기초능력평가

1 ④

빈칸에 들어갈 단어는 '시간이나 거리 따위를 본래보다 길게 늘림'의 뜻을 가진 연장(延長)이 가장 적절하다.
① 지연 : 무슨 일을 더디게 끌어 시간을 늦춤
② 지속 : 어떤 상태가 오래 계속됨
③ 지체 : 때를 늦추거나 질질 끎
⑤ 연속 : 끊이지 아니하고 죽 이어지거나 지속함

2 ②

① 필요할 때는 쓰고 필요 없을 때는 야박하게 버리는 경우를 이르는 말
③ 원수를 갚거나 마음먹은 일을 이루기 위하여 온갖 어려움과 괴로움을 참고 견딤
④ 공적인 일을 먼저 하고 사사로운 일은 뒤로 미룸
⑤ 고국의 멸망을 한탄함을 이르는 말

3 ②

이 글의 화자는 '마케팅 교육을 담당하는 입장'에서 UCC를 기업 마케팅에 어떻게 활용할 것인지에 대한 강의를 기획하고 있다. 따라서 이 글을 읽는 예상 독자는 ② UCC 활용 교육을 원하는 기업 마케터들이 될 것이다.

4 ④

괄호 바로 앞뒤에 오는 문장을 통해 유추할 수 있다. 화자가 기획하는 강의는 기업 마케팅 담당자들의 웹2.0과 UCC에 대한 이해를 높이고, 이를 활용할 수 있는 전략에 대한 내용이 주가 될 것이다. 따라서 강의 제목으로는 ④ 웹2.0 시대 UCC를 통한 마케팅 활용 전략이 가장 적절하다.

5 ⑤

작자는 오래된 물건의 가치를 단순히 기능적 편리함 등의 실용적인 면에 두지 않고 그것을 사용해 온 시간, 그 동안의 추억 등에 두고 있으며 그렇기 때문에 오래된 물건이 아름답다고 하였다.

6 ③

③ 「철도안전법 시행규칙」 제41조의2 ④에 따르면 철도운영자 등은 철도안전교육을 안전전문기관 등 안전에 관한 업무를 수행하는 전문기관에 위탁하여 실시할 수 있다고 규정하고 있다.

7 ④

위세품은 정치, 사회적 관계를 표현하기 위해 사용된 물품이다. 당사자 사이에만 거래되어 일반인이 입수하기 어려운 물건으로 피장자가 착장(着裝)하여 위세를 드러내던 것을 착장형 위세품이라고 한다. 생산도구나 무기 및 마구 등은 일상품이기도 하지만 물자의 장악이나 군사력을 상징하는 부장품이기도 하다. 이것들은 피장자의 신분이나 지위를 상징하는 물건으로 일상품적 위세품이라고 한다.

8 ①

① 첫 번째 문단에서 '도시 빈민가와 농촌에 잔존하고 있는 빈곤은 인간다운 삶의 가능성을 원천적으로 박탈하고 있으며'라고 언급하고 있다. 즉, 사회적 취약계층의 객관적인 생활 수준이 향상되었다고 보는 것은 적절하지 않다.
② 첫 번째 문단
③ 두, 세 번째 문단
④ 네 번째 문단
⑤ 두 번째 문단

9 ③

서원각의 매출액의 합계를 x, 소정의 매출액의 합계를 y로 놓
으면

$x+y=91$

$0.1x:0.2y=2:3 \longrightarrow 0.3x=0.4y$

$x+y=91 \longrightarrow y=91-x$

$0.3x=0.4\times(91-x)$

$0.3x=36.4-0.4x$

$0.7x=36.4$

$\therefore \ x=52$

$0.3\times52=0.4y \longrightarrow y=39$

x는 10% 증가하였으므로 $52\times1.1=57.2$

y는 20% 증가하였으므로 $39\times1.2=46.8$

두 기업의 매출액의 합은 $57.2+46.8=104$

10 ⑤

통화량을 x, 문자메시지를 y라고 하면

A요금제 $\longrightarrow (5x+10y)\times\left(1-\dfrac{1}{5}\right)=4x+8y=14,000$원

B요금제 $\longrightarrow 5,000+3x+15\times(y-100)=16,250$원

두 식을 정리해서 풀면

$y=250, \ \ x=3,000$

11 ⑤

보완적 평가방식은 각 상표에 있어 어떤 속성의 약점을 다른
속성의 강점에 의해 보완하여 전반적인 평가를 내리는 방식을 의미
한다. 보완적 평가방식에서 차지하는 중요도는 60, 40, 20이므로
이러한 가중치를 각 속성별 평가점수에 곱해서 모두 더하면 결과
값이 나오게 된다. 각 대안(열차종류)에 대입해 계산하면 아래와 같
은 결과 값을 얻을 수 있다.
- KTX 산천의 가치 값$=(0.6\times3)+(0.4\times9)+(0.2\times8)=7$
- ITX 새마을의 가치 값$=(0.6\times5)+(0.4\times7)+(0.2\times4)=6.6$
- 무궁화호의 가치 값$=(0.6\times4)+(0.4\times2)+(0.2\times3)=3.8$
- ITX 청춘의 가치 값$=(0.6\times6)+(0.4\times4)+(0.2\times4)$
  $=6$
- 누리로의 가치 값$=(0.6\times6)+(0.4\times5)+(0.2\times4)=$
  6.4

조건에서 각 대안에 대한 최종결과 값 수치에 대한 반올림은
없는 것으로 하였으므로 종합 평가점수가 가장 높은 KTX 산
천이 김정은과 시진핑의 입장에 있어서 최종 구매대안이 되는
것이다.

12 ③

- 주택보수비용 지원 내용은 항목별 비용이 3단계로 구분되어
  있으며 핵심 구분점은 내장, 배관, 외관이다. 이에 따른 비용
  한계는 350만 원을 기본으로 단계별 300만 원씩 증액하는
  것으로 나타나 있다.
- 소득인정액에 따른 차등지원 내역을 보면 지원액은 80~
  100%이다.

〈상황〉을 보면 ○○씨 중위소득 40%에 해당하므로 지원액은
80%이며, 노후도 평가에서 대보수에 해당하므로, 950만 원 ×
80% = 760만 원을 지원받을 수 있다.

13 ④

④ 2022년도의 연어방류량을 x라고 하면

$$0.8=\frac{7}{x}\times100 \ \ \therefore \ x=875$$

① 2017년도의 연어방류량을 x라고 하면

$$0.3=\frac{6}{x}\times100 \ \ \therefore \ x=2,000$$

2018년도의 연어방류량을 x라고 하면

$$0.2=\frac{4}{x}\times100 \ \ \therefore \ x=2,000$$

② 연어포획량이 가장 많은 해는 21만 마리를 포획한 2015년
이고, 가장 적은 해는 2만 마리를 포획한 2018년과 2023
년이다.

③ 연도별 연어회귀율은 증감을 거듭하고 있다.

⑤ 2018년도의 연어포획량은 2만 마리로 가장 적고, 연어회귀
율은 0.1%로 가장 낮다.

14 ③

사고 후 조달원 사고 전 조달원	수돗물	정수	약수	생수	합계
수돗물	40	30	20	30	120
정수	10	50	10	30	100
약수	20	10	10	40	80
생수	10	10	10	40	70
합계	80	100	50	140	370

수돗물은 120가구에서 80가구로, 약수는 80가구에서 50가구
로 각각 이용 가구 수가 감소하였다. 정수는 100가구로 변화
가 없으며, 생수는 70가구에서 140가구로 증가하였다.
따라서 사고 전에 비해 사고 후에 이용 가구 수가 감소한 식
수 조달원의 수는 2개이다.

15 ②

② 음료수자판기는 가장 많은 418명의 계약자를 기록하고 있다.

16 ①

단일 계약자를 제외한 2027년에 계약이 만료되는 계약자는 총 353명이다.

17 ②

㈎ 수산물 수출실적이 '전체'가 아닌 1차 산품에서 차지하는 비중이므로 2024년과 2025년에 각각 61.1%와 62.8%인 것을 알 수 있다. → 틀림

㈏ 농산물과 수산물은 2021년 이후 매년 '감소 – 감소 – 증가 – 감소'의 동일한 증감추이를 보이고 있다. → 옳음

㈐ 2023년~2025년까지만 동일하다. → 틀림

㈑ 연도별로 전체 합산 수치는 103,285천 달러, 106,415천 달러, 121,068천 달러, 128,994천 달러, 155,292천 달러로 매년 증가한 것을 알 수 있다. → 옳음

18 ③

A에서 B로 변동된 수치의 증감률은 $(B - A) \div A \times 100$의 산식으로 계산한다.

- 농산물 : $(21,441 - 27,895) \div 27,895 \times 100 = -23.1\%$
- 수산물 : $(38,555 - 50,868) \div 50,868 \times 100 = -24.2\%$
- 축산물 : $(1,405 - 1,587) \div 1,587 \times 100 = -11.5\%$

따라서 감소율은 수산물 > 농산물 > 축산물의 순으로 큰 것을 알 수 있다.

19 ④

두 번째 조건을 부등호로 나타내면, C < A < E

세 번째 조건을 부등호로 나타내면, B < D, B < A

네 번째 조건을 부등호로 나타내면, B < C < D

다섯 번째 조건에 의해 다음과 같이 정리할 수 있다.

∴ B < C < D, A < E

① 주어진 조건만으로는 세 번째로 월급이 많은 사람이 A인지, D인지 알 수 없다.

② B < C < D, A < E이므로 월급이 가장 많은 E는 월급을 50만 원을 받고, A와 D는 각각 40만 원 또는 30만 원을 받으며, C는 20만 원을, B는 10만 원을 받는다. E와 C의 월급은 30만 원 차이가 난다.

③ B의 월급은 10만 원, E의 월급은 50만 원이므로 합하면 60만 원이다.
C의 월급은 20만 원을 받지만, A는 40만 원을 받는지 30만 원을 받는지 알 수 없으므로 B와 E의 월급의 합은 A와 C의 월급의 합보다 많을 수도 있고, 같을 수도 있다.

⑤ 월급이 가장 적은 사람은 B이다.

20 ②

주어진 ㉡부터 ㉙을 정리하면 다음과 같다.

㉡ 갑 = 을

㉢ 을 → 병 or ~갑

㉣ ~갑 → ~정

㉤ ~정 → 갑 and ~병

㉥ ~갑 → ~무

㉙ 무 → ~병

이때, ㉤이 참인 상황에서 ㉤의 대우인 '~갑 and 병 → 정'이 참이 되어야 하는데 이럴 경우 병에 대한 후건을 분리하면 '~갑 → 정'으로 ㉣과 모순이 생긴다. 따라서 '~갑'은 성립할 수 없으므로 갑은 가담하였다.

갑이 가담하였다면 ㉡에 의해 을도 가담하였고, ㉢에 의해 병도 가담한 것이 된다. 그리고 ㉙의 대우에 의해 무는 가담하지 않았음을 알 수 있다. 따라서 가담하지 않은 사람은 무 한 사람뿐이다.

※ 귀류법 … 어떤 명제가 참임을 증명하려 할 때 그 명제의 결론을 부정함으로써 가정 또는 공리 등이 모순됨을 보여 간접적으로 그 결론이 성립한다는 것을 증명하는 방법이다.

21 ③

① 19일 수요일 오후 1시 울릉도 도착, 20일 목요일 독도 방문, 22일 토요일은 복귀하는 날인데 종아는 매주 금요일에 술을 마시므로 멀미로 인해 선박을 이용하지 못한다. 또한 금요일 오후 6시 호박엿 만들기 체험도 해야 한다.

② 20일 목요일 오후 1시 울릉도 도착, 독도는 화요일과 목요일만 출발하므로 불가능

③ 23일 일요일 오후 1시 울릉도 도착, 24일 월요일 호박엿 만들기 체험, 25일 화요일 독도 방문, 26일 수요일 포항 도착

④ 25일 화요일 오후 1시 울릉도 도착, 27일 목요일 독도 방
문, 28일 금요일 호박엿 만들기 체험은 오후 6시인데, 복
귀하는 선박은 오후 3시 출발이라 불가능
⑤ 26일 수요일 오후 1시 울릉도 도착, 27일 목요일 독도 방
문, 28일 금요일 호박엿 만들기 체험, 매주 금요일은 술을
마시므로 다음날 선박을 이용하지 못하며, 29일은 파고가
3m를 넘어 선박이 운항하지 않아 불가능

22 ③

연가는 재직기간에 따라 3~21일로 휴가 일수가 달라지며, 수
업휴가 역시 연가일수를 초과하는 출석수업 일수가 되므로 재
직기간에 따라 휴가 일수가 달라진다. 장기재직 특별휴가 역시
재직기간에 따라 달리 적용된다.
① 언급된 2가지 휴가는 출산한 여성이 사용하는 휴가이다.
② 자녀 돌봄 휴가는 자녀가 고등학생인 경우까지 해당되므로
15세 이상 자녀가 있는 경우에도 자녀 돌봄 휴가를 사용할
수 있게 된다.
④ '직접 필요한 시간'이라고 규정되어 있으므로 고정된 시간이
없는 것이 된다.
⑤ 10~19년, 20~29년, 30년 이상 재직자가 10~20일의 휴가일
수를 사용하게 되므로 최대 20일이 된다.

23 ③

T대리가 사용한 근무 외 시간의 기록은 16시간 + 9시간 + 5
시간 = 30시간이 된다. 따라서 8시간이 연가 하루에 해당하므
로 이를 8시간으로 나누면 '3일과 6시간'이 된다. 8시간 미만
은 산입하지 않는다고 하였으므로 T대리는 연가를 3일 사용한
것이 된다.
④ 외출이 2시간 추가되면 총 32시간이 되어 4일의 연가를
사용한 것이 된다.

24 ④

제시된 내용은 김치에서 이상한 냄새가 나고 있는 상황이다.
④는 '김치 표면에 하얀 것(하얀 효모)이 생겼을 때'의 확인 사
항이다.

25 ③

③은 매뉴얼로 확인할 수 없는 내용이다.

26 ④

광산물의 경우 총 교역액에서 수출액이 차지하는 비중은
$39,456 \div 39,975 \times 100 =$ 약 98.7%이나, 잡제품의 경우
$187,132 \div 188,254 \times 100 =$ 약 99.4%의 비중을 보이고 있으므
로 총 교역액에서 수출액이 차지하는 비중이 가장 큰 품목은
잡제품이다.
① A국의 총 수출액은 1,136,374천 달러이며, 총 수입액은
1,206,744천 달러이다.
② B국은 1차 산업인 농림수산물 품목에서 A국으로의 수출이
매우 적은 반면, A국으로부터 수입하는 양이 매우 크므로
타당한 판단으로 볼 수 있다.
③ 기계류는 10개 품목 중 가장 적은 1,382천 달러의 수출입
액 차이를 보이고 있다.
⑤ A국은 10개 품목 중 섬유류, 전자전기, 생활용품, 플라스
틱/고무를 제외한 6개 품목에서 수입보다 수출을 더 많이
하고 있다.

27 ③

무역수지가 가장 큰 품목은 잡제품으로 무역수지 금액은
$187,132 - 1,122 = 186,010$천 달러에 달하고 있다.

28 ⑤

서울교통공사 설립 및 운영에 관한 조례 제19조(사업의 범위)
1. 시 도시철도의 건설 · 운영
2. 도시철도 건설 · 운영에 따른 도시계획사업
3. 「도시철도법」에 따른 도시철도부대사업
4. 1부터 3까지와 관련한 「택지개발촉진법」에 따른 택지개발사업
5. 1부터 3까지와 관련한 「도시개발법」에 따른 도시개발사업
6. 도시철도 관련 국내외 기관의 시스템 구축, 건설 · 운영 및
감리사업
7. 도시철도와 다른 교통수단의 연계수송을 위한 각종 시설의 건
설 · 운영 및 기존 버스운송사업자의 노선과 중복되지 않는 버스
운송사업(단, 마을버스운송사업 기준에 의함)
8. 「교통약자의 이동편의 증진법」에 따른 이동편의시설의 설
치 및 유지관리사업
9. 「교통약자의 이동편의 증진법」에 따른 실태조사
10. 시각장애인 등 교통약자를 위한 시설의 개선과 확충
11. 그 밖에 시장이 인정하는 사업

29 ②

제시된 내용은 서울교통공사의 공사이미지 중 캐릭터에 대한
내용이다.

30 ⑤

① 운전제어와 관련된 장치의 기능, 제동장치 기능, 그 밖에
운전 시 사용하는 각종 계기판의 기능의 이상여부를 확인
후 출발하여야 한다.
② 철도차량의 운행 중에 휴대전화 등 전자기기를 사용하지
아니할 것. 다만, 철도사고 등 또는 철도차량의 기능장애
가 발생하는 등 비상상황이 발생한 경우로서 철도운영자가
운행의 안전을 저해하지 아니하는 범위에서 사전에 사용을
허용한 경우에는 그러하지 아니하다.
③ 철도사고의 수습을 위하여 필요한 경우 수호는 전차선의
전기공급 차단 조치를 해야 한다.
④ 희재는 운행구간의 이상이 발생하면 수호에게 보고해야 한다.

31 ③

서울교통공사는 (6)개의 실과 5개의 본부, (44)개의 처로
이루어져있다.

32 ①

ⓒ 경영감사처, 기술감사처는 감사 소속이고, 정보보안처는 정
보보안단 소속이다.
ⓒ 노사협력처, 급여복지처는 경영지원실 소속이고, 성과혁신
처는 기획조정실 소속이다.
ⓔ 안전계획처와 안전지도처는 안전관리본부 소속이다.
ⓜ 영업계획처는 고객서비스본부 소속이고, 해외사업처는 전략
사업실 소속이다.

33 ②

㉠ ROUND 함수는 숫자를 지정한 자릿수로 반올림한다. '=
ROUND(2.145, 2)'는 소수점 2자리로 반올림하므로 결과
값은 2.15이다.
ⓒ =MAX(100, 200, 300) → 300
ⓒ =IF(5 > 4, "보통", "미달") → 보통
㉣ AVERAGE 함수는 평균값을 구하고자 할 때 사용한다.

34 ③

㉮ 파일은 쉼표(,)가 아닌 마침표(.)를 이용하여 파일명과 확장
자를 구분한다.
㉱ 파일/폴더의 이름에는 ₩, /, :, *, ?, ", 〈, 〉 등의 문자
는 사용할 수 없으며, 255자 이내로 공백을 포함하여 작성
할 수 있다.

35 ⑤

지정 범위에서 인수의 순위를 구하는 경우 'RANK' 함수를 사
용한다. 이 경우, 수식은 '=RANK(인수, 범위, 결정 방법)'이
된다. 결정 방법은 0 또는 생략하면 내림차순, 0 이외의 값은
오름차순으로 표시하게 된다.

36 ③

주어진 표는 재무제표의 하나인 '손익계산서'이다. '특정한 시점'에서
그 기업의 자본 상황을 알 수 있는 자료는 대차대조표이며, 손익계
산서는 '일정 기간 동안'의 기업의 경영 성과를 한눈에 나타내는 재
무 자료이다.
① 해당 기간의 최종 순이익은 '당기순이익'이다. 순이익이란
매출액에서 매출원가, 판매비, 관리비 등을 **빼고** 여기에
영업외 수익과 비용, 특별 이익과 손실을 가감한 후 법인
세를 **뺀** 것이다. 그래서 '순이익'은 기업이 벌어들이는 모
든 이익에서 기업이 쓰는 모든 비용과 모든 손실을 **뺀** 차
액을 의미한다.
②⑤ 여비교통비는 직접비이며, 지급보험료는 간접비이다.
④ 상품 판매업체와 제조업체의 매출 원가는 다음과 같이 산
출한다.
• 매출원가(판매업) = 기초상품 재고액 + 당기상품 매입액 − 기
말상품 재고액
• 매출원가(제조업) = 기초제품 재고액 + 당기제품 제조원가 −
기말제품 재고액

37 ①

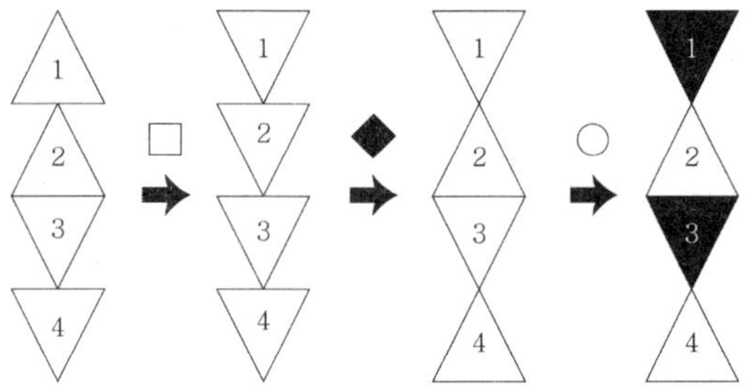

38 ④

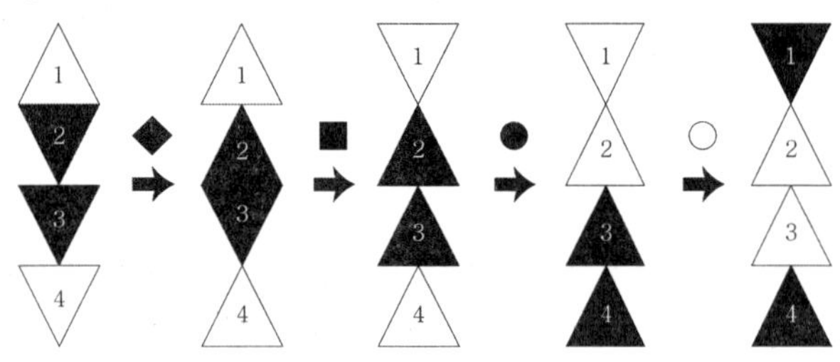

39 ③

바람직한 리더에게는 위험을 회피하기보다 계산된 위험을 취하는 진취적인 자세가 필요하다. 위험을 회피하는 것은 리더가 아닌 관리자의 모습으로, 조직을 이끌어 갈 수 있는 바람직한 방법이 되지 못한다. 리더에게 필요한 자질은 다음과 같다.
① 새로운 상황을 창조하며 오늘보다는 내일에 초점을 맞춘다.
⑤ 어떻게 할까보다는 무엇을 할까를 생각한다.
② 사람을 관리하기보다 사람의 마음에 불을 지핀다.
④ 유지보다는 혁신을 지향한다.

40 ①

성희롱 여부를 판단할 때는 피해자의 주관적인 사정을 고려하되 피해자와 비슷한 조건과 상황에 있는 사람이 피해자의 입장이라면 문제가 되는 성적 언동에 대해 어떻게 반응했을까를 함께 고려하여야 하며, 결과적으로 위협적이고 적대적인 환경을 형성해 업무 능률을 저하시키게 되는지를 검토한다. '성적 언동 및 요구'는 신체의 접촉이나 성적인 의사표현뿐만 아니라 성적 함의가 담긴 모든 언행과 요구를 말하며, 상대방이 이를 어떻게 받아들였는지가 매우 중요하다. 따라서 행위자의 의도와는 무관하며, 설사 행위자가 성적 의도를 가지고 한 행동이 아니었다고 하더라도 성희롱으로 인정될 수 있다.

✎ **직무수행능력평가(기계일반)**

1 ③

다이캐스팅

㉠ 정밀한 금속주형에 고압·고속으로 용탕을 주입하고 응고 중 압력을 유지하여 주물을 얻는 주조법이다

㉡ 장점
• 정밀도가 높고 주물표면이 깨끗하다.
• 강도가 높다.
• 대량, 고속생산이 가능하다.
• 얇은 주물의 주조가 가능하다.

㉢ 단점
• 금형제작비가 비싸 소량생산에는 부적합하다.
• 다이의 내열강도로 인해 용융점이 높은 금속은 부적합하다.
• 소형제품 생산만 가능하다.

2 ④

금속의 접촉부를 상온 또는 가열한 상태에서 압력을 가하여 결합시키는 용접은 저항용접이다.

※ 용접의 종류
㉠ 용접
• 가스용접 : 가연성가스와 조연성가스(산소)를 혼합연소하여 그 열로 용가제와 모재를 녹여서 접합하는 방법. 전기용접에 비해 열손실이 크고 변형이 많이 생긴다.
• 아크용접 : 모재와 전극 사이에서 아크 열을 발생시켜 이 열로 용접봉과 모재를 녹여 접합하는 방법이다.
－피복아크용접 : 피복제가 심선을 둘러싸고 있는 용접봉을 사용한 아크용접
－서브머지드 아크용접(잠호용접) : 분말용재 속에 용접 심선을 공급해 심선과 모재 사이에서 아크를 발생시켜 용접하는 방법이다.
－불활성가스 아크용접 : Ar, Ne, He의 불활성가스를 방출시켜 그 속에서 모재와 전극 사이에 아크를 발생시켜 열을 공급해 용접하는 방법이다. TIG용접(비소모성 텅스텐 전극사용)과 MIG용접(소모성 전극 사용)이 있다.
－CO_2 가스 아크용접 : 불활성가스 대신 탄산가스를 노즐에서 분출시켜 아크 열로 접합하는 방법이다.
－스터드용접 : 볼트나 환봉 등의 선단과 모재 사이에 아크를 발생시켜 접합하는 방법이다.
• 특수용접

−테르밋 용접 : 알루미늄 분말과 산화철 분말의 혼합반응
으로 발생하는 열로 접합하는 방법

−일렉트로 슬래그 용접 : 와이어와 용융슬래그 사이에
통전된 전류의 저항열로 접합하는 방법

−전자빔 용접 : 진공 중에서 고속의 전자빔을 형성하여 그 전
류를 이용하여 접합하는 방법으로서 열변형이 매우 적다.

ⓒ 압접

• 전기저항용접 : 재료를 전기로 용해시켜 용융 가압시켜
접합하는 방법

• 가스압접 : 접합부를 가스불꽃으로 가열시킨 후 압력을
가해 접합하는 방법

• 단접 : 용접물을 가열하여 해머 등으로 타격을 가하여
압접하는 방법, 탄소 강재를 단접할 때 용제로 붕사 등
을 사용한다.

• 마찰용접 : 선박과 유사한 구조의 용접기로 접합면에 압
력을 가한 상태로 상대적인 회전을 시키는 방법

3 ②

인베스트먼트 주조법은 타 주조법에 비해서 생산비가 높은 편
인지라 경제적이라고 보기에는 무리가 있다.

※ 인베스트먼트 주조 ⋯ 제품과 동일한 형상의 모형을 왁스나
합성수지와 같이 용융점이 낮은 재료로 만들어 그 주위를
내화성재료로 피복한 상태로 매몰한 다음 이를 가열하면
주형은 경화가 되고 내부의 모형은 용해된 상태로 유출이
되도록 하여 주형을 만드는 방법이다. 치수정밀도가 우수
하여 정밀주조법으로 분류된다.
　ⓐ 복잡하고 세밀한 제품을 주조할 수 있다.
　ⓑ 주물의 표면이 깨끗하며 치수정밀도가 높다.
　ⓒ 기계가공이 곤란한 경질합금, 밀링커터 및 가스 터빈
　　블레이드 등을 제작할 때 사용한다.
　ⓓ 모든 재질에 적용할 수 있고, 특수합금에 적합하다.
　ⓔ 패턴(주형)은 파라핀, 왁스와 같이 열을 가하면 녹는 재
　　료로 만든다.
　ⓕ 패턴(주형)은 내열재로 코팅을 해야 한다.
　ⓖ 사형주조법에 비해 인건비가 많이 든다.
　ⓗ 생산성이 낮으며 제조원가가 다른 주조법에 비해 비싸다.
　ⓘ 대형주물에서는 사용이 어렵다.

4 ⑤

응력집중현상 완화법
　ⓐ 단면의 변화가 완만하게 변화하도록 테이퍼 지게 한다.
　ⓑ 몇 개의 단면 변화부를 순차적으로 설치한다.
　ⓒ 표면 거칠기를 정밀하게 한다.
　ⓓ 단이 진 부분의 곡률반지름을 크게 한다.
　ⓔ 응력집중부에 보강재를 결합한다.

5 ②

소재에 구멍을 파는 가공법은 드릴링이다.
• 밀링(milling) : 밀링 머신에 달린 밀링 커터를 회전시키면서
공작물을 절삭하는 가공법이다.
• 브로칭(broaching) : 브로치(각종 브로치를 사용하여 공작물
의 표면 또는 구멍의 내면에 여러 가지 형태의 절삭가공을
실시하는 공작기계)라고 하는 특수한 공구를 사용하는 가공
이다.
• 셰이핑(shaping) : 절삭공구가 공작물에 대해 왕복운동하며 공
작물의 수평방향의 이송을 주어서 평면을 절삭하는 가공이다.
• 리밍(reaming) : 드릴을 사용하여 뚫은 구멍의 내면을 리머
로 다듬는 작업이다.

6 ①

① 회주철을 급랭하여 얻을 수 있으며 다량의 시멘타이트(cementite)를
포함하는 주철은 백주철이다.
　ⓐ 가단주철 : 백선철을 열처리해서 가단성을 부여한 것으로 백
　　심가단주철과 흑심가단주철로 나뉘며, 인장강도와 연율이
　　연강에 가깝고 주철의 주조성을 갖고 있어 주조가 용이하
　　므로 자동차 부품, 관이음 등에 많이 사용된다.
　ⓑ 회주철 : 주철 중의 탄소의 일부가 유리되어 흑연화되어 있는
　　것을 말하며, 인장강도를 크게 하기 위하여 강 스크랩을 첨
　　가하여 C와 Si를 감소시켜 백선화되는 것을 방지한 것이다.
　ⓒ 구상흑연주철 : 보통주철 중의 편상 흑연을 구상화한 조직을 갖는
　　주철로 흑연을 구상화하기 위해서 Mg를 첨가한 것으로 펄라이트
　　형과 페라이트형, 시멘타이트형이 있다.
　ⓓ 칠드주철 : 용융상태에서 금형에 주입하여 접촉면을 백주철
　　로 만드는 것으로, 주로 기차의 바퀴나 롤러를 제작하는
　　데 사용된다.

7 ①

② 시퀀스 밸브 : 둘 이상의 분기회로가 있는 회로 내에서 그 작동 시퀀스 밸브순서를 회로의 압력 등에 의해 제어하는 밸브

③ 무부하 밸브 : 회로의 압력이 설정치에 달하면 펌프를 무부하로 하는 밸브

④ 카운터 밸런스 밸브 : 부하의 낙하를 방지하기 위하여 배압을 부여하는 밸브

⑤ 감압 밸브 : 출구측 압력을 입구측 압력보다 낮은 설정 압력으로 조정하는 밸브

8 ④

코킹(caulking)은 리벳의 머리나 금속판의 이음새를 두들겨서 기밀(氣密)하게 하는 작업이다.

9 ①

나사의 효율은 $n = \dfrac{Q \cdot p}{2\pi T}$ 이므로 $0.3 = \dfrac{Q \cdot 4}{2 \cdot 3 \cdot 40}$ 이다.

그러므로 $Q = 18N$ 이 성립한다.

10 ②

냉간가공의 특징

• 가공경화로 인해 강도가 증가하고 연신율이 감소한다.

• 큰 변형응력을 요구한다.

• 제품의 치수를 정확히 할 수 있다.

• 가공 면이 아름답다.

• 가공방향으로 섬유조직이 되어 방향에 따라 강도가 달라진다.

11 ①

선반의 부속품

㉠ 센터 : 센터는 척이나 면판과 함께 가공물을 지지해주는 부속품으로, 회전센터는 주축대에 고정되어 있고, 정지센터는 심압대에 고정되어 있다.

㉡ 척 : 선반의 주축에 설치되고, 가공물을 고정하여 회전시키는 데 사용된다.

㉢ 면판 : 여러 개의 구멍과 홈이 있어 이를 이용하여 형상이 불규칙한 공작물을 지지할 수 있다.

㉣ 맨드릴(심봉) : 공작물을 센터로 지지할 위치에 구멍이 있을 때 구멍에 맨드릴을 끼워 공작물을 지지하여 가공하면 편리하게 작업할 수 있다.

㉤ 방진구 : 지름이 작고 긴 공작물을 가공할 때는 공작물이 휘어지기 때문에 안정된 가공을 할 수 없으므로 방진구를 이용하여 공작물의 굽힘과 이로 인한 진동을 방지해 준다.

12 ④

묻힘 키(sunk key) : 벨트풀리 등의 보스(축에 고정시키기 위해 두껍게 된 부분)와 축에 모두 홈을 파서 때려 박는 키이다. 가장 일반적으로 사용되는 것으로, 상당히 큰 힘을 전달할 수 있다.

※ 키의 종류

㉠ 스플라인 키(spline key) : 축의 둘레에 여러 개의 키 홈을 깎아서 만든 것으로서 큰 동력을 전달할 수 있으며, 주로 자동차 등의 변속기어 축에 사용된다. (스플라인 : 큰 토크를 전달하기 위해 묻힘 키를 여러 개 사용한다고 가정하면 축에 여러 개의 키 홈을 파야 하므로 축의 손상에 따른 강도 저하는 물론 공작 또한 매우 어렵게 된다. 그러므로 강도저하를 방지하면서 큰 토크를 전달하기 위해 축 둘레에 몇 개의 키 형상을 방사상으로 가공하여 키의 기능을 가지도록 하는데 이렇게 가공한 축을 스플라인 축이라고 하고 보스에 가공한 것을 스플라인이라 한다.)

㉡ 안장 키(saddle key) : 축에는 가공하지 않고 축의 모양에 맞추어 키의 아랫면을 깎아서 때려 박는 키이다. 축에 기어 등을 고정시킬 때 사용되며, 큰 힘을 전달하는 곳에는 사용되지 않는다.

㉢ 납작 키(flat key) : 축의 윗면을 편평하게 깎고, 그 면에 때려 박는 키이다. 안장키보다 큰 힘을 전달할 수 있다.

㉣ 묻힘 키(sunk key) : 벨트풀리 등의 보스(축에 고정시키기 위해 두껍게 된 부분)와 축에 모두 홈을 파서 때려 박는 키이다. 가장 일반적으로 사용되는 것으로, 상당히 큰 힘을 전달할 수 있다.

㉤ 접선 키(tangent key) : 기울기가 반대인 키를 2개 조합한 것이다. 큰 힘을 전달할 수 있다.

㉥ 페더 키(feather key) : 벨트풀리 등을 축과 함께 회전시키면서 동시에 축 방향으로도 이동할 수 있도록 한 키이다. 따라서 키에는 기울기를 만들지 않는다.

㉦ 반달 키(woodruff key) : 반달 모양의 키. 축에 테이퍼가 있어도 사용할 수 있으므로 편리하다. 축에 홈을 깊이 파야 하므로 축이 약해지는 결점이 있다. 큰 힘이 걸리지 않는 곳에 사용된다.

ⓞ 미끄럼 키(sliding key) : 테이퍼가 없는 키이다. 보스가 축에 고정되어 있지 않고 축위를 미끄러질 수 있는 구조로 기울기를 내지 않는다.
ⓩ 평 키(flat key) : 축은 자리만 편편하게 다듬고 보스에 홈을 판 키로서 안장 키보다 강하다.
ⓒ 둥근 키(round key) : 단면은 원형이고 테이퍼핀 또는 평행핀을 사용하고 핀키(pin key)라고도 한다. 축이 손상되는 일이 적고 가공이 용이하나 큰 토크의 전달에는 부적합하다.
ⓚ 원뿔 키(cone key) : 마찰력만으로 축과 보스를 고정하며 키를 축의 임의의 위치에 설치가 가능하다.

13 ④

풀림, 뜨임, 담금질은 열처리 공정으로서 재료의 본래의 성질이 변하게 된다. 고주파 경화법은 열원을 고주파 유도전류에 의하여 강부품의 표면층만을 급열한 후 급냉하여 경화시키는 방법으로 재료의 원래 성질을 유지하면서 내마멸성을 강화시킨다.

14 ④

스프링의 길이가 $\dfrac{1}{n}$로 줄어들면 스프링 상수는 n배가 된다.

k' : 합성 스프링 상수

스프링의 직렬연결 시 $\dfrac{1}{k'} = \dfrac{1}{k_1} + \dfrac{1}{k_2} + \cdots$

스프링의 병렬연결 시 $k' = k_1 + k_2 + \cdots$

15 ④

탄소 함유량이 0.77%인 강을 오스테나이트 구역으로 가열한 후 공석변태온도 이하로 냉각시킬 때, 페라이트와 시멘타이트의 조직이 층상으로 나타나는 조직은 펄라이트이다. 펄라이트는 페라이트와 시멘타이트가 상호교대로 겹쳐서 구성된 층상조직으로서 펄라이트는 원래 이 층상조직(조개껍질)에 붙여진 명칭이다.

16 ①

• 압탕 : 주조에서 주입된 쇳물이 주형 속에서 냉각될 때 응고 수축에 따른 부피 감소를 막기 위해 쇳물을 계속 보급하는 기능을 하는 장치
• 탕구계 : 주형에 용탕을 흘러 들어가게 하는 통로의 총칭
• 탕구 : 주입 컵을 통과한 용탕이 수직으로 자유낙하 하여 흐르는 첫 번째 통로
• 탕도 : 탕구로부터 주입구까지 용탕을 보내는 수평통로
• 압탕구 : 응고 중 발생하는 용탕의 수축으로 인해 공극이 발생하게 되는데 이를 보충하기 위한 여분의 용탕 저장소이다.(압탕은 여분의 용탕으로 압력을 가한다는 의미이다.)
• 주형 : 주조에 사용되는 형틀
• 주물 : 주조로 만들어진 제품

17 ⑤

전지 간에 걸쳐 등분포 하중이 작용하는 외팔보에서 가장 큰 모멘트가 작용하는 곳은 고정단부이며 이곳에서 발생하는 모멘트의 크기는 $\dfrac{wl^2}{2}$이 된다.

18 ②

$\dfrac{wl}{2} = \dfrac{10 \times 500}{2} = 2{,}500$이므로 2.5kN이 된다.

19 ③

공구재료를 200℃ 이상의 고온에서 경도가 높은 순으로 나열하면 세라믹공구>초경합금>고속도강>탄소공구강 순이다.

※ 일반적으로 공구강의 경도는 다이아몬드>세라믹공구>초경합금>고속도강>스텔라이트>합금공구강>탄소공구강 순이다.

20 ④

육안으로 7.5mm 이상임을 알 수 있으며 수평선이 가리키는 값이 30이므로 0.30mm를 의미하며, 이 두 값의 합인 7.80mm가 측정값이 된다.

21 ②

피치원 지름 D, 기어잇수 Z, 공구압력각 α인 평기어의 기초원 피치를 나타내는 식은 $\dfrac{\pi D}{Z}\cos\alpha$

평기어에서 기초원지름은 $D_g = D\cos\alpha$이므로 기초원의 피치는

$$p = \frac{\pi D_g}{z} = \frac{\pi D\cos\alpha}{Z}$$

22 ③

스프링의 최대 전단응력식

$$T = \frac{16PRK}{\pi d^3} \propto \frac{1}{d^3} = \frac{1}{\left(\frac{1}{2}\right)^3} = 8\text{배}\ (P\text{는 축방향하중, } R\text{은 코일}$$

의 평균반경, K는 응력 수정계수)

23 ①

카르노 열기관의 효율 : $n = \dfrac{W}{Q} = 1 - \dfrac{300}{800} = 0.625$

$100MW = 0.625 \times 20 \times x$이므로 $x = 8$이 된다.

※ 카르노 효율 … 화력 발전에서, 두 개의 등온 변화와 두 개의 단열 변화로 기체를 변화시킨 후, 최초의 상태로 복귀시키는 카르노 순환의 열효율. 이 열효율은 기체의 종류에 관계없이 온도에 따라 일정하다.

24 ①

모듈 m은 피치원의 지름 D를 잇수 Z로 나눈 값이다. 중심거리는 다음의 식에 따라 150mm가 산출된다.

$$C = \frac{D_A + D_B}{2} = \frac{m(Z_A + Z_B)}{2} = \frac{4(25+50)}{2} = 150[mm]$$

25 ②

테르밋용접은 다른 용접법에 비해 용접의 접합강도가 낮은 편이다.

※ 테르밋용접 … 알루미늄과 산화철의 분말을 혼합한 것을 테르밋이라 한다. 테르밋을 점화시키면 알루미나가 생성이 되면서 고열이 발생하게 되는데 이 열을 이용한 용접이다.

ⓐ 작업이 용이하며 용접작업시간이 짧게 소요된다.

ⓑ 용접용 기구가 간단하고 설비비가 싸고 전력을 필요로 하지 않는다.

ⓒ 용접변형이 적으며 작업장소의 이동이 쉽다.

ⓓ 주조용접과 가압용접으로 구분된다.

ⓔ 접합강도가 다른 용접법에 비해 상대적으로 낮다는 단점이 있다.

26 ①

가스 용접의 장 · 단점

㉠ 장점

- 전기가 필요 없다.
- 용접기의 운반이 비교적 자유롭다.
- 용접장치의 설비비가 전기 용접에 비하여 싸다.
- 불꽃을 조절하여 용접부의 가열 범위를 조정하기 쉽다.
- 박판 용접에 적당하다.
- 용접되는 금속의 응용 범위가 넓다.
- 유해 광선의 발생이 적다.
- 용접 기술이 쉬운 편이다.

㉡ 단점

- 고압가스를 사용하기 때문에 폭발, 화재의 위험이 크다.
- 열효율이 낮아서 용접 속도가 느리다.
- 금속이 탄화 및 산화될 우려가 많다.
- 열의 집중성이 나빠 효율적인 용접이 어렵다.
- 일반적으로 신뢰성이 적다.
- 용접부의 기계적 강도가 떨어진다.
- 가열 범위가 커서 용접 능력이 크고 가열 시간이 오래 걸린다.

27 ①

볼트의 종류

㉠ 스터드 볼트 : 관통하는 구멍을 뚫을 수 없는 경우에 사용하는 것으로 볼트의 양쪽 모두 수나사로 가공되어 있는 머리 없는 볼트

㉡ 관통볼트 : 체결하고자 하는 두 재료에 구멍을 뚫고 볼트를 관통시킨 후 너트로 죄는 것

㉢ 탭볼트 : 볼트의 모양은 관통볼트와 같으나 체결하려는 한쪽이 두꺼워 관통하여 체결할 수 없을 경우 두꺼운 한쪽에 탭으로 암나사를 만들어 사용하지 않고 직접 체결하는 것

㉣ T볼트 : 머리가 T자형으로 된 볼트를 말하며, 공작 기계에 일감이나 바이스 등을 고정시킬 때에 사용된다.

㉤ 아이볼트 : 물체를 끌어올리는데 사용되는 것으로 머리 부분이 도너츠 모양으로 그 부분에 체인이나 훅을 걸 수 있도록 만들어져 있다.

㉥ 기초볼트 : 기계나 구조물의 기초 위에 고정시킬 때 사용된다.

28 ③

테르밋용접은 특수 용접법에 속한다. 프로젝션용접, 심 용접, 점용접은 전기저항용접 중 겹치기식 용접에 속한다.

※ 전기저항용접의 종류

    ㉠ 맞대기 저항용접 : 플래시용접, 충격용접, 업셋 용접

    ㉡ 겹치기 저항용접 : 점 용접, 심 용접, 프로젝션 용접

    ㉢ 점 용접(spot welding) : 환봉모양의 구리합금 전극 사이에 모재를 겹쳐 놓고 전극으로 가압하면서 전류를 통할 때 발생하는 저항열로 접촉부위를 국부적으로 가압하여 접합하는 방법으로 자동차, 가전제품 등 얇은 판의 접합에 사용되는 용접법

    ㉣ 심 용접(seam welding) : 전극 롤러 사이에 모재를 넣고 전류를 통하게 하여 연속적으로 가열, 가압하여 접합하는 방법이다.

    ㉤ 프로젝션 용접(projection welding) : 모재의 한 쪽에 돌기를 만들고, 여기에 평평한 모재를 겹쳐 놓은 후 전류를 통하게 하여 용융상태에 이르면 압력을 가해 접합하는 방법

29 ②

형단조 … 스탬핑이라고도 하며, 요철이 있는 위·아래의 형 사이에 소재를 끼우고, 충격으로 압력을 가해 소재의 평면에 요철을 만드는 가공방법이다. 단조형 속에 소재를 넣고 가압하여 복잡한 모양의 제품을 성형한다. 경화나 메달의 가공, 소형기계·전기부품, 특수강으로 만들어지는 기관용 크랭크축의 제작 등에 사용한다.

※ 형단조의 특징

    ㉠ 강도 및 내열성, 내마모성이 크다.

    ㉡ 가공비용이 저렴하다.

    ㉢ 제품의 수명이 길다.

    ㉣ 금형제작비용이 고가이다.

    ㉤ 공정 후 폐기물이 발생한다.

    ㉥ 대량생산이 가능하다.

    ㉦ 정밀한 제품의 생산이 가능하다.

30 ④

리벳접합의 기본용어

㉠ 게이지라인 : 리벳의 중심선을 연결하는 선이다.

㉡ 게이지 : 게이지라인과 게이지라인 사이의 거리이다.

㉢ 피치 : 볼트 중심 간의 거리이다.

㉣ 그립 : 리벳으로 접합하는 판의 총두께이다.

㉤ 클리어런스 : 작업공간 확보를 위해서 리벳의 중심부터 리베팅하는데 장애가 되는 부분까지의 거리를 말한다.

㉥ 연단거리 : 최외단에 설치한 리벳중심에서 부재 끝까지의 거리를 말한다.

31 ④

안장 키(saddle key)에 관한 설명이다.

• 안장 키(saddle key) : 축에는 가공하지 않고 축의 모양에 맞추어 키의 아랫면을 깎아서 때려 박는 키이다. 축에 기어 등을 고정시킬 때 사용되며, 큰 힘을 전달하는 곳에는 사용되지 않는다.

• 스플라인 키(spline key) : 축의 둘레에 여러 개의 키 홈을 깎아서 만든 것으로서 큰 동력을 전달할 수 있으며, 주로 자동차 등의 변속기어 축에 사용된다.
(스플라인 : 큰 토크를 전달하기 위해 묻힘 키를 여러 개 사용한다고 가정하면 축에 여러 개의 키 홈을 파야 하므로 축의 손상에 따른 강도 저하는 물론 공작 또한 매우 어렵게 된다. 그러므로 강도 저하를 방지하면서 큰 토크를 전달하기 위해 축 둘레에 몇 개의 키 형상을 방사상으로 가공하여 키의 기능을 가지도록 하는데 이렇게 가공한 축을 스플라인 축이라고 하고 보스에 가공한 것을 스플라인이라 한다.)

• 납작 키(flat key) : 축의 윗면을 편평하게 깎고, 그 면에 때려 박는 키이다. 안장키보다 큰 힘을 전달할 수 있다.

• 묻힘 키(sunk key) : 벨트풀리 등의 보스(축에 고정시키기 위해 두껍게 된 부분)와 축에 모두 홈을 파서 때려 박는 키이다. 가장 일반적으로 사용되는 것으로, 상당히 큰 힘을 전달할 수 있다.

• 접선 키(tangent key) : 기울기가 반대인 키를 2개 조합한 것이다. 큰 힘을 전달할 수 있다.

• 페더 키(feather key) : 벨트풀리 등을 축과 함께 회전시키면서 동시에 축 방향으로도 이동할 수 있도록 한 키이다. 따라서 키에는 기울기를 만들지 않는다.

• 반달 키(woodruff key) : 반달 모양의 키. 축에 테이퍼가 있어도 사용할 수 있으므로 편리하다. 축에 홈을 깊이 파야 하므로 축이 약해지는 결점이 있다. 큰 힘이 걸리지 않는 곳에 사용된다.

• 미끄럼 키(sliding key) : 테이퍼가 없는 키이다. 보스가 축에 고정되어 있지 않고 축 위를 미끄러질 수 있는 구조로 기울기를 내지 않는다.

• 평 키(flat key) : 축은 자리만 편편하게 다듬고 보스에 홈을 판 키로서 안장 키보다 강하다.

• 둥근 키(round key) : 단면은 원형이고 테이퍼핀 또는 평행핀을 사용하고 핀 키(pin key)라고도 한다. 축이 손상되는 일이 적고 가공이 용이하나 큰 토크의 전달에는 부적합하다.

• 원뿔 키(cone key) : 마찰력만으로 축과 보스를 고정하며 키를 축의 임의의 위치에 설치가 가능하다.

32 ④

양정곡선은 상승하게 되나 효율곡선은 저하된다.

33 ③

구성인선 방지대책

㉠ 절삭 깊이를 작게 해야 한다.

㉡ 바이트의 윗면경사각을 크게 해야 한다.

㉢ 절삭속도를 되도록 빠르게 하는 것이 좋다.

㉣ 윤활성이 높은 절삭유를 사용해야 한다.

㉤ 공구반경을 되도록 작게 해야 한다.

㉥ 마찰계수가 작은 절삭공구를 사용해야 한다.

㉦ 이송을 되도록 적게 하는 것이 좋다.

㉧ 공구면의 마찰계수를 줄여 칩의 흐름이 원활하도록 해야 한다.

㉨ 피가공물과 친화력이 작은 공구 재료를 사용해야 한다.

34 ④

사이클로이드 치형은 한 원의 안쪽 또는 바깥쪽을 다른 원이 미끄러지지 않고 굴러갈 때 구르는 원 위의 한 점이 그리는 곡선을 치형 곡선으로 제작한 기어이다. 빈 공간이라도 치수가 극히 정확해야 하고 전위절삭이 불가능하다.

35 ⑤

미끄럼베어링(슬라이딩 베어링)의 요구조건

• 축의 재료보다 연하면서 마모에 견딜 것

• 유막의 흡착력이 낮을 것

• 축과의 마찰계수가 작을 것

• 내식성이 클 것

• 마찰열의 발산이 잘 되도록 열전도가 좋을 것

• 가공성이 좋으며 유지 및 수리가 쉬울 것

36 ①

표면 경화법의 종류

㉠ 침탄방법 : 저탄소강의 표면에 탄소를 침투시켜 고탄소강으로 만든 후 담금질

㉡ 질화방법 : 암모니아 가스 속에 강을 넣고 장시간 가열하여 철과 질소가 작용하여 질화 철이되도록 하는 것

㉢ 청화방법 : NaCN, KCN 등의 청화물질이 철과 작용하여 금속표면에 질소와 탄소가 동시에 침투되도록 하는 것

㉣ 화염 경화 방법 : 산소−아세틸렌 불꽃으로 강의 표면만 가열하여 열이 중심 부분에 전달되기 전에 급랭하는 것

㉤ 고주파 경화 방법 : 금속 표면에 코일을 감고 고주파 전류로 표면만 고온으로 가열 후 급랭하는 것

37 ②

인장강도는 최대 공칭인장응력을 의미한다.

38 ③

백래시(backlash)가 적어 정밀 이송장치에 많이 쓰이는 운동용 나사는 볼나사이다.

※ 백래시(backlash) … 한 쌍의 기어를 맞물렸을 때 치면 사이에 생기는 틈새이다.

39 ④

원판 브레이크는 축과 일체로 회전하는 원판의 한면 또는 양면을 유압 피스톤 등에 의해 작동되는 마찰패드로 눌러서 제동시키는 브레이크로 방열성, 제동력이 좋고, 성능도 안정적이기 때문에 항공기, 고속열차 등 고속차량에 사용되고, 일반 승용차나 오토바이 등에도 널리 사용된다. 축압 브레이크의 일종으로, 회전축 방향에 힘을 가하여 회전을 제동하는 제동 장치이다.

40 ⑤

재료의 성질

ㄱ 탄성 : 외력에 의해 변형된 물체가 외력을 제거하면 다시 원래의 상태로 되돌아가려는 성질을 말한다.

ㄴ 소성 : 물체에 변형을 준 뒤 외력을 제거해도 원래의 상태로 되돌아오지 않고 영구적으로 변형되는 성질이다.

ㄷ 전성 : 넓게 펴지는 성질로 가단성으로도 불린다.

ㄹ 연성 : 탄성한도 이상의 외력이 가해졌을 때 파괴되지 않고 잘 늘어나는 성질을 말한다.

ㅁ 취성 : 물체가 외력에 의해 늘어나지 못하고 파괴되어지는 성질로서 연성에 대비되는 개념이다.

ㅂ 인성 : 재료가 파괴되기(파괴강도) 전까지 에너지를 흡수할 수 있는 능력이다.

ㅅ 강도 : 외력에 대한 재료 단면의 저항력을 나타낸다.

ㅇ 경도 : 재료 표면의 단단한 정도를 나타낸다.

✍ 직업기초능력평가

1 ①

① 심포지움 → 심포지엄

2 ②

주어진 글의 첫 문단에서 화자는 일반적으로 원칙을 바꾸는 일을 나쁘다고 할 수는 없지만, 변절자를 합리화하는 데에 동의하지 않는다고 말한다. 두 번째 문단에서 '자기의 신념에 어긋날 때면 목숨을 걸어 항거하여 타협하지 않고 부정과 불의한 권력 앞에는 최저의 생활, 최악의 곤욕을 무릅쓸 각오'로 해야 하는 것이라고 했으므로 빈칸에는 '원칙과 신념을 굽히지 아니하고 끝까지 지켜 나가는 꿋꿋한 의지. 또는 그런 기개'를 뜻하는 지조가 적절하다.

3 ④

한국의 관광 관련 고용자 수는 50만 명으로 전체 2% 수준이다. 이를 세계 평균 수준인 8% 이상으로 끌어 올리려면 150만 여명 이상을 추가로 고용해야 한다. 백만 달러당 50명의 일자리가 추가로 창출되므로 150만 명 이상을 추가로 고용하려면 대략 300억 달러 이상이 필요하다.

① 약 1조 8,830억 달러 정도이다.
② 2017년 기준으로 지난해인 2016년도의 내용이므로 2015년의 종사자 규모는 알 수 없다. 2016년 기준으로는 전 세계 통신 산업의 종사자는 자동차 산업의 종사자의 약 3배 정도이다.
③ 간접 고용까지 따지면 2억 5,500만 명이 관광과 관련된 일을 하고 있어, 전 세계적으로 근로자 12명 가운데 1명이 관광과 연계된 직업을 갖고 있는 셈이다. 추측해보면 2017년 전 세계 근로자 수는 20억 명을 넘는다.
⑤ 2010년부터 2030년 사이 이 지역으로 여행하는 관광객이 연평균 9.7% 성장하여 2030년 5억 6,500명이 동북아시아를 찾을 것으로 전망했으므로 2020년에 동북아시아를 찾는 관광객의 수는 연간 약 2억 8,000명을 넘을 수 없다.

4 ②

① 어떤 일을 하는 사람
② 힘이나 세력이 약한 사람
③ 많은 수의 사람
④ 자기 외의 사람
⑤ 이야기를 하는 사람

5 ⑤

⑤ 국내 통화량이 증가하여 유지될 경우 장기에는 자국의 물가도 높아져 장기의 환율은 상승한다.

6 ③

① 현재 신분당선이나 우이신설선, 인천지하철 2호선 등 무인운전 차량들도 KRTCS-1을 탑재하고 있다.
② KRTCS-1과 KRTCS-2는 모두 SIL Level 4 인증을 취득했다.
④ KRTCS-1이 지상 센서만으로 차량의 이동을 감지하고 컨트롤했다면, KRTCS-2는 LTE-R 무선통신을 도입해 열차가 어느 구간(폐색)에 위치하는지를 실시간으로 감지하고 좀 더 효율적으로 스케줄링할 수 있다는 장점이 있다.
⑤ 한국의 고속철도에 KRTCS-2 시스템이 적용되어 도시철도뿐만 아니라 일반/고속철도에서도 무인운전이 현실화될 것으로 기대된다.

7 ①

타고난 재능은 인정하지 않고 재능을 발휘한 노동의 부분에 대해서만 그 소득을 인정하게 된다면 특별나게 열심히 재능을 발휘할 유인을 찾기 어려워 결국 그 재능은 상당 부분 사장되고 말 것이다. 따라서 이러한 사회에서 ㉠과 같이 선천적 재능 경쟁이 치열해진다고 보는 의견은 글의 내용에 따른 논리적인 의견 제기로 볼 수 없다.

8 ②

필자가 언급하는 '능력'은 선천적인 것과 후천적인 것이 있다고 말하고 있으며, 후천적인 능력에 따른 결과에는 승복해야 하지만 선천적인 능력에 따른 결과에 대해서는 일정 부분 사회에 환원하는 것이 마땅하다는 것이 필자의 주장이다.
② 능력에 의한 경쟁 결과가 반드시 불평의 여지가 없이 공정하다고만은 볼 수 없다는 것이 필자의 견해라고 할 수 있다.

9 ④

평균 $= \dfrac{\text{자료 값의 합}}{\text{자료의 수}}$ 이므로

$A = \dfrac{x}{20} = 70 \;\rightarrow\; x = 1,400$

$B = \dfrac{y}{30} = 80 \;\rightarrow\; y = 2,400$

$C = \dfrac{z}{50} = 60 \;\rightarrow\; z = 3,000$

세 반의 평균은 $\dfrac{1,400 + 2,400 + 3,000}{20 + 30 + 50} = 68$점

10 ①

S→1→F 경로로 갈 경우에는 7명, S→3→2→F 경로로 갈 경우에는 11명이며, S→3→2→4→F 경로로 갈 경우에는 6명이므로, 최대 승객 수는 모두 더한 값인 24명이 된다.

11 ⑤

2025년 7월 甲의 월급은 기본급 300만 원에 다음의 수당을 합한 급액이 된다.
- 정근수당 : 10년 이상 근무한 직원의 정근수당은 기본급의 50%이므로 3,000,000 × 50% = 1,500,000원이다.
- 명절휴가비 : 해당 없다.
- 가계지원비 : 3,000,000 × 40% = 1,200,000원
- 정액급식비 : 130,000원
- 교통보조비 : 200,000원

따라서 3,000,000 + 1,500,000 + 1,200,000 + 130,000 + 200,000 = 6,030,000원이다.

12 ③

태양광, 바이오, 풍력, 석탄의 경우는 '늘려야 한다.'와 '줄여야 한다.'는 의견이 각각 절반 이상의 비중을 차지하는 에너지원이다.
① 줄여야 한다는 의견이 압도적으로 많은 것은 석탄의 경우뿐이다.
② 석탄의 경우는 제외된다.
④ 바이오는 풍력보다 늘려야 한다는 의견이 더 많지만 줄여야 한다는 의견은 더 적다.
⑤ LNG는 유지 > 늘림 > 줄임 > 모름 순서인 것에 비해 원자력은 유지 > 줄임 > 늘림 > 모름 순서로 나타났다.

13 ②

㉠ 습도가 70%일 때 연간소비전력량은 790으로 A가 가장 적다.
㉡ 60%와 70%를 많은 순서대로 나열하면 60%일 때 D-E-B-C-A, 70%일 때 E-D-B-C-A이다.
㉢ 40%일 때 E=660, 50%일 때 B=640이다.
㉣ 40%일 때의 값에 1.5배를 구하여 80%와 비교해 보면 E는 1.5배 이하가 된다.

$A = 550 \times 1.5 = 825$	840
$B = 560 \times 1.5 = 840$	890
$C = 580 \times 1.5 = 870$	880
$D = 600 \times 1.5 = 900$	950
$E = 660 \times 1.5 = 990$	970

14 ③

2호선 유아수유실은 11개이고, 전체 유아수유실은 88개이다.
따라서 2호선의 유아수유실이 차지하는 비율은

$$\dfrac{11}{88} \times 100 = 12.5\%$$

15 ①

① 7호선의 유아수유실은 23개로 가장 많고, 1호선의 유아수유실은 2개로 가장 적다.

16 ①

ⓛ (㉮)의 경우 매년 물가가 5% 상승하면 두 번째 해부터 구매
력은 점차 감소한다.

ⓔ 금융 기관에서는 단리 뿐 아니라 복리 이자율이 적용되는
상품 또한 판매하고 있다.

17 ⑤

사원과 근무부서를 표로 나타내면

배정부서	기획팀	영업팀	총무팀	홍보팀
처음 배정 부서	갑	을	병	정
2번째 배정 부서				
3번째 배정 부서				병

㉠ 규칙 1을 2번째 배정에 적용하고 규칙 2를 3번째 배정에
적용하면

기획팀↔총무팀 / 영업팀↔홍보팀이므로

갑↔병 / 을↔정

규칙 2까지 적용하면 다음과 같다.

배정부서	기획팀	영업팀	총무팀	홍보팀
처음 배정 부서	갑	을	병	정
2번째 배정 부서	병	정	갑	을
3번째 배정 부서			을	갑

ⓛ 규칙 3을 먼저 적용하고 규칙 2를 적용하면

배정부서	기획팀	영업팀	총무팀	홍보팀
처음 배정 부서	갑	을	병	정
2번째 배정 부서	을	갑	병	정
3번째 배정 부서	을	갑	정	병

18 ①

㉠과 ㉢에 의해 A − D − C 순서이다.

㉺에 의해 나머지는 모두 C 뒤에 들어왔다는 것을 알 수 있다.

ⓛ과 ㉰에 의해 B − E − F 순서이다.

따라서 A − D − C − B − E − F 순서가 된다.

19 ③

• A가 선정되면 B도 선정된다. → A→B ·············· ⓐ
• B와 C가 모두 선정되는 것은 아니다.
　→ ~(B∧C) = ~B∨~C ·············· ⓑ
• B와 D 중 적어도 한 도시는 선정된다.
　→ B∨D ·············· ⓒ
• C가 선정되지 않으면 B도 선정되지 않는다.
　→ ~C→~B ·············· ⓓ

ⓑ와 ⓓ를 통해 ~B는 확정

ⓐ와 ~B를 통해 ~A도 확정

ⓒ와 ~B를 통해 D도 확정

㉠ A와 B 가운데 적어도 한 도시는 선정되지 않는다. → 참

ⓛ B도 선정되지 않고, C도 선정되지 않는다.
　→B는 선정되지 않지만 C는 알 수 없음

ⓒ D는 선정된다. → 참

20 ②

제11조 제2항에 따르면 사용자가 제1항 단서의 사유가 없거나
소멸되었음에도 불구하고 2년을 초과하여 기간제 근로자로 사
용하는 경우에는 그 기간제 근로자는 기간의 정함이 없는 근
로계약을 체결한 근로자로 본다. 따라서 ②의 경우 기간제 근
로자로 볼 수 없다.

① 2년을 초과하지 않는 범위이므로 기간제 근로자로 볼 수
　있다.

③ 제11조 제1항 제3호에 따른 기간제 근로자로 볼 수 있다.

④ 제11조 제1항 제1호에 따른 기간제 근로자로 볼 수 있다.

⑤ 제11조 제1항 제2호에 따른 기간제 근로자로 볼 수 있다.

21 ④

④ 수소를 제조하는 시술에는 화석연료를 열분해·가스화 하
는 방법과 원자력에너지를 이용하여 물을 열화학분해하는 방
법, 재생에너지를 이용하여 물을 전기분해하는 방법, 그리고
유기성 폐기물에서 얻는 방법 등 네 가지 방법이 있다.

22 ①

각각의 수단들에 대한 보완적 평가방식을 적용했을 시의 평가
점수는 아래와 같다.

비행기 : $(40 \times 9) + (30 \times 2) + (20 \times 4) = 500$

고속철도 : $(40 \times 8) + (30 \times 5) + (20 \times 5) = 570$

고속버스 : $(40 \times 2) + (30 \times 8) + (20 \times 6) = 440$

오토바이 : $(40 \times 1) + (30 \times 9) + (20 \times 2) = 350$

도보 : $(40 \times 1) + (30 \times 1) + (20 \times 1) = 90$

평가 기준	중요도	이동수단들의 가치 값				
		비행기	고속 철도	고속 버스	오토 바이	도보
속도감	40	9	8	2	1	1
경제성	30	2	5	8	9	1
승차감	20	4	5	6	2	1
평가점수		500	570	440	350	90

∴ 각 수단들 중 가장 높은 값인 고속철도가 5명의 목적지까지
의 이동수단이 된다.

23 ⑤

위반행위가 둘 이상인 경우로서 그에 해당하는 각각의 처분기
준이 다른 경우에는 그중 무거운 처분기준에 따르므로 부상자
가 발생한 경우(효력 정지 6개월)가 1천만 원 이상 물적 피해
가 발생한 경우(효력 정지 3개월)보다 무거운 처분이므로 효력
정지 6개월의 처분을 받게 된다.

24 ②

㉠ 甲이 총 3번의 대결을 하면서 각 대결에서 승리할 확률이
　가장 높은 전략부터 순서대로 선택한다면, C전략 → B전략
　→ A전략으로 각각 1회씩 사용해야 한다. → 옳음

㉡ 甲이 총 5번의 대결을 하면서 각 대결에서 승리할 확률이
　가장 높은 전략부터 순서대로 선택한다면, C전략 → B전략
　→ A전략 → A전략 → C전략으로 5번째 대결에서는 C전략
　을 사용해야 한다. → 틀림

㉢ 甲이 1개의 전략만을 사용하여 총 3번의 대결을 하면서 3
　번 모두 승리할 확률을 가장 높이려면, 3번의 승률을 모두
　곱했을 때 가장 높은 A전략을 선택해야 한다. → 옳음

㉣ 甲이 1개의 전략만을 사용하여 총 2번의 대결을 하면서 2
　번 모두 패배할 확률을 가장 낮추려면, 2번 모두 패할 확
　률을 곱했을 때 가장 낮은 C전략을 선택해야 한다. → 틀림

25 ②

하급자를 상급자에게 먼저 소개해 주는 것이 일반적이며, 비임
원을 임원에게 먼저 소개하여야 한다. 또한 정부 고관의 직급
명은 퇴직한 경우라고 사용하는 것이 관례이다.

26 ③

조직도를 보면 6실 44처로 구성되어 있다.

27 ②

'결재권자는 업무의 내용에 따라 이를 위임하여 전결하게 할
수 있다'고 규정되어 있으나, 동시에 '이에 대한 세부사항은 따
로 규정으로 정한다.'고 명시되어 있다. 따라서 여건에 따라
상황에 맞는 전결권자를 지정한다는 것은 규정에 부합하는 행
위로 볼 수 없다.

③ 전결과 대결은 모두 실제 최종 결재를 하는 자의 원 결재
　란에 전결 또는 대결 표시를 하고 맨 오른쪽 결재란에 서
　명을 한다는 점에서 문서 양식상의 결재방식이 동일하다.

28 ③

결재 문서가 아니라도 처리과의 장이 중요하다고 인정하는 문
서는 문서등록대장에 등록되어야 한다고 규정하고 있으므로 신
과장의 지침은 적절하다고 할 수 있다.

① 같은 날짜에 결재된 문서인 경우 조직 내부 원칙에 의해
　문서별 우선순위 번호를 부여해야 한다.

② 중요성 여부와 관계없이 내부 결재 문서에는 모두 '내부결
　재' 표시를 하도록 규정하고 있다.

④ 보고서에는 별도의 보존기간 기재란이 없으므로 문서의 표
　지 왼쪽 위의 여백에 기재란을 마련하라고 규정되어 있으
　나, 기안 문서에는 문서 양식 자체에 보존기간을 기재하는
　것이 일반적이므로 조 사원의 판단은 옳지 않다.

⑤ 최종 결재권을 위임받은 자가 본부장이므로 본부장이 결재
　를 한 것이 '전결'이 되며, 본부장 부재 시에 팀장이 대신
　결재를 한 것은 '대결'이 된다.

29 ②

DCOUNT는 조건을 만족하는 개수를 구하는 함수로, [A2:F7]
영역에서 '2021'(2021년도 종사자 수)가 25보다 작고 '2025'
(2025년도 종사자 수)가 19보다 큰 레코드의 수는 1이 된다.
조건 영역은 [A9:B10]이 되며, 조건이 같은 행에 입력되어 있
으므로 AND 조건이 된다.

30 ④

시간대별 날씨에서 현재시간 15시에 31도를 나타내고 있다. 하지만, 자정이 되는 12시에는 26도로써 온도가 5도 정도 낮아져서 현재보다는 선선한 날씨가 된다는 것을 알 수 있다.

31 ③

$A = 1,\ S = 1$
$A = 2,\ S = 1 + 2$
$A = 3,\ S = 1 + 2 + 3$
$\cdots$
$A = 10,\ S = 1 + 2 + 3 + \cdots + 10$
∴ 출력되는 S의 값은 55이다.

32 ④

긴급한 일과 중요한 일이 상충될 경우, 팀장의 지시에 의해 중요한 일을 먼저 처리해야 한다. 따라서 시간관리 매트릭스 상의 Ⅰ → Ⅱ → Ⅲ → Ⅳ의 순으로 업무를 처리하여야 한다.
따라서 ④의 (B) – (F) – (G) – (L)이 가장 합리적인 시간 계획이라고 할 수 있다.

33 ④

길동이는 적어도 새로운 T 퓨전 음식점을 개업할 때 얻게 되는 이윤만큼 연봉을 받아야만 '맛나 음식점'에서 계속 일할 것이다. 새로운 음식점을 개업할 때 기대되는 이윤은 기대 매출액(3.5억 원) – 연간영업비용(8,000만 원 + 7,000만 원 + 6,000만 원) – 임대료(3,000만 원) – 보증금의 이자부담액(3억 원의 7.5%) = 8,750만 원이 된다. 따라서 최소한 8,750만 원의 연봉을 받아야 할 것으로 판단하는 것이 합리적이다.

34 ④

한 달 평균 이동전화 사용 시간을 x라 하면 다음과 같은 공식이 성립한다.
$15{,}000 + 180x > 18{,}000 + 120x$
$60x > 3{,}000$
$x > 50$
따라서 x는 50분 초과일 때부터 B요금제가 유리하다고 할 수 있다.

35 ③

ⓒ 최초 제품 생산 후 4분이 경과하면 두 번째 제품이 생산된다. A 공정에서 E 공정까지 첫 번째 완제품을 생산하는 데 소요되는 시간은 12분이다. C 공정의 소요 시간이 2분 지연되어도 동시에 진행되는 B 공정과 D 공정의 시간이 7분이므로, 총소요시간에는 변화가 없다.

36 ⑤

화재 주의사항에서 보면 "배터리가 새거나 냄새가 날 때는 즉시 사용을 중지하고 화기에서 멀리 두세요."라고 되어 있다. 냄새가 난다고 해서 핸드폰의 전원을 끄는 것이 아닌 사용의 중지를 권고하고 있으므로 ⑤번이 잘못 설명되었음을 알 수 있다.

37 ①

① 자기 계발 능력
② 조직 이해 능력
③ 대인 관계 능력
④ 정보 능력
⑤ 자원 관리 능력

38 ②

팀워크의 개념 설명을 근거로 좋은 팀워크에 해당하는 사례를 찾는 문제로 좋은 팀워크를 판단하려면 개념과 응집력의 차이를 정확히 숙지하여야 한다.
㉠ 협동 또는 교류보다는 경쟁을 모토로 삼는다는 것은 팀보다는 개인을 우선하는 것이므로 팀워크를 저해하는 측면이 있다.
ⓒ 좋은 팀워크를 가진 팀이라도 의견충돌이나 갈등은 존재할 수 있지만 이런 상황이 지속되지 않고 해결된다. B팀의 경우 출시일자를 놓고 의견충돌이 있었지만 다음 회의 때 해결되는 모습을 보여주므로 좋은 팀워크 사례로 볼 수 있다.
ⓒ C팀은 팀원 간에 친밀도는 높지만 업무처리가 비효율적이라 팀워크를 저해하는 요소를 지니고 있다.

39 ①

    ㉠ 전문가의식 : 자신의 일이 누구나 할 수 있는 것이 아니라 해당 분야의 지식과 교육을 밑바탕으로 성실히 수행해야만 가능한 것이라 믿고 수행하는 태도

    ㉡ 천직의식 : 자신의 일이 자신의 능력과 적성에 꼭 맞는다 여기고 그 일에 열성을 가지고 성실히 임하는 태도

    ㉢ 소명의식 : 자신이 맡은 일은 하늘에 의해 맡겨진 일이라고 생각하는 태도

    ㉣ 직분의식 : 자신이 하고 있는 일이 사회나 기업을 위해 중요한 역할을 하고 있다고 믿고 자신의 활동을 수행하는 태도

40 ⑤

    ① 근면에 대한 내용이다.

    ② 책임감에 대한 내용이다.

    ③ 경청에 대한 내용이다.

    ④ 솔선수범에 대한 내용이다.

✎ 직무수행능력평가(기계일반)

1 ⑤

페더 키(feather key)는 벨트풀리 등을 축과 함께 회전시키면서 동시에 축 방향으로도 이동할 수 있도록 한 키이다. 따라서 키에는 기울기를 만들지 않는다.

2 ④

주물사의 조건

    ㉠ 성형성 : 주물의 모양을 정확하게 만들 수 있는 성형성이 좋아야 한다.

    ㉡ 내화성 : 내화성이 크고 화학적 변화가 없어야 한다.

    ㉢ 통기성 : 주형물 안의 가스배출이 용이하도록 통기성이 좋아야 한다.

    ㉣ 붕괴성 : 주물표면에서 잘 털어져야 한다.

    ㉤ 보온성 : 열전도성이 낮아 보온성이 있어야 한다.

    ㉥ 복용성 : 쉽게 노화하지 않아 반복사용이 가능해야 한다.

    ㉦ 경제성 : 염가이어야 한다.

3 ①

열간 가공의 특징

- 동력이 적게 들어 경제적이다.
- 대량생산이 가능하다.
- 대형제품의 생산에 유리하다.
- 적은 동력으로 큰 변형을 줄 수 있다.
- 재료의 균일화가 이루어진다.

4 ⑤

오스테나이트는 전기저항은 크나 경도가 작고, 강도에 비해 연신율이 크다. 최대 2%까지 탄소를 함유하고 있으며 γ철에 시멘타이트가 고용되어 있어 γ고용체라고도 한다. (고용체 : 2종 이상의 물질이 고체 상태로 완전히 융합된 것)

5 ②

밀링머신의 테이블의 분당이송속도는 커터의 날당 이송량, 커터의 날 수, 커터의 분당회전수를 모두 곱한 값이므로 400이 된다. [다음의 식을 참조할 것]

$f = f_z \cdot z \cdot n = 0.2 \times 2 \times 500 = 200$ (f는 분당이송속도, f_z는 날당이송, z는 커터의 날 수, n은 커터의 회전속도)

6 ⑤

'M18×2' 미터 가는 나사 → 수나사 바깥지름 18mm, 피치 2mm
를 의미한다.

7 ②

① 탭볼트 : 볼트의 모양은 관통볼트와 같으나 체결하려는 한쪽
　이 두꺼워 관통하여 체결할 수 없을 경우 두꺼운 한쪽에
　탭으로 암나사를 만들어 사용하지 않고 직접 체결하는 것
③ 관통볼트 : 체결하고자 하는 두 재료에 구멍을 뚫고 볼트를
　관통시킨 후 너트로 죄는 것
④ 기초볼트 : 기계나 구조물의 기초 위에 고정시킬 때 사용된다.
⑤ 스터드 볼트 : 관통하는 구멍을 뚫을 수 없는 경우에 사용하는 것으
　로 볼트의 양쪽 모두 수나사로 가공되어 있는 머리 없는 볼트

8 ③

점 용접(spot welding)은 환봉모양의 구리합금 전극 사이에
모재를 겹쳐 놓고 전극으로 가압하면서 전류를 통할 때 발생
하는 저항열로 접촉부위를 국부적으로 가압하여 접합하는 방법
으로 자동차, 가전제품 등 얇은 판의 접합에 사용되는 용접법
이다.

9 ②

스플라인 키(spline key)는 축의 둘레에 여러 개의 키 홈을
깎아서 만든 것으로서 큰 동력을 전달할 수 있으며, 주로 자동
차 등의 변속기어 축에 사용된다.
(스플라인 : 큰 토크를 전달하기 위해 묻힘 키를 여러 개 사용
한다고 가정하면 축에 여러 개의 키 홈을 파야 하므로 축의
손상에 따른 강도 저하는 물론 공작 또한 매우 어렵게 된다.
그러므로 강도저하를 방지하면서 큰 토크를 전달하기 위해 축
둘레에 몇 개의 키 형상을 방사상으로 가공하여 키의 기능을
가지도록 하는데 이렇게 가공한 축을 스플라인 축이라고 하고
보스에 가공한 것을 스플라인이라 한다.)

10 ②

인벌류트 치형은 원에 감은 실을 팽팽한 상태를 유지하면서
풀 때 실 끝이 그리는 궤적곡선(인벌류트 곡선)을 이용하여 치
형을 설계한 기어이다. 중심거리는 약간의 오차가 있어도 무방
하며 조립이 쉽다.

11 ③

표면경화법의 종류

㉠ 침탄방법 : 저탄소강의 표면에 탄소를 침투시켜 고탄소강으
　로 만든 후 담금질
㉡ 질화방법 : 암모니아 가스 속에 강을 넣고 장시간 가열하여
　철과 질소가 작용하여 질화 철이 되도록 하는 것
㉢ 청화방법 : NaCN, KCN 등의 청화물질이 철과 작용하여 금
　속표면에 질소와 탄소가 동시에 침투되도록 하는 것
㉣ 화염경화 방법 : 산소-아세틸렌 불꽃으로 강의 표면만 가열
　하여 열이 중심 부분에 전달되기 전에 급랭하는 것
㉤ 고주파 경화방법 : 금속표면에 코일을 감고 고주파 전류로
　표면만 고온으로 가열 후 급랭하는 것

12 ④

④ 터릿선반은 작은 기계부품을 대량생산할 때 사용한다.

13 ③

① 소성은 물체에 변형을 준 뒤 외력을 제거해도 원래의 상태
　로 되돌아오지 않고 영구적으로 변형되는 성질이다.
② 탄성은 외력에 의해 변형된 물체가 외력을 제거하면 다시
　원래의 상태로 되돌아가려는 성질이다.
④ 경도는 재료 표면의 단단한 정도를 나타낸다.
⑤ 연성은 탄성한도 이상의 외력이 가해졌을 때 파괴되지 않
　고 잘 늘어나는 성질이다.

14 ②

상향절삭
• 칩이 잘 빠져나온다.
• 백래시가 제거된다.
• 공작물이 확실히 고정되어야 한다.
• 커터의 수명이 짧다.
• 동력 소비가 크다.
• 가공 면이 거칠다.

15 ⑤

⑤ 크라운 기어는 두 축이 만나는 경우에 사용하는 기어이다.
※ 두 축이 서로 평행한 경우에 사용하는 기어 … 스퍼기어, 랙과
　피니언, 내접기어, 헬리컬기어

16 ⑤

㉠ 기어의 잇수를 한계 잇수 이하로 감소시킨다.

17 ④

냉매가 갖추어야 할 조건

㉠ 저온에서도 대기압 이상의 포화증기압을 갖고 있어야 한다.

㉡ 상온에서는 비교적 저압으로도 액화가 가능해야 하며 증발 잠열이 커야 한다.

㉢ 냉매가스의 비체적이 작을수록 좋다.

㉣ 임계온도는 상온보다 높고, 응고점은 낮을수록 좋다.

㉤ 화학적으로 불활성이고 안정하며 고온에서 냉동기의 구성 재료를 부식, 열화 시키지 않아야 한다.

㉥ 액체 상태에서나 기체 상태에서 점성이 작아야 한다.

18 ③

톱니나사 ⋯ 축선의 한쪽에만 힘을 받는 곳에 사용한다. 힘을 받는 면은 축에 직각이고, 받지 않는 면은 3°로 경사를 준다. 큰 하중이 한쪽 방향으로만 작용되는 경우에 적합하다.

19 ②

② 웜 기어는 역전을 방지할 수 있으며 운전 중 소음과 진동이 적다.

20 ②

② 관경을 크게 하고 유속을 낮춘다.

21 ④

벌징(bulging)은 금형 내에 삽입된 원통형 용기 또는 관에 높은 압력을 가하여, 용기 또는 관의 일부를 팽창시켜 성형하는 방법이다. 용기의 입구보다 몸통을 크게 만드는 작업을 말한다.

22 ②

두랄루민은 대표적인 단조용 알루미늄 합금으로서 Al−Cu−Mg−Mn계 합금이다. 고강도 재료이며 항공기 등에 주로 사용된다.

23 ②

② 강도가 크고 신뢰도가 높으며 열에너지 손실이 적다.

24 ⑤

⑤ 균열형칩의 발생조건이다.

25 ⑤

⑤ 올덤 커플링은 2축이 평행하거나 약간 떨어져 있는 경우에 사용되고, 양축 끝에 끼어 있는 플랜지 사이에 90°의 키 모양의 돌출부를 양면에 가진 중간 원판이 있고, 돌출부가 플랜지 홈에 끼워 맞추어 작용하도록 3개가 하나로 구성되어 있다. 두 축의 중심이 약간 떨어져 평행할 때 동력을 전달시키는 축으로 고속회전에는 적합하지 않다.

26 ④

④ 비용적형 펌프는 토출량이 일정치 않다.

27 ①

소성가공은 칩(chip)이 발생하지 않는다.

28 ②

티타늄은 알루미늄보다 비중이 크다.

※ 주요금속의 비중

Mg	Be	Al	Ti	Sn	V	Cr	Mn	Fe	Ni	Cu	Ag	Pb
1.7	1.8	2.6	4.5	5.8	6.1	7.1	7.4	7.8	8.5	8.9	10.4	11.3

29 ③

테일러의 공구수명방정식 : $VT^n = C$

V는 절삭속도, T는 공구수명, n과 C는 상수

30 ③

③ 비강도 및 비강성이 높고 이방성이 크다.

31 ⑤

복잡하고 미세한 형상 가공이 용이하다.

32 ④

- 드레싱(dressing) : 연삭숫돌의 입자가 무디어지거나 눈메움이 생기면 연삭능력이 떨어지고 가공물의 치수 정밀도가 저하되므로 예리한 날이 나타나도록 공구로 숫돌 표면을 가공하는 것
- 글레이징(glazing) : 숫돌바퀴의 입자가 탈락되지 않고 마멸에 의해 납작해진 현상이다.
- 로딩(loading) : 눈메움이라고도 한다. 숫돌입자의 표면이나 기공에 칩이 끼여 있는 현상이다.
- 트루잉(truing) : 연삭 면을 숫돌과 축에 대하여 평행 또는 일정한 형태로 성형시키는 작업이다.
- 스필링(spilling) : 결합제의 힘이 약해서 작은 절삭력이나 충격에 쉽게 입자가 탈락하는 것이다.

33 ②

고무 스프링은 충격흡수 능력이 좋다.(단, 온도가 낮을수록 성능이 저하된다.)

34 ④

④ 연삭입자의 날 끝은 일정한 각도를 갖지 않으며 평균적으로 음의 경사각을 갖으며 전단 각이 작다.

35 ③

스폿 페이싱(spot facing)은 너트 또는 볼트 머리와 접촉하는 면을 고르게 하기 위하여 깎는 작업이다.

36 ④

㈎ 트루스타이트(troostite) 조직은 마텐자이트(martensite) 조직보다 경도가 낮다.(경도의 비교 : 마텐자이트 > 트루스타이트 > 소르바이트 > 오스테나이트)
㈐ 철의 표면에 규소(Si)를 침투시켜 피막을 형성하는 것은 실리코나이징(Siliconizing)이라 한다.

37 ①

내연기관은 소형경량이며 마력 당 중량이 적고, 열효율이 높다.

38 ④

④ 피복제는 아크를 안정하게 한다.

39 ①

유체 토크 컨버터는 마찰클러치에 비해 연료소비율이 더 높다.

40 ②

공구의 온도가 상승하면 공구재료는 연화된다.

✎ 직업기초능력평가

1 ④

① 각별이 → 각별히
② 곤난 → 곤란
③ 발뒷꿈치 → 발뒤꿈치
⑤ 반드시 → 반듯이

2 ④

④ 혼인이나 제사 따위의 관혼상제 같은 어떤 의식을 치르다.
① 사람이 어떤 장소에서 생활을 하면서 시간이 지나가는 상태가 되게 하다.
② 서로 사귀어 오다.
③ 과거에 어떤 직책을 맡아 일하다.
⑤ 계절, 절기, 방학, 휴가 따위의 일정한 시간을 보내다.

3 ②

'일절'과 '일체'는 구별해서 써야 할 말이다. '일절'은 부인하거나 금지할 때 쓰는 말이고, '일체'는 전부를 나타내는 말이다.

4 ①

배경지식이 전혀 없던 상태에서는 X선 사진을 관찰하여도 아무 것도 찾을 수 없었으나 이론과 실습 등을 통하여 배경지식을 갖추고 난 후에는 X선 사진을 관찰하여 생리적 변화, 만성질환의 병리적 변화, 급성질환의 증세 등의 현상을 알게 되었다는 것을 보면 관찰은 배경지식에 의존한다고 할 수 있다.

5 ③

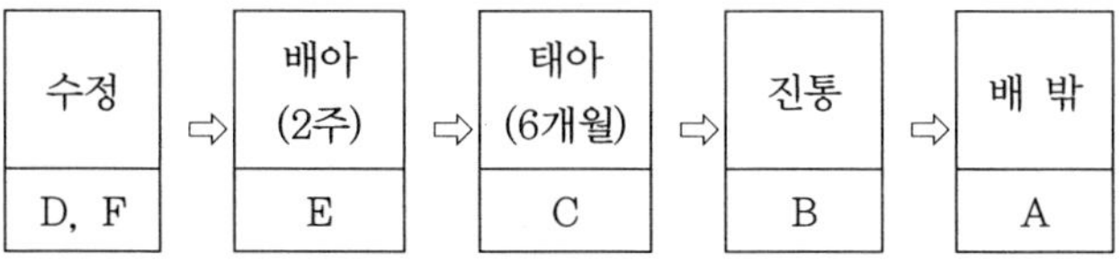

6 ④

④ 다섯 번째 카드에서 교통약자석에 대한 인식 부족으로 교통약자석이 제 기능을 못하고 있다는 지적은 있지만, 그에 따른 문제점들을 원인에 따라 분류하고 있지는 않다.
① 첫 번째 카드
② 세 번째 카드
③ 네 번째 카드
⑤ 여섯 번째 카드

7 ②

② 카드 뉴스는 신문 기사와 달리 글과 함께 그림을 비중 있게 제시하여 의미 전달을 효과적으로 하고 있다.
① 통계 정보는 (내)에서만 활용되었다.
③ 표제와 부제의 방식으로 제시한 것은 (내)이다.
④ 비유적이고 함축적인 표현들은 (가), (내) 모두에서 사용되지 않았다.
⑤ 신문 기사는 표정이나 몸짓 같은 비언어적 요소를 활용할 수 없다.

8 ②

전체 응시자의 평균을 x라 하면 합격자의 평균은 $x+25$
불합격자의 평균은 전체 인원 30명의 총점 $30x$에서 합격자 20명의 총점 $\{20 \times (x+25)\}$를 빼준 값을 10으로 나눈 값이다.
즉, $\dfrac{30x - 20 \times (x+25)}{10} = x - 50$

커트라인은 전체 응시자의 평균보다 5점이 낮고, 불합격자 평균 점수의 2배보다 2점이 낮으므로
$x - 5 = 2(x - 50) - 2$
$x = 97$
응시자의 평균이 97이므로 커트라인은 $97 - 5 = 92$점

9 ②

조건 (개)에서 R석의 티켓의 수를 a, S석의 티켓의 수를 b, A석의 티켓의 수를 c라 놓으면

$a+b+c=1,500$ …… ㉠

조건 (내)에서 R석, S석, A석 티켓의 가격은 각각 10만 원, 5만 원, 2만 원이므로

$10a+5b+2c=6,000$ …… ㉡

A석의 티켓의 수는 R석과 S석 티켓의 수의 합과 같으므로

$a+b=c$ …… ㉢

세 방정식 ㉠, ㉡, ㉢을 연립하여 풀면

㉠, ㉢에서 $2c=1,500$이므로 $c=750$

㉠, ㉡에서 연립방정식

$$\begin{cases} a+b=750 \\ 2a+b=900 \end{cases}$$

을 풀면 $a=150$, $b=600$이다.

따라서 구하는 S석의 티켓의 수는 600장이다.

10 ④

'거리 = 속력 × 시간'을 이용하여 체류시간을 감안한 총 소요시간을 다음과 같이 정리해 볼 수 있다. 시간은 왕복이므로 2번 계산한다.

활동	이동 수단	거리	속력 (시속)	목적지 체류 시간	총 소요시간
당구장	전철	12km	120km	3시간	3시간 + 0.1시간 × 2 = 3시간 12분
한강공원 라이딩	자전거	30km	15km	–	2시간 × 2 = 4시간
파워워킹	도보	5.4km	3km	–	1.8시간 × 2 = 3시간 36분
북카페 방문	자가용	15km	50km	2시간	2시간 + 0.3시간 × 2 = 2시간 36분
강아지와 산책	도보	3km	3km	1시간	1시간 + 1시간 × 2 = 3시간

따라서 북카페를 방문하고 돌아오는 것이 2시간 36분으로 가장 짧은 소요시간이 걸린다.

11 ④

① $81,000 + (54,000 \times 3) = 243,000$원

② $81,000 + 54,000 + 25,000 = 160,000$원

③ $60,000 + (15,000 \times 3) + (10,000 \times 2) = 125,000$원

④ $75,000 + (35,000 \times 3) + 70,000 = 250,000$원

⑤ $211,000$원

12 ⑤

조건을 잘 보면 병의 가방에 담긴 물품 가격의 합이 44,000원 병의 가방에는 B, D, E가 들어 있고 E의 가격은 16,000원 그럼 B와 D의 가격의 합이(㉠+㉢) $44,000-16,000=28,000$원이 되어야 한다.

①은 답이 될 수 없다.

가방에 담긴 물품 가격의 합이 높은 사람부터 순서대로 나열하면 갑 > 을 > 병 순이므로

을은 A와 C를 가지고 있는데 A는 24,000원, 병 44,000원보다 많아야 하므로 C의 가격(㉢)은 적어도 $44,000-24,000=20,000$원 이상이 되어야 한다.

②③④는 답이 될 수 없다.

13 ③

③ 2025년 G계열사의 영업이익률은 8.7%로 2014년 E계열사의 영업이익률 2.9%의 2배가 넘는다.

① B계열사의 2025년 영업이익률은 나머지 계열사의 영업이익률의 합보다 적다.

② 2014년도에 가장 높은 영업이익률을 낸 계열사는 F, 2025년에 가장 높은 영업이익률을 낸 계열사는 B이다.

④ 2014년 대비 2025년의 영업이익률이 증가한 계열사는 B, C, E, G 4곳이다.

⑤ 2014년과 2025년 모두 영업이익률이 10%을 넘은 계열사는 A, B 2곳이다.

14 ①

주어진 그래프를 통해 다음과 같은 연도별 지역별 무역수지 규모를 정리할 수 있다.

(단위 : 10억 불)

구분	2023	2024	2025
미국	27.7	25.3	20.1
중국	47.3	37.8	44.6
일본	−20.1	−23.0	−28.1
EU	−7.9	−3.9	−3.8
동남아	54.2	57.3	75.5
중동	−38.0	−27.8	−49.9

따라서 무역수지 악화가 지속적으로 심해진 무역 상대국(지역) 은 일본뿐인 것을 알 수 있다.

② 매년 무역수지 흑자를 나타낸 무역 상대국(지역)은 미국, 중국, 동남아 3개국(지역)이다.

③ 무역수지 흑자가 매년 감소한 무역 상대국(지역)은 미국뿐 이다.

④ 무역수지가 흑자에서 적자 또는 적자에서 흑자로 돌아선 무역 상대국(지역)은 없음을 알 수 있다.

⑤ 매년 무역수지 적자규모가 가장 큰 무역 상대국(지역)은 중 동이다.

15 ④

2025년 동남아 수출액은 1,490억 불이므로 전년대비 20% 증 가하였다면 2026년 동남아 수출액은 1,788억 불이고, 2025년 EU 수입액은 560억 불이므로 전년대비 20% 감소하였다면 448억 불이다. 따라서 2026년 동남아 수출액과 EU 수입액의 차이는 1,788 − 448 = 1,340억 불이다.

16 ④

조건 1에서 출발역은 청량리이고, 문제에서 도착역은 인천역으 로 명시되어 있고 환승 없이 1호선만을 활용한다고 되어 있으 므로 청량리~서울역(1,250원), 서울역~구로역(200원 추가), 구로역~인천역(300원 추가)를 모두 더한 값이 수인이와 혜인 이의 목적지까지의 편도 운임이 된다. 그러므로 두 사람 당 각 각 운임을 계산하면, 1,250 + 200 + 300 = 1,750원(1인당) 이 된다. 역의 수는 청량리역~인천역까지 모두 더하면 38개 역이 된다.

17 ③

아르바이트 일수가 갑은 3일, 병은 2일임을 알 수 있다.

무는 갑이나 병이 아르바이트를 하는 날 항상 함께 한다고 했 으므로 5일 내내 아르바이트를 하게 된다.

을과 정은 일, 월, 화, 목 4일간 아르바이트를 하게 된다.

① 수요일에는 2명, 나머지 요일에는 4명으로 인원수는 확정된다.

② 갑은 3일, 을은 4일, 병은 2일, 무는 5일 이므로 갑과 을, 병과 정의 아르바이트 일수를 합한 값은 7로 같다.

③ 병에 따라 갑이 아르바이트를 하는 요일이 달라지므로 아 르바이트 하는 요일이 확정되는 사람은 세 명이다.

④ 일별 인원수는 4명 또는 2명으로 모두 짝수이다.

⑤ 일요일에는 갑, 을, 정, 무 네 명으로 어느 경우에도 같다.

18 ⑤

블랙은 이 열이 실제로 온도계에 변화를 주지 않기 때문에 이 를 '잠열(潛熱)'이라 불렀다.

→ ㉠ A의 온도계로는 잠열을 직접 측정할 수 없었다. − 참
눈이 녹는점에 있음에도 불구하고 많은 양의 뜨거운 물은 눈을 조금밖에 녹이지 못했다. 이는 잠열 때문이다.

→ ㉡ 얼음이 녹는점에 이르러도 완전히 녹지 않는 것은 잠열 때문이다. − 참
A에서는 얼음이 녹으면서 생긴 물과 녹고 있는 얼음의 온 도가 녹는점에서 일정하게 유지되었는데 이 상태는 얼음이 완전히 녹을 때까지 지속되었다.

→ ㉢ A의 얼음이 완전히 물로 바뀔 때까지, A의 얼음물 온 도는 일정하게 유지된다. − 참

19 ⑤

① 김유진 : 3억 5천만 원 × 0.9% = 315만 원

② 이영희 : 12억 원 × 0.9% = 1,080만 원

③ 심현우 : 1,170만 원 + (32억 8천만 원 − 15억 원) × 0.6%
= 2,238만 원

④ 이동훈 : 18억 1천만 원 × 0.9% = 1,629만 원

⑤ 김원근 : 2,670만 원 + (3억 원 × 0.5%) = 2,820만 원

20 ④

총 노선의 길이를 연비로 나누어 리터 당 연료비를 곱하면 원하는 답을 다음과 같이 구할 수 있다.

교통편 1 : 500 ÷ 4.2 × 1,000 = 약 119,048원
교통편 2 : 500 ÷ 4.8 × 1,200 = 125,000원
교통편 3 : 500 ÷ 6.2 × 1,500 = 약 120,968원
교통편 4 : 500 ÷ 5.6 × 1,600 = 약 142,857원

따라서 교통비가 가장 적게 드는 교통편은 '교통편 1'이며, 가장 많이 드는 교통편은 '교통편 4'가 된다.

21 ④

각 교통편별로 속도와 정차 역, 정차 시간을 감안하여 최종 목적지인 I 지점까지의 총 소요 시간을 구하여 정리해 보면 다음 표와 같다.

구분	평균속도 (km/h)	운행 시간 (h)	정차 시간(분)	총 소요 시간
교통편 1	60	500 ÷ 60 = 약 8.3	7 × 15 = 105	8.3 + 1.8 = 10.1시간
교통편 2	80	500 ÷ 80 = 약 6.3	4 × 15 = 60	6.3 + 1 = 7.3시간
교통편 3	120	500 ÷ 120 = 약 4.2	3 × 15 = 45	4.2 + 0.8 = 5시간
교통편 4	160	500 ÷ 160 = 약 3.1	2 × 15 = 30	3.1 + 0.5 = 3.6시간

따라서 교통편 1과 교통편 4의 시간 차이는 6.5시간이므로 6시간 30분의 차이가 나는 것을 알 수 있다.

22 ②

② 외부환경요인 분석은 언론매체, 개인 정보망 등을 통하여 입수한 상식적인 세상의 변화 내용을 시작으로 당사자에게 미치는 영향을 순서대로, 점차 구체화하는 것이다.
⑤ 내부환경과 외부환경을 구분하는 기준은 '나', '나의 사업', '나의 회사' 등 환경 분석 주체에 직접적인 관련성이 있는지 여부가 된다. 대내외적인 환경을 분석하기 위하여 이를 적절하게 구분하는 것이 매우 중요한 요소가 된다.

23 ②

② 저렴한 제품을 공급하는 것은 자사의 강점(S)이며, 이를 통해 외부의 위협요인인 대형 마트와의 경쟁(T)에 대응하는 것은 ST 전략이 된다.
① 직원 확보 문제 해결과 매출 감소에 대응하는 인건비 절감 등의 효과를 거둘 수 있어 약점과 위협요인을 최소화하는 WT 전략이 된다.
③ 자사의 강점과 외부환경의 기회 요인을 이용한 SO 전략이 된다.
④ 자사의 기회요인인 매장 앞 공간을 이용해 지역 주민 이동 시 쉼터를 이용할 수 있도록 활용하는 것은 매출 증대에 기여할 수 있으므로 WO 전략이 된다.
⑤ 고객 유치 노하우는 자사의 강점을 이용한 것이며, 이를 통해 편의점 이용률을 제고하는 것은 위협요인을 제거하는 것이 되므로 ST 전략이 된다.

24 ②

제시된 글에서는 조직문화의 기능 중 특히 조직 성과와의 연관성을 언급하고 있기도 하다. 강력하고 독특한 조직문화는 기업이 성과를 창출하는 데에 중요한 요소이며, 종업원들의 행동을 방향 짓는 강력한 지렛대의 역할을 한다고도 볼 수 있다. 그러나 이러한 조직문화가 조직원들의 단합을 이끌어 이직률을 일정 정도 낮출 수는 있으나, 외부 조직원을 흡인할 수 있는 동기로 작용한다고 보기는 어렵다. 오히려 강력한 조직문화가 형성되어 있을 경우, 외부와의 융합이 어려울 수 있으며, 타 조직과의 단절을 통하여 '그들만의 세계'로 인식될 수 있다. 따라서 조직문화를 통한 외부 조직원의 흡인은 조직문화를 통해 기대할 수 있는 기능으로 볼 수는 없다.

25 ④

경영전략을 수립하고 각종 경영정보를 수집/분석하는 업무를 하는 기획팀에서 요구되는 자질은 재무/회계/경제/경영 지식, 창의력, 분석력, 전략적 사고 등이다.

26 ⑤

감사실장, 이사회의장, 비서실장, 미래 전략실장, A부사장은 모두 사장과 직접적인 업무 라인으로 연결되어 있으므로 직속 결재권자가 사장이 된다.

27 ④

백만 불 이상 예산이 집행되는 사안이므로 최종 결재권자인 사장을 대동하여 출장을 계획하는 것은 적절한 행위로 볼 수 있다.

① 사장 부재 시 차상급 직위자는 부사장이다.

② 출장 시 본부장은 사장, 직원은 본부장에게 각각 결재를 득하면 된다.

③ 결재권자의 부재 시, 차상급 직위자의 전결로 처리하되 반드시 결재권자의 업무 복귀 후 후결로 보완한다는 규정이 있다.

⑤ 직원의 해외 출장 결재권자는 본부장이다. 따라서 F팀 직원은 해외 출장을 위해 C본부장에게 최종 결재를 득하면 된다.

28 ①

㈎에서 '=MID(B4, 8, 1)'은 주민등록번호에서 8번째에 있는 1개의 문자를 추출하는 수식이다.

㈏에서 OR함수는 두 가지 중 한 가지 조건이라도 '참'이면 결과 값이 '참'이며, AND함수는 모든 조건이 '참'이어야 출력 값이 '참'이므로 ㈏의 결과 값은 '합격'으로 출력된다.

29 ④

MIN 함수에서 최소값을 반환한 후, IF 함수에서 "이상 없음" 문자열이 출력된다. B3의 내용이 1로 바뀌면 출력은 "부족"이 된다.

㉠ 반복문은 사용되고 있지 않다.

㉢ 현재 입력으로 출력되는 결과물은 "이상 없음"이다.

30 ⑤

A사는 높은 가격으로 인한 거래선 유치의 어려움으로 인해 결국 시장점유율이 하락할 것이며, B사는 지속적인 적자 누적으로 제품 생산을 계속할수록 적자폭도 커지게 되는 상황을 맞이하게 될 것이다. 따라서 개발 책정 비용과 실제 발생하는 비용을 동일하게 유지하는 것이 기업에게 가장 바람직한 모습이라고 할 수 있다.

31 ①

기업이 예산 투입을 하는 과정에 있어 비용을 적게 들이는 것이 반드시 좋은 것은 아니다. 기업에서 제품을 개발한다고 할 때, 개발 책정 비용을 실제보다 높게 책정하면 경쟁력을 잃어버리게 되고, 반대로 낮게 책정하면 개발 자체가 이익을 주는 것이 아니라 오히려 적자가 나는 경우가 발생할 수 있다. 그로 인해 책정 비용과 실제 비용의 차이를 줄이고, 비슷한 상태가 가장 이상적인 상태라고 할 수 있다. 또한, 아무리 예산을 정확하게 수립하였다 하더라도 활동이나 사업을 진행하는 과정에서 계획에 따라 적절히 관리하지 않으면 아무런 효과가 없다. 즉 아무리 좋은 계획도 실천하지 않으면 되지 않듯이 예산 또한 적절한 관리가 필요하다. 이는 좁게는 개인의 생활비나 용돈관리에서부터 크게는 사업, 기업 등의 예산관리가 모두 마찬가지이며, 실행과정에서 적절히 예산을 통제해주는 것이 필수적이라고 할 수 있다.

32 ①

구매 제한가격에 따라 다 업체에서는 C 물품을 구매할 수 없다. 나머지 가, 나, 라 업체의 소모품 구매 가격을 정리하면 다음과 같다.

구분	구매 가격
가 업체	$(12,400 \times 2) + (1,600 \times 3) + (2,400 \times 2) + (1,400 \times 2) + (11,000 \times 2) = 59,200$원
나 업체	$(12,200 \times 2) + (1,600 \times 3) + (2,450 \times 2) + (1,400 \times 2) + (11,200 \times 2) = 59,300$원
라 업체	$(12,500 \times 2) + (1,500 \times 3) + (2,400 \times 2) + (1,300 \times 2) + (11,300 \times 2) = 59,500$원

따라서 가장 저렴한 가격에 소모품을 구입할 수 있는 곳은 가 업체로 구매 가격은 59,200원이다.

33 ④

④ 잉크패드는 사용자가 직접 교체할 수 없고 고객지원센터의 전문가만 교체할 수 있다.

34 ②

단계 1은 문제 분석 단계이다.

단계 2는 순서도 작성 단계이다.

단계 3은 코딩·입력 및 번역 단계이다.

단계 4는 모의 실행 단계이므로 '논리적 오류'를 발견할 수 있다.

35 ①

제품 매뉴얼 : 사용자를 위해 제품의 특징이나 기능 설명, 사용 방법과 고장 조치방법, 유지 보수 및 A/S, 폐기까지 제품에 관련된 모든 서비스에 대해 소비자가 알아야 할 모든 정보를 제공하는 것을 의미한다.

36 ⑤

A 의원은 서번트 리더십의 중요성을 강조하고 있다. 이러한 서번트 리더십은 인간 존중을 바탕으로 다른 구성원들이 업무 수행에 있어 자신의 잠재력을 최대한 발휘할 수 있도록 도와주는 리더십을 의미한다. ①번은 감성 리더십, ②번은 카리스마 리더십, ③번은 거래적 리더십, ④번은 셀프 리더십을 각각 설명한 것이다.

37 ②

C는 주제와 상관없는 사항을 거론하며 상대를 깎아 내리는 발언을 하고 있으므로 C가 토의를 위한 기본적인 태도를 제대로 갖추지 못한 사람이라고 볼 수 있다.

38 ②

② 협력을 장려하는 환경을 조성하기 위해서는 팀원들이 침묵을 지키는 것을 존중하여야 한다.

39 ⑤

명함은 손아랫사람이 먼저 건네야 한다. 더불어서 지위 또는 직책 등이 낮은 사람이 먼저 명함을 건넨다.

※ 명함 교환 시의 기본 매너

　㉠ 명함은 항상 넉넉히 준비한다.

　㉡ 명함은 자리에 앉기 전에 교환한다.

　㉢ 상대에게 명함을 건네면서 소속과 이름을 밝힌다.

　㉣ 상대로부터 받은 명함은 그 자리에서 확인하며, 한자 등의 다소 읽기 어려운 글자는 정중히 물어서 회사명과 이름을 틀리지 않아야 한다.

　㉤ 상대로부터 명함을 받은 후에 곧바로 지갑에 넣지 말고, 미팅이나 또는 회의 시에 테이블 오른쪽에 꺼내놓고 이름 및 직함을 부르면서 대화한다.

　㉥ 상대 앞에서 명함에 낙서하는 것은 곧 상대의 얼굴에 낙서하는 것과 같음을 의미하며, 더불어서 명함을 손가락 사이에 끼고 돌리는 등의 손장난을 하는 것은 상대방을 무시하는 것과 같다.

　㉦ 명함은 스스로의 것과 상대방 것을 구분해서 넣어둔다. 만약의 경우 급한 순간에 타인의 명함을 상대에게 줄 수도 있기 때문이다.

　㉧ 상대로부터 받은 명함을 절대 그냥 두고 오는 일이 없도록 해야 한다.

40 ②

엘리베이터에서는 버튼 대각선 방향의 뒤 쪽이 상석이 된다.

※ 엘리베이터 상석의 위치

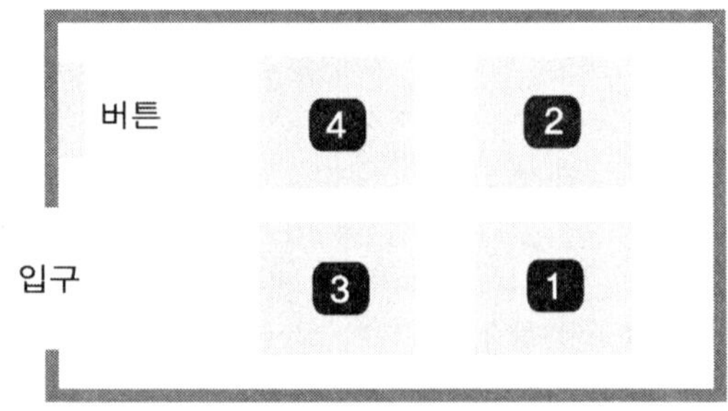

* 번호는 상석 순위

1 ③

마력의 2가지 단위인 PS단위와 kW단위에 따른 토크 산정식은 다음과 같다.

$$T = 716,200 \cdot \frac{H_{PS}}{N} [kgf \cdot mm]$$

$$T = 974,000 \cdot \frac{H_{KW}}{N} [kgf \cdot mm]$$

(N은 모터의 회전 수)

$$H_{PS} = \frac{N \cdot T}{716,200} = \frac{4,000 \times 70,000}{716,200} \fallingdotseq 390.95 [PS]$$

2 ⑤

반달 키(woodruff key)는 반달 모양의 키. 축에 테이퍼가 있어도 사용할 수 있으므로 편리하다. 축에 홈을 깊이 파야 하므로 축이 약해지는 결점이 있다. 큰 힘이 걸리지 않는 곳에 사용된다.

3 ③

주강의 특성

㉠ 얇은 제품이나 단면변화가 심한 곳에는 사용되지 않는다.

㉡ 용융성이 낮아 주조성이 좋지 않다.

㉢ 강도와 인성이 강하다.

㉣ 풀림처리하여 사용한다.

4 ③

하향절삭

• 칩이 잘 빠지지 않는다.

• 백래시 제거가 안 된다.

• 공작물 고정에 신경 쓰지 않아도 된다.

• 커터의 수명이 길다.

• 동력 소비가 적다.

• 가공 면이 깨끗하다.

5 ②

② 베벨기어는 두 축이 만나는 경우에 사용하는 기어이다.

※ 두 축이 평행하지도 만나지도 않는 경우에 사용하는 기어

• 웜기어

• 하이포이드기어

• 나사기어

• 스큐기어

6 ③

이음효율 = $\dfrac{\text{용접이음의 인장강도}}{\text{모재의 인장강도}} \times 100\%$ 이며,

견딜 수 있는 최대 인장력을 F라고 할 경우

$\dfrac{\left(\dfrac{2F}{10 \times 130}\right)}{40} = 1$ 이 되어야 하므로 $F = 26,000 kgf$ 가 성립한다.

7 ③

③ 유압시스템은 에너지 손실이 크고, 소음과 진동이 발생한다.

8 ③

$$p_d = \frac{25.4 \times Z_1}{D_1} \rightarrow 4 = \frac{25.4 \times 20}{D_1} \rightarrow D_1 = 127$$

$$C = \frac{D_1 + D_2}{2} \rightarrow 10 \times 25.4 = \frac{127 + D_2}{2} \rightarrow D_2 = 381$$

속도비 $= \dfrac{D_1}{D_2} = \dfrac{127}{381} = \dfrac{1}{3}$

9 ①

스프링백 … 소성재료의 굽힘 가공에서 재료를 굽힌 다음 압력을 제거하면 원상으로 회복되려는 탄력 작용으로 굽힘량이 감소되는 현상을 말한다.

10 ②

② 플랜지 커플링은 축과 고속정밀회전축에 적합하며 커플링으로서 가장 널리 사용되는 방식이다. 양 축 끝단의 플랜지를 키로 고정한 이음이다.

11 ②

선반은 원통이나 원추형의 외부표면을 가공하는 공정을 말하고 드릴링머신은 주축에 끼운 드릴이 회전운동을 하고, 축 방향으로 이송을 주어 공작물에 구멍을 뚫는 공작기계이다.

12 ①

연신율은 인장시험 때 재료가 늘어나는 비율이며 늘어난 길이의 최초의 길이에 대한 백분율이다.

그러므로 $\dfrac{240 - 200}{200} = 0.2$이므로 20%이다.

13 ②

연신율의 식은 다음과 같다

$$\dfrac{파괴되기\ 직전의\ 시편의\ 길이 - 시편의\ 초기길이}{시편의\ 초기\ 길이} \times 100\%$$

그러므로 문제의 주어진 조건에 따르면 시편의 초기길이는 20cm가 된다.

14 ①

응력집중을 경감시키려면

② 재료내의 응력 흐름을 밀집되게 해서는 안 된다.

③ 단면 변화 부분에 열처리를 하는 것은 좋지 않다.

④ 단면 변화 부분에 보강재를 대는 것이 좋다.

⑤ 단면 변화를 되도록 작게 하는 것이 좋다.

15 ③

• 서징현상 : 압축기, 송풍기 등에서 운전 중에 진동을 하며 이상 소음을 내고, 유량과 토출 압력에 이상 변동을 일으키는 수가 있는데 이 현상을 말한다.

• 공동현상 : 펌프의 흡입양정이 너무 높거나 수온이 높아지게 되면 펌프의 흡입구 측에서 물의 일부가 증발하여 기포가 되는데 이 기포는 임펠러를 거쳐 토출구 측으로 넘어가게 되면 갑자기 압력이 상승하여 물속으로 다시 소멸이 되는데 이 때 격심한 소음과 진동이 발생하게 된다. 이를 공동현상이라고 한다.

• 노킹현상 : 충격파가 실린더 속을 왕복하면서 심한 진동을 일으키고 실린더와 공진하여 금속을 두드리는 소리를 내는 현상

16 ①

압하율 $= \dfrac{H_0 - H_1}{H_0} \times 100$ (H_0 : 변형 전 두께, H_1 : 변형 후 두께)

17 ⑤

주철 용탕에 세륨 또는 마그네슘(또는 그 합금)을 주입 직전에 첨가하면 구상 조직을 가진 흑연이 정출되는데 이것이 구상 흑연 주철이며, 강에 가까운 성질을 지니고 있다.

18 ④

호칭경은 수나사의 바깥지름의 굵기로 표시하며, 미터계 나사의 경우 지름 앞에 M자를 붙여 사용한다. (예 : M1, M1.2, M1.4, M1.6)

나사에 있어서 유효 지름이란, 수나사와 암나사가 접촉하고 있는 부분의 평균 지름을 말한다. 즉, M4라는 표시는 유효지름이 4mm라는 의미가 아니라 수나사의 바깥지름이 4mm라는 의미이다.

19 ②

노크의 발생원인

- 제동 평균 유효압력이 높을 때
- 흡기의 온도와 압력이 높을 때
- 실린더 온도가 높아지거나 적열된 열원이 있을 때
- 기관의 회전속도가 낮아 화염전파속도가 느릴 때
- 혼합비가 높을 때
- 점화시기가 빠를 때

20 ③

③ 동력손실이 증가하여 기계효율이 낮아진다.

21 ③

냉동사이클의 성적계수 … 압축 일의 열량에 대한 증발기의 흡수 열량의 비이므로

$$\frac{250}{350-250} = 2.5$$

22 ②

손실열량은 면적, 열전도도, 온도차의 곱이다.

$$Q = (1 \times 2) \times 0.8 \times 3 \times \frac{1}{0.002} = 2{,}400$$

23 ④

$$\frac{200-x}{200} = 0.3$$ 이어야 하므로 $x = 140$ 이 된다.

24 ②

$$\frac{120}{400 \cdot 2}[\min] = \frac{120 \cdot 60}{800}[\sec] = 9[\sec]$$

25 ③

$$\sigma = \frac{P}{A} = \frac{500 + 80 \cdot 6}{4 \cdot 10^4} = 0.0245[kgf/mm^2]$$
$$= 24{,}500[kgf/m^2]$$

26 ②

$$\Delta = \frac{PL}{AE} = \frac{500 \cdot 25}{250 \cdot E} = 5$$ 이므로 $E = 100[GPa]$

27 ③

- 카르노기관 열효율 : $1 - 300/1000 = 0.7$
- 열효율에 의한 가역일 : $50 \times 0.7 = 35$
- 실제 일 $= 50 - 30 = 20$
- 손실일 $= 35 - 20 = 15$

28 ①

$$P = pgh = 10{,}000 \cdot 10 \cdot 0.75$$
$$= 75{,}000[Pa] = 75[kPa]$$

29 ④

아크 용접의 이상 현상 중 용접 전류가 크고 용접 속도가 빠를 때 발생하는 현상은 언더컷으로 볼 수 있다. (오버랩은 전류가 과소일 때 발생하며, 스패터는 용접속도가 느릴 때 발생하며, 용입불량은 용접전류가 부족할 때 발생한다.)

30 ②

크랭크는 어떤 한 점을 중심으로 하여 회전운동을 하는 것으로 크랭크축과 커넥팅 로드를 이용해 회전운동과 왕복운동을 변환하는 장치이다. 4행정 사이클 기관에서 2사이클을 진행하면 크랭크축은 4회전을 하게 된다.

31 ④

산소-아세틸렌 용접을 통해 스테인리스강을 용접할 때, 적절한 산소와 아세틸렌의 비율(산소 : 아세틸렌)은 0.9 : 1정도이다.

32 ②

보기의 내용은 쇼어 시험(Shore test)에 관한 설명이다.

※ 제품의 시험검사 종류

   ㉠ **쇼어 경도시험** : 끝에 다이아몬드가 부착된 해머를 시편의 표면에 낙하시켜 반발 높이를 측정하는 시험으로, 경도값은 해머의 낙하 높이와 반발 높이로 구해진다. (시편에는 경미한 압입자국이 생기며, 반발 높이가 높을수록 시편의 경도가 높다.)

   ㉡ **샤르피 충격시험** : 재질의 인성을 측정하는 시험으로 보통 샤르피 V노치 충격 시험으로 알려져 있다. 이 시험은 높은 변형율 변화율 (high strain rate, 빠른 변형 상태)에서 파단 전에 재질이 흡수하는 에너지의 양을 측정하는 표준화된 시험이다. 이 흡수된 에너지는 재질의 노치 인성을 나타내며 온도에 따른 연성-취성 변화를 알아보는데도 사용된다. 추를 일정한 높이로 들어 올리고 시편을 하부에 고정시킨 다음에 추를 놓아 시편이 파단되면서 추는 초기 높이보다 조금 낮아진 높이로 올라간다. 이 높이를 측정해서 시편이 흡수한 에너지를 계산한다.(측정기에서 자동으로 표시해준다.) 연성 재질은 특정한 온도에서 취성 재질로 변하게 되는데 이러한 온도를 측정하는데도 사용된다. 단순지지된 시편을 사용한다.

   ㉢ **아이조드 충격시험** : 일정한 무게의 추(Pendulum)를 이용한 방법으로 시편에 추를 가격하여 회전 시 돌아가는 높이로 얻어지는 흡수에너지를 시편 노치부의 단면적으로 나누어 주어 충격강도를 얻는다. 캔틸레버 형상의 시편을 사용한다.

   ㉣ **브리넬 경도시험** : 압입자인 강구를 재료에 일정한 압력으로 누르고, 이 때 생기는 우묵한 자국의 크기로 경도를 나타낸다.

   ㉤ **비커스 경도시험** : 압입자로 눌러 생긴 자국의 표면적으로 경도값을 구한다. (주로 다이아몬드의 사각뿔을 눌러서 생긴 자국의 표면적으로 경도를 나타낸다.)

   ㉥ **로크웰 경도시험** : 압입자인 강구에 하중을 가하여 압입자국의 깊이를 측정하여 경도를 측정한다.

33 ②

② 커링은 성형가공에 해당한다.

34 ⑤

⑤ 압축비와 세탄가를 높게 한다.

35 ③

③ 불활성 가스 아크용접은 피복제 및 용제가 불필요하다

36 ①

마우러(Maurer) 선도 … 주철조직에 영향을 미치는 C와 Si 함유량의 관계도이다.

37 ③

리드는 나사를 한 바퀴 돌렸을 때 나사가 이동한 수평거리이며 피치와 줄 수의 곱이다. 1줄 나사인 경우는 리드와 피치의 값이 동일하다. 1줄 나사가 2번을 회전하면 20mm가 이동되었으므로 1번을 회전하면 10mm가 이동되므로, 피치는 10mm가 된다.

38 ④

④ 기어는 전달용 기계요소에 해당한다.

39 ①

비중은 상대적인 값으로서 단위가 없는 무차원계수이다. (비중과 밀도는 엄연히 다른 개념임에 유의해야 한다.)

40 ②

용접잔류응력은 용접 시 발생하는 열량, 판의 두께, 모재의 크기와 형상 등에 의해 발생할 수 있으며 용접부의 가열과 냉각에 수반되는 열응력의 최종상태로 발생한다. 일반적으로 정적강도에는 크게 영향을 미치지 않는다고 알려져 있으나, 피로강도 및 응력부식에는 큰 영향을 미칠 수 있다.

서울교통공사
필기시험 모의고사

제4회~제5회

- 정답 및 해설 -

✎ 직업기초능력평가

1 ①

① 침강(沈降) : 밑으로 가라앉음
② 침식(侵蝕) : 외부의 영향으로 세력이나 범위 따위가 점점 줄어듦
③ 침체(沈滯) : 어떤 현상이나 사물이 진전하지 못하고 제자리에 머무름
④ 침범(侵犯) : 남의 영토나 권리, 재산, 신분 따위를 침노하여 범하거나 해를 끼침
⑤ 침해(侵害) : 침범하여 해를 끼침

2 ②

제시된 글은 첫 문장에서 유행성 감기가 퍼지는 속도는 인간의 여행 속도에 비례한다는 내용을 언급하고, 과거와 오늘날의 그 속도 차이에 대해 비교하고 있다. 글 후반부에서 현대식 속도가 유행성 감기를 예측할 수 없게 만들었고, 따라서 통제수단도 더 빨라져야 한다고 언급하므로, 답은 ②이다.

3 ①

배경지식이 전혀 없던 상태에서는 X선 사진을 관찰하여도 아무 것도 찾을 수 없었으나 이론과 실습 등을 통하여 배경지식을 갖추고 난 후에는 X선 사진을 관찰하여 생리적 변화, 만성질환의 병리적 변화, 급성질환의 증세 등의 현상을 알게 되었다는 것을 보면 관찰은 배경지식에 의존한다고 할 수 있다.

4 ④

④ 계란 알레르기가 있는 고객이므로 제품에 계란이 사용되었거나, 제조과정에서 조금이라도 계란이 들어갔을 우려가 있다면 안내해 주는 것이 바람직하다. 이 제품은 원재료에 계란이 들어가지는 않지만, 계란 등을 이용한 제품과 같은 제조시설에서 제조하였으므로 제조과정에서 계란 성분이 들어갔을 우려가 있다. 따라서 이 점에 대해 안내해야 한다.

5 ③

정보사회에 있어서 인공지능(AI)과 통계의 역학관계를 주제로 한, 맥락 파악형 문제이다. 상기 자료는 여러 가지 기술적 관점에서 달리 보일 수 있지만, 그 용어의 구분이 모호하고 중첩됨을 말하고 있다. 다시 말하면, 글쓴이의 제시 질문에 관련하여, '인공지능 시대에 통계는 그 역할이 뒤떨어지지 않는다.'임을 알 수 있다. 따라서 이와 같은 맥락적 관점에서 본다면 다른 네 사람과 거리가 먼 발언을 한 사람은 ③번 정 대리이다.

6 ②

산재보험의 소멸은 명확한 서류나 행정상의 절차를 완료한 시점이 아닌 사업이 사실상 폐지 또는 종료된 시점에 이루어진 것으로 판단하며, 법인의 해산 등기 완료, 폐업신고 또는 보험관계소멸신고 등과는 관계없다.
① 마지막 부분에 고용보험 해지에 대한 특이사항이 기재되어 있다.
③ '직권소멸'은 적절한 판단에 의해 근로복지공단이 취할 수 있는 소멸 형태이다.

7 ①

'채'는 의존 명사로 '이미 있는 상태 그대로 있다는 뜻을 나타내는 말이다. '체'는 의존 명사로 '그럴듯하게 꾸미는 거짓 태도나 모양'을 의미한다. '-째'는 접사로 '그대로, 또는 전부'를 의미한다. 따라서 '껍질째'는 '껍질'이라는 명사에 '-째'라는 접사가 붙어 '껍질 그대로 또는 전부'라는 의미가 되므로 바르게 쓰였다.
② '앉아 있는 상태 그대로 있다.'라는 의미로 쓰인 것이므로 의존 명사 '채'가 쓰여 '앉은 채로'라고 써야 한다.
③ '똑똑한 척 꾸미는 거짓 태도나 모양'이라는 의미로 쓰인 것이므로 의존 명사 '체'가 쓰여 '똑똑한 체'라고 써야 한다.
④ '살아 있는 상태 그대로'라는 의미로 쓰인 것이므로 의존 명사 '채'가 쓰여 '산 채'라고 써야 한다.
⑤ '죽은 척 꾸미는 거짓 태도나 모양'을 의미하는 것이므로 의존 명사 '체'가 쓰여 '죽은 체를 했다'라고 써야 한다.

8 ①

① 재배면적은 고추가 2024년 대비 2025년에 감소하였고, 참깨는 증가하였음을 확인할 수 있다.

② 고추는 두 가지 모두 지속 감소, 참깨는 두 가지 모두 지속 증가하였다.

③ 고추는 123.5천 톤에서 55.7천 톤으로, 참깨는 19.5천 톤에서 14.3천 톤으로 감소하였다.

④ 고추는 대체적으로 감소세라고 볼 수 있으나, 참깨는 증감을 반복하고 있는 추세이므로 적절한 설명이라고 볼 수 있다.

⑤ 예를 들어 2023년 고추의 경우 재배면적은 감소하였으나, 생산량은 오히려 증가한 것을 확인할 수 있다.

9 ②

한 시간 동안 A의 효율 : $\dfrac{1}{6}$

한 시간 동안 B의 효율 : $\dfrac{1}{4}$

한 시간 동안 C의 효율 : $\dfrac{1}{3}$

$$\left(\dfrac{1}{6}+\dfrac{1}{4}+\dfrac{1}{3}\right)\times x = 1$$

$$\dfrac{9}{12}x = 1$$

$$\therefore x = \dfrac{4}{3}$$

$60 \times \dfrac{4}{3} = 80$(분), 즉 1시간 20분이 걸린다.

10 ④

1인 수급자는 전체 부부가구 수급자의 약 17%에 해당하며, 전체 기초연금 수급자인 4,581,406명에 대해서는 약 8.3%에 해당한다.

① 기초연금 수급자 대비 국민연금 동시 수급자의 비율은 2017년이 $719,030 \div 3,630,147 \times 100 = 19.8\%$이며, 2024년이 $1,541,216 \div 4,581,406 \times 100 = 33.6\%$이다.

② $4,581,406 \div 6,987,489 \times 100 = 65.6\%$이므로 올바른 설명이다.

③ 전체 수급자는 4,581,406명이며, 이 중 2,351,026명이 단독가구 수급자이므로 전체의 약 51.3%에 해당한다.

⑤ 2017년부터 2025년까지 65세 이상 노인인구는 꾸준히 증가하고 있다.

11 ①

㈎ 남성은 2021년에 전년과 동일하였고 이후 줄곧 증가하였으나, 여성은 2022년부터 감소세에서 증가세로 반전했음을 알 수 있다. (O)

㈏ $69.0\% \to 68.9\% \to 68.4\% \to 67.5\% \to 67.0\% \to 66.8\%$로 매년 감소하였다. (O)

㈐ 2024년은 $21.2 \div 64.3 \times 100 = 33.0\%$이나, 2025년은 $22.6 \div 68.1 \times 100 = 33.2\%$로 남성의 비중이 가장 높은 해이다. (X)

㈑ 2024년의 증가율은 $(64.3 - 60.4) \div 60.4 \times 100 = $ 약 6.5%이며, 2025년의 증가율은 $(68.1 - 64.3) \div 64.3 \times 100 = $ 약 5.9%이다. (O)

12 ③

- 2026년 남성 우울증 환자 수 : $22.6 \times 1.1 = 24.86$만 명
- 2026년 여성 우울증 환자 수 : $45.5 \times 0.9 = 40.95$만 명

따라서 2026년 전체 우울증 환자 수는 $24.86 + 40.95 = 65.81$만 명이다.

13 ⑤

① 팀 선수 평균 연봉$=\dfrac{\text{총 연봉}}{\text{선수 인원수}}$

A : $\dfrac{15}{5} = 3$

B : $\dfrac{25}{10} = 2.5$

C : $\dfrac{24}{8} = 3$

D : $\dfrac{30}{6} = 5$

E : $\dfrac{24}{6} = 4$

② C팀 2024년 선수 인원수 $\dfrac{8}{1.333} = 6$명, 2025년 선수 인원수 8명

D팀 2024년 선수 인원수 $\dfrac{6}{1.5} = 4$명, 2025년 선수 인원수 6명

C, D팀은 모두 전년대비 2명씩 증가하였다.

③ A팀의 2024년 총 연봉은 $\dfrac{15}{1.5} = 10$억 원, 2024년 선수 인원수는 $\dfrac{5}{1.25} = 4$명

2024년 팀 선수 평균 연봉은 $\dfrac{10}{4}=2.5$억 원

2025년 팀 선수 평균 연봉은 3억 원

④ 2024년 선수 인원수를 구해보면 A-4명, B-5명, C-6명, D-4명, E-5명

전년대비 증가한 선수 인원수는 A-1명, B-5명, C-2명, D-2명, E-1명

2024년 총 연봉을 구해보면 A-10억, B-10억, C-20억, D-25억, E-16억

전년대비 증가한 총 연봉은 A-5억, B-15억, C-4억, D-5억, E-8억

⑤ 2024년 총 연봉은 A팀이 10억 원, E팀이 16억 원으로 E팀이 더 많다.

14 ①

㉠ '거리 = 속도 × 시간'이므로,

- 정문에서 후문까지 가는 속도 : $20\text{m/초} = 1{,}200\text{m/분}$
- 정문에서 후문까지 가는데 걸리는 시간 : 5분
- 정문에서 후문까지의 거리 : $1200 \times 5 = 6{,}000\text{m}$

㉡ 5회 왕복 시간이 70분이므로,

- 정문에서 후문으로 가는데 소요한 시간 : 5회 $\times\, 5$분 $= 25$분
- 후문에서 정문으로 가는데 소요한 시간 : 5회 $\times\, x$분
- 쉬는 시간 : 10분
- 5회 왕복 시간 : $25 + 5x + 10$분 $= 70$분

∴ 후문에서 정문으로 가는데 걸린 시간 $x = 7$분

15 ③

㉠ "옆에 범인이 있다."고 진술한 경우를 ○, "옆에 범인이 없다."고 진술한 경우를 ×라고 하면

1	2	3	4	5	6	7	8	9
○	×	×	○	×	○	○	○	×
							시민	

- 9번이 범인이라고 가정하면

9번은 "옆에 범임이 없다.'고 진술하였으므로 8번과 1번 중에 범인이 있어야 한다. 그러나 8번이 시민이므로 1번이 범인이 된다. 1번은 "옆에 범인이 있다."라고 진술하였으므로 2번과 9번에 범인이 없어야 한다. 그러나 9번이 범인이므로 모순이 되어 9번은 범인일 수 없다.

- 9번이 시민이라고 가정하면

9번은 "옆에 범인이 없다."라고 진술하였으므로 1번도 시민이 된다. 1번은 "옆에 범인이 있다."라고 진술하였으므로 2번은 범인이 된다. 2번은 "옆에 범인이 없다."라고 진술하였으므로 3번도 범인이 된다. 8번은 시민인데 "옆에 범인이 있다."라고 진술하였으므로 9번은 시민이므로 7번은 범인이 된다. 그러므로 범인은 2, 3, 7번이고 나머지는 모두 시민이 된다.

㉡ 모두가 "옆에 범인이 있다."라고 진술하면 시민 2명, 범인 1명의 순으로 반복해서 배치되므로 옳은 설명이다.

㉢ 다음과 같은 경우가 있음으로 틀린 설명이다.

1	2	3	4	5	6	7	8	9
○	○	○	○	○	○	○	×	○
범인	시민	시민	범인	시민	범인	시민	시민	시민

16 ⑤

1. [이야기 내용] 마지막 문장에서 3사람 외에 다른 사람은 없었다고 하였으므로, 미용실에는 여자 미용사 1명, 여성 손님 1명, 남성 손님 1명이 있었다. → ○

2. 세 번째 문장에서 '커트 비용으로 여자 미용사는 ~'이라고 언급하고 있으므로 이 미용실의 미용사는 여성이다. → ○

3. 두 번째 문장에서 '여성에 대한 커트가 끝나자, 기다리던 남성도 머리를 커트하였다'라고 하였으므로 여자 미용사는 남성의 머리를 커트하였다. → ○

4. '커트 비용으로 여자 미용사는 남성으로부터 모두 $10{,}000$원을 받았다.' 이 문장만으로 '돈을 낸' 사람이 머리를 커트한 남자 손님이라고 단정할 수는 없다. 여자 손님이 낸 돈을 남자 손님이 미용사에게 건네주었을 수도 있다. → ×

5. [이야기 내용]만으로는 이 미용실의 일인당 커트 비용을 알 수 없다. → ×

6. 두 번째 문장에서 '여성에 대한 커트가 끝나자, 기다리던 남성도 머리를 커트하였다'라고 하였으므로 머리를 커트한 사람은 모두 2명이다. → ○

17 ⑤

㉠ 70명이 기권하면 기권표가 전체의 3분의 1 이상이 되므로 안건은 부결된다.

㉡ 104명이 반대하면 기권표가 없다고 가정할 경우 106명이 찬성을 한 것이고, 기권표를 제외해도 찬성표가 50%를 넘기 때문에 안건이 반드시 부결된다고 볼 수는 없다.

㉢ 141명이 찬성하면 나머지 69명이 기권 또는 반대를 하더라도 반드시 안건은 가결된다.

㉣ 안건이 가결될 수 있는 최소 찬성표를 구하면 69명이 기권하고 그 나머지에서 찬성이 50%를 넘는 것을 의미하므로 $210-69=141$명, 여기서 50%를 넘어야 하므로 71명 그러므로 최소 찬성표는 71표가 된다.

18 ⑤

⑤ 어머니와 본인, 배우자, 아이 셋을 합하면 戊의 가족은 모두 6명이다. 6인 가구의 월평균소득기준은 $5,144,224$원 이하로, 월평균소득이 480만 원이 되지 않는 戊는 국민임대주택 예비입주자로 신청할 수 있다.

① 세대 분리되어 있는 배우자도 세대구성원에 포함되므로 주택을 소유한 아내가 있는 甲은 국민임대주택 예비입주자로 신청할 수 없다.

② 본인과 배우자, 배우자의 부모님을 합하면 乙의 가족은 모두 4명이다. 4인 가구 월평균소득기준은 $4,315,641$원 이하로, 월평균소득이 500만 원을 넘는 乙은 국민임대주택 예비입주자로 신청할 수 없다.

③ 신청자인 丙의 배우자의 직계비속인 아들이 전 남편으로부터 아파트 분양권을 물려받아 소유하고 있으므로 丙은 국민임대주택 예비입주자로 신청할 수 없다.

④ 3천만 원짜리 자동차를 소유하고 있는 丁은 자동차에서 자산보유 기준을 충족하지 못하므로 국민임대주택 예비입주자로 신청할 수 없다.

19 ②

② 출입문을 개방하는 것은 비상코크를 작동함으로써 가능하다. 비상코크는 객차 내 의자 양 옆 아래쪽에 있다.

20 ④

50세인 최 부장은 기본점수가 100점 이었으나 성수기 2박 이용으로 40점(1박 당 20점)이 차감되어 60점의 기본점수가 남아 있으나 20대인 엄 대리는 미사용으로 기본점수 70점이 남아 있으므로 점수 상으로는 선정 가능성이 더 높다고 할 수 있다.

① 신청은 2개월 전부터 가능하므로 내년 이용 콘도를 지금 예약할 수는 없다.

② 신혼여행 근로자는 최우선 순위로 콘도를 이용할 수 있다.

③ 선정 결과는 유선 통보가 아니며 콘도 이용권을 이메일로 발송하게 된다.

⑤ 이용자 직계존비속 사망에 의한 취소의 경우이므로 벌점 부과 예외사항에 해당된다.

21 ④

모두 월 소득이 243만 원 이하이므로 기본점수가 부여되며, 다음과 같이 순위가 선정된다.

우선, 신혼여행을 위해 이용하고자 하는 B씨가 1순위가 된다. 다음으로 주말과 성수기 선정 박수가 적은 신청자가 우선순위가 되므로 주말과 성수기 이용 실적이 없는 D씨가 2순위가 된다. A씨는 기본점수 80점, 3일 전 취소이므로 20점(주말 2박) 차감을 감안하면 60점의 점수를 보유하고 있으며, C씨는 기본점수 90점, 성수기 사용 40점(1박 당 20점) 차감을 감안하면 50점의 점수를 보유하게 된다. 따라서 최종순위는 B씨 − D씨 − A씨 − C씨가 된다.

22 ①

100만 원을 초과하는 금액을 법인카드로 결제할 경우, 대표이사를 최종결재권자로 하는 법인카드신청서를 작성해야 한다. 따라서 문서의 제목은 법인카드신청서가 되며, 대표이사가 최종결재권자이므로 결재란에 '전결' 또는 상향대각선 등 별다른 표기 없이 작성하면 된다.

23 ⑤

50만 원 이하의 출장비신청서가 필요한 경우이므로 전결규정에 의해 본부장을 최종 결재권자로 하는 출장비신청서가 필요하다. 따라서 본부장 결재란에는 '전결'이라고 표시하고 최종 결재권자란에 본부장이 결재를 하게 된다.

24 ③

㉠ [O] 전동차 분야의 2024년 소계액은 1,488억 원, 2025년 소계액은 1,672억 원으로 모든 분야 중 가장 큰 금액이다.

㉡ [O] 2024년 공기질 개선 측정기구에 대한 투자액은 0원이므로 2025년에 새롭게 투자한 항목이라는 것을 알 수 있다.

㉢ [×] 노후 전선로 및 노후 전력설비를 개량하는 데 투자한 금액의 합은 2024년에 423억 원으로, 노후시설 개선 전체 투자금액 1,076억 원의 약 39%를 차지한다. 2025년 역시 두 내역의 금액 합은 461억 원으로, 노후시설 개선 투자금액의 48% 비중이다. 따라서 두 해 모두 노후 전선로 및 노후 전력설비를 개량 비용은 노후시설 개선 분야의 투자금액 중 절반에 못 미친다.

㉣ [O] 도표 중 증감란을 보면, 세부 내역 모두에서 감소(△) 표시가 없는 분야는 '공기질'과 '디지털 기반 안전시스템(SCM)'임을 알 수 있다.

25 ②

② 해당 내용은 조직도를 통해 타당하게 유추하기 어렵다. 철도안전법상 관제자격증명의 신체검사는 서울교통공사의 종합관제단이 아니라 국토교통부장관이 실시한다.

26 ⑤

⑤ 데이터는 논리적 및 전사적으로 통합된 공동의 저장소에 수집 · 저장 · 제공되어야 한다. 또한 정보 수요자의 정보 활용 공통기반을 구축하고, 운영 및 유지하여야 한다.

27 ⑤

차트는 '가로 막대형'이며, 부서명은 '오름차순', 순위 [E4]셀 함수식은 '=RANK(D4,$D$4:$D$8,0)'이므로 ㉠, ㉡, ㉢ 모두 맞다.

28 ③

특정 값을 일시적으로 필터링하는 기능인 필터 기능을 사용하여 '승차'값만 확인하는 것이 가장 적절하다.

29 ③

① '승차/하차'를 나타내는 '구분' 열이 삭제되었다.
② [B2:I6]의 셀은 각 지하철역별 승차 인원수와 하차 인원수를 더한 값을 표현하고 있다.
④ [J2:J6]은 스파크라인을 이용하여 셀 안에 차트를 삽입하였다.
⑤ [B7:I7]은 average 함수를 이용하여 시간대별 평균 이용자수를 나타낸 값이다.

30 ②

제시된 항목 중 직접비는 직원 급여, 출장비, 설비비, 자재대금으로 총액 4,000만 원이며, 간접비는 사무실 임대료, 수도/전기세, 광고료, 비품, 직원 통신비로 총액 1,025만 원이다. 따라서 출장비가 280만 원이 되면 직접비 총액이 4,080만 원이 되므로 여전히 간접비는 직접비의 25%가 넘게 된다.

① 30만 원이 절약되므로 간접비는 직접비의 25% 이하가 된다.
③ 간접비가 35만 원 절약되므로 팀장의 지시 사항에 어긋나지 않게 된다.
④ 간접비 총액이 1,000만원 밑으로 내려가므로 팀장의 지시 사항에 어긋나지 않게 된다.
⑤ 직접비가 220만 원 상승하므로 팀장의 지시 사항에 어긋나지 않게 된다.

31 ④

일반적 질병으로 60일 병가를 모두 사용하였고, 부상으로 인한 지각 · 조퇴 · 외출 누계 허용 시간인 8시간을 1시간 넘겼으므로 규정 내의 병가 사용이라고 볼 수 없다.

① 공무상 질병으로 인한 병가는 180일 이내이며, 조퇴 누계 시간이 8시간 미만이므로 규정 내에서 사용하였다.

② 일반적 질병으로 60일 범위 내에서 사용한 병가이므로 규정 내에서 사용하였다.

③ 정직일수는 병가일수에서 공제하여야 하므로 60일(정직 30일 + 공무상 병가 30일)의 공무상 병가이며, 지각 누계 시간이 8시간 미만이므로 규정 내에서 사용하였다.

⑤ 진단서 없이 6일간의 기한 내 병가 사용이며 지각 · 조퇴 · 외출 누계 시간이 각각 6시간으로 규정 내에서 사용하였다.

32 ④

◑, ◉을 차례로 눌러서 다음과 같이 변화되었음을 알 수 있다.

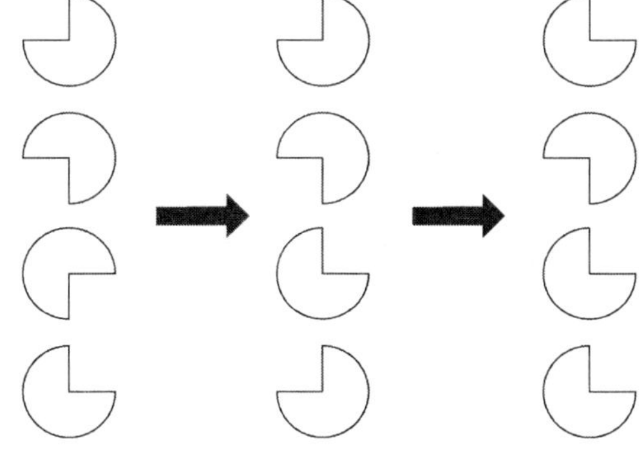

33 ②

4차 산업발전이 제공하는 스피드와 만족과 더불어서 C2C (Customer to Customer)는 인터넷을 통한 직거래 또는 물물교환, 경매 등에서 특히 많이 활용되는 전자상거래 방식이다. C 쇼핑이 제공하는 서비스는 "수수료를 받지 않고 개인 간 물품거래를 제공하는 스마트폰 애플리케이션 '오늘 마켓'을 서비스 한다"라는 구절을 보면 알 수 있다.

34 ①

크로스도크(Cross Dock) 방식을 사용할 경우 대내 운송품은 유통센터에 하역되고 목적지별로 정렬되고 이어 트럭에 다시 실리는 과정을 거치게 된다. 재화는 실제로 전혀 창고에 들어가지 않으며 단지 도크를 거쳐 이동할 뿐이며, 이로 인해 최소 재고를 유지하고, 유통비용을 줄일 수 있다.

35 ④

④ 김 대리는 현대 일본을 상대로 하는 무역회사에 다니고 있으므로 고급 일본어를 수강하겠다는 것은 현재 직무를 고려한 자기개발이다.

36 ⑤

㉣은 '언행일치'와 관련한 내용으로 행동과 말을 일치시키는 것이 대인관계 향상에 매우 중요함을 보여주고 있다.

37 ④

박스 안의 고객은 전문가처럼 보이고 싶어하는 고객의 유형에 해당한다. 이러한 유형의 고객에게는 정면 도전을 피하고 고객이 주장하는 내용의 문제점을 스스로 느낄 수 있도록 대안이나 개선에 대한 방안을 유도해 내도록 해야 한다. 또한, 대화 중에 반론을 하거나 자존심을 건드리는 행위를 하지 않도록 주의하며 자신의 전문성을 강조하지 말고 문제 해결에 초점을 맞추어 고객의 무리한 요망사항에 대체할 수 있는 사실을 언급한다.

38 ②

② '내가'라는 자아의식의 과잉은 팀워크를 저해하는 대표적인 요인이 될 수 있다. 팀워크는 팀 구성원이 공동의 목적을 달성하기 위해 상호 관계성을 가지고 서로 협력하여 일을 해나가는 것인 만큼 자아의식이 강하거나 자기중심적인 이기주의는 반드시 지양해야 할 요소가 된다.

39 ④

가. 악수를 하는 동안에는 상대에게 집중하는 의미로 반드시 눈을 맞추고 미소를 짓는다.

다. 처음 만나는 사람과의 악수라도 손끝만을 잡는 행위는 상대방을 존중한다는 마음을 전달하지 못하는 행위이다.

바. 정부 고관을 지낸 사람을 소개할 경우 퇴직한 사람이라도 직급명은 그대로 사용해 주는 것이 일반적인 예절로 인식된다.

40 ③

제시된 상황은 대표적으로 직업윤리와 개인윤리가 충돌하는 상황이라고 할 수 있다. 직무에 따르는 업무적 책임 사항은 반드시 근무일에만 적용된다고 판단하는 것은 올바르지 않으며, 불가피한 경우 휴일에도 직무상 수행 업무가 발생할 수 있음을 감안하는 것이 바람직한 직업윤리의식일 것이다. 따라서 이러한 경우 직업윤리를 우선시하는 것이 바람직하다. 선택지 ④와 같은 경우는 대안을 찾는 경우로서, 책임을 다하는 태도라고 할 수 없다.

✎ 직무수행능력평가(기계일반)

1 ④

열경화성 수지 … 페놀수지, 요소수지, 멜라민수지, 폴리에스테르수지, 에폭시수지, 실리콘수지, 프란수지

2 ⑤

셸 몰드 주조법 … 금속으로 만든 모형을 가열로에 넣고 가열한 다음, 모형 위에 규사와 페놀계 수지를 배합한 가루를 뿌려 경화시켜 만드는 주형으로, 얇고 작은 부품주조에 이용된다.

3 ④

④ 질화법은 암모니아 가스 속에 강을 넣고 장시간 가열하여 철과 질소가 작용하여 질화 철이 되도록 하는 것이다.

4 ②

② 정지 시에 장력이 작용하지 않는다.

5 ③

③ 피스톤 링은 조립, 생산, 정비 등의 이유로 링의 엔드부가 절개 되어 있어, 링 설치 시 각 링의 절개부의 위치를 엇갈리게 배치하거나 여러 가지 이음을 사용한다.

6 ①

㉠ 뜨임(소려, 템퍼링) : 불안정한 조직을 재가열하여 원자들을 좀 더 안정적인 위치로 이동시킴으로써 인성을 증대

㉡ 담금질(소입,   칭) : 재료를 단단하게 하기 위해 가열된 재료를 급랭하여 강도를 증가시켜서 내마멸성을 향상

㉢ 풀림(소둔, 어닐링) : 강 속에 있는 내부 응력을 완화시켜 강의 성질을 개선하는 것으로 노(爐)나 공기 중에서 서냉

㉣ 불림(소준, 노멀라이징) : 강을 표준 상태로 하기 위하여 가공 조직의 균일화, 결정립의 미세화, 기계적 성질의 향상

7 ③

③ 강의 탄소함유량이 많아지면 경도가 증가한다.

8 ②

애크미나사는 사다리꼴나사를 가리킨다.

9 ④

① 랩핑

② 수퍼피니싱

③ 호닝

⑤ 배럴가공

10 ④

④ D점은 극한강도점이며, 응력－변형률 선도에서 나타난 것이다.

A : 비례한도,　B : 탄성한도,　C : 항복점,　D : 극한강도점,　E : 네킹시작점,　F : 파괴점

※ 진응력 － 진변형률

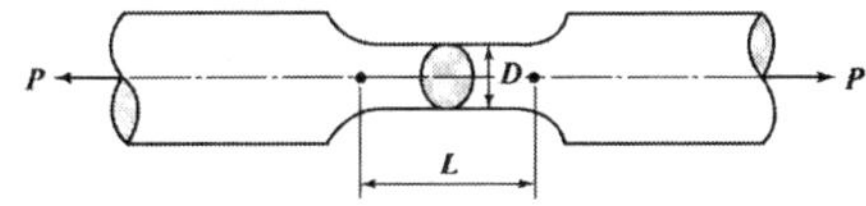

11 ③

페놀수지, 멜라민수지는 열경화성수지이다.

※ 열경화성 수지 … 열과 압력을 가하면 용융되어 유동상태로 되고, 일단 고화되면 다시 열을 가하더라도 용융되지 않으므로 재사용이 불가능한 수지이다. (경화과정에서 화학적 반응으로 새로운 합성물을 형성하기 때문이다.)

- 중합이 일어나는 동안에 분자의 반응부분이 긴 분자간의 가교결합을 형성하고, 일단 고화가 일어나면 수지는 가열하여도 연화하지 않는다.
- 페놀수지, 우레아수지, 에폭시수지, 멜라민수지, 알키드수지 등 있다.
- 높은 열안정성, 크리프 및 변형에 대한 치수안정성, 높은 강성과 경도를 특징으로 한다.

※ 열가소성 수지 … 열을 가하면 용융되고 고화된 수지라 할지라도, 다시 가열하면 용융되어 재사용이 가능하며, 주로 사출성형용 재료로 많이 사용한다.

- 긴 분자들로 구성되어 있으며, 이 분자들을 다른 분자들과 연결되지 않는 분자군으로 되어있다. (가교결합이 되어 있지 않다)
- 반복해서 가열연화와 냉각경화를 시킬 수가 있다.

- 폴리에틸렌, 폴리아세탈수지, 폴리스티렌수지, 염화비닐수지, 나일론, ABS수지, 아크릴수지 등이 있다.
- 사출성형에 주로 사용되며, 전기 및 열의 절연성이 좋다.
- 고온에서 사용할 수 없으며 내후성이 한계가 있다.
- 성형하기가 쉽고 가공이 용이하며 착색이 자유로우며 외관이 아름답다.
- 열팽창계수가 크며 연소성이 있다.

12 ③

전달력, 회전력, 토크, 동력의 크기 … 세레이션 > 스플라인키 > 접선키 > 묻힘키 > 반달키 > 평키 > 안장키 > 핀키

13 ②

② 전해가공은 공구의 소모가 매우 적다.

14 ①

② 체심입방격자의 단위 격자당 원자는 2개이다.

③ 조밀육방격자의 단위 격자당 언자는 2개이다.

④ 정육면체의 각 모서리와 각 면의 중심에 각각 1개의 원자가 배열되어 있는 것은 면심입방격자이다.

⑤ 면심입방격자 구조를 가진 금속은 Cu, Ni, Al 등이 있다.

15 ①

$$v = \frac{\beta}{\epsilon} = \frac{\dfrac{\Delta d}{d}}{\dfrac{\Delta L}{L}} = 0.5 이므로 \quad \beta = \frac{\Delta d}{d} = 0.5\epsilon$$

재료의 단면이 원형이라고 가정하면, $A = \dfrac{\pi d^2}{4}$ 이 되며, 인장하중을 가한 후 변형이 발생했을 때의 단면적은 $A' = \dfrac{\pi(d-\Delta d)^2}{4}$ 가 된다. 따라서 단면적의 변화량은 다음의 식에 따라 구해진다.

$$A - A' = \frac{\pi d^2}{4} - \frac{\pi(d-\Delta d)^2}{4} = \frac{\pi\{(\Delta d)^2 - 2d \times \Delta d\}}{4}, \quad \Delta d = 0.5\epsilon d 이$$

므로

$$A - A' = \frac{\pi\{(0.5\epsilon d)^2 - 2d \times 0.5\epsilon d\}}{4} = \pi \times \frac{(0.25\epsilon^2 d^2) - \epsilon d^2}{4} 가 된다.$$

여기서 $0.25\epsilon^2 d^2$ 은 매우 작은 값이므로 단면적의 변화량은 $\epsilon \dfrac{\pi d^2}{4} = \epsilon A$ 가 된다.

16 ①

공차 ⋯ 최대허용치수와 최소허용치수의 차이를 말한다.

17 ⑤

절삭열의 발생

㉠ 절삭가공에서는 여러 가지 원인에 의해 열이 발생된다. 실제로 통상적인 속도의 절삭 속도에서는 절삭에 소요된 에너지의 거의 대부분이 열로 변환된다.

㉡ 전단면에서의 소성 변형, 칩과 공구 경사면의 마찰, 공구여유면과 가공면과의 마찰 등이 절삭열을 발생시키는 대표적인 요인이다.

㉢ 절삭가공에서 발생한 열은 60% 이상이 칩으로 빠져나간다. 절삭속도가 빨라질수록 칩으로 빠져나가는 절삭열의 비중은 커지며, 고속 가공에서는 그 비중이 90% 이상이 된다. 나머지 절삭열이 공구와 공작물의 온도를 상승시키게 되며, 비율은 보통 일반적인 절삭속도에서 공구 약 10%, 공작물 약 30% 정도이다.

㉣ 일반적으로 절삭열은 공구의 경도 저하로 인한 공구 마모 속도 증가, 공작물의 열팽창으로 인한 가공 칫수 정도 저하 등 절삭 가공에 나쁜 영향을 미친다. 특히, 절삭온도가 높아지면 공구 수명은 급속하게 짧아진다.

18 ①

용접작업 중 역화를 일으키거나 저압식 토치가 막혀 산소가 아세틸렌 쪽으로 역류하는 경우 이 역류작용이 발생기까지 확산되면 폭발의 위험성이 있으므로 토치와 발생기 사이에 안전밸브 등의 안전기를 설치하여 위험을 방지하여야 한다.

19 ④

$$5.0 = \frac{3.14 \times 400 \times D}{1,000} \rightarrow D = 3.98 \cdots 4.0$$

20 ④

① 펌프에 플라이 휠을 설치하여 급격한 속도변화를 방지한다.
② 배관을 가능한 직선으로 시공한다.
③ WHC(수격방지기) 혹은 조압수조를 설치한다.
⑤ 송출관 내의 유속을 낮춘다.

21 ④

축압 브레이크의 일종으로, 회전축 방향에 힘을 가하여 회전을 제동하는 제동 장치는 원판 브레이크이다.

22 ③

• 용광로에 코크스, 철광석, 석회석을 교대로 장입하고 용해하여 나오는 철을 <u>선철</u>이라 하며, 이 과정을 <u>제선과정</u>이라 한다.
• 용광로에서 나온 <u>선철</u>을 다시 평로, 전기로 등에 넣어 불순물을 제거하여 제품을 만드는 과정을 <u>제강과정</u>이라 한다.

23 ⑤

압축비는 압축 전의 용적과 압축 후의 용적비를 말한다. 실린더의 체적을 극간(틈새)의 체적으로 나눈 값이다. (간극체적 = 연소실체적)

$$\text{압축비 } \epsilon = \frac{\text{실린더체적}}{\text{연소실체적}} = \frac{\text{연소실체적} + \text{행정체적}}{\text{연소실체적}}$$

24 ①

슬라이딩 베어링의 특징
• 추력하중을 받기 어렵다.
• 충격흡수능력이 크다.
• 고속회전능력에 유리하다.
• 소음이 작다.
• 마찰계수가 크다.

25 ②

웜기어는 한 개의 직교하는 축 사이에서 회전 속도를 낮추는 일방 기어 장치(오직 나사만 바퀴를 움직일 수 있다.) 웜기어는 두 축이 만나지도 평행하지도 않는 기어이다.

26 ⑤

  ㉠ 항복강도 : 0.05~0.3% 사이의 특정한 영구 변형률을 발생시키는 응력

  ㉡ 극한강도 : 재료가 파단하기 전에 가질 수 있는 최대 응력

27 ①

  ㉢ 결정립계의 원자들은 결정립 내부의 원자에 비해 반응성이 높아 부식되기 쉽다.

  ㉣ 결정립이 미세할수록 금속의 항복강도, 피로강도, 인성이 개선된다.

28 ①

  ② 관용나사의 나사 산각은 55도이다.

  ③ 강도저하를 작게 하기 위해 높이가 낮은 관용나사를 사용한다.

  ④ 형상에 따라 평행나사, 경사(테이퍼)나사가 있다.

  ⑤ 관용 테이퍼나사의 테이퍼 값은 1/16이다.

29 ④

  ㉡ 기포 발생이 적어야 한다.

  ㉣ 적당한 점도를 가져야 한다.

30 ④

  ④ 제네바 기어가 회전하는 동안 제네바 기어의 각속도는 일정하지 않고 변화한다.

  ※ 제네바 기어 … 초기에는 시계장치에 주로 사용되었으나 그 후 여러 기계들에 사용됨. 제네바 기어를 설계하기 위해 필요한 회전속도를 계산해야한다.

31 ⑤

  ⑤ Cr(크롬)은 체심입방구조이다.

32 ①

  ① 스프링은 원칙적으로 무하중인 상태로 그린다.

33 ⑤

보기 중의 재료의 강도는 모두 단위면적당 작용력(N/mm^2)으로로 표현한다.

34 ④

  ④ 니들 롤러베어링 : 길이에 비해 지름이 매우 작은 롤러를 사용하는 베어링으로서 좁은 장소에서 비교적 큰 충격하중을 받게 되는 내연기관의 피스톤 핀에 사용된다. 길이에 비해 지름이 매우 작은 롤러를 사용하므로 축방향 하중 지지에는 적합하지 않으며, 축 자체가 축방향으로 하중을 받게 되면 미끄러지기 쉽다.

35 ②

  • 플랜징 : 금속 관재의 모서리를 굽히는 가공법으로서 2단 펀치를 사용하여 판재에 구멍을 낸 후 구멍을 넓혀가면서 모서리를 굽혀 마무리하는 가공법

  • 인베스트먼트주조법 : 왁스와 같은 재료로 모형을 만들고, 여기에 주형재를 부착시켜 굳힌 후 가열하여 왁스를 녹여서 제거하고, 여기에 쇳물을 주입하여 주물을 만드는 방법으로, 주물의 치수가 정확하고 표면이 깨끗하여 복잡한 형상을 만드는데 사용하는 주조법

36 ②

  ① 테르밋 용접법에 대한 설명이다.

  ③ MIG 용접(GMAW)에 대한 설명이다.

  ④ TIG 용접은 용가재의 첨가 없이도 아크열에 의해 모재를 녹여 용접할 수 있다.

  ⑤ 서브머지드 아크 용접(SAW)에 대한 설명이다.

37 ④

  C : 대패처럼 다듬질

  G : 그라인더 다듬질

  M : 기계 다듬질

  E → 다듬질 보조기호가 아니다.

38 ②

두 축의 중심선을 일치시키기 어렵거나, 진동이 발생되기 쉬운 경우에는 플렉시블 커플링을 사용하여 축을 연결하고, 두 축이 만나는 각이 수시로 변화하는 경우에는 유니버설 조인트가 사용된다.

- 플랜지 커플링 : 큰 축과 고속정밀회전축에 적합하며 커플링으로서 가장 널리 사용되는 방식이다. 양 축 끝단의 플랜지를 키로 고정한 이음이다.
- 플렉시블 커플링 : 두 축의 중심선이 약간 어긋나 있을 경우 탄성체를 플랜지에 끼워 진동을 완화시키는 이음이다. 회전축이 자유롭게 이동할 수 있다.
- 유체 커플링 : 원동축에 고정된 펌프 깃의 회전력에 의해 동력을 전달하는 이음이다.
- 유니버설 커플링 : 훅 조인트(Hook's joint)라고도 하며, 두 축이 같은 평면 내에 있으면서 그 중심선이 서로 30° 이내의 각도를 이루고 교차하는 경우에 사용되며 두 축이 만나는 각이 수시로 변화하는 경우에 사용되기도 한다. 공작 기계, 자동차의 동력전달 기구, 압연 롤러의 전동축 등에 널리 쓰인다.

39 ②

금속의 가공상의 성질

- 주조성 : 금속이나 합금을 녹여서 주물을 만들 수 있는 성질을 말하며, 유동성, 수축성, 가스의 흡수성 등이 포함된다.
- 소성 가공성 : 금속이나 합금에 힘을 가하여 여러 모양으로 변형시키는 데 용이한 성질로, 단조성, 압연성, 프레스 성형성 등으로 불린다.
- 접합성(용접성) : 금속이나 합금 등 재료의 용융성을 이용하여 두 부분을 반영구적으로 접합할 수 잇는 난이도를 나타내는 성질이다.
- 절삭성 : 금속이나 합금 등 절삭공구에 의해 재료가 절삭되는 성질을 말한다.

40 ④

센터리스연삭기의 장점

- ㉠ 깊이 이송이 거의 연속적이므로 연삭속도가 매우 빠르다.
- ㉡ 자동으로 조절이 가능하기 때문에 작업자의 기술이 거의 필요하지 않다.
- ㉢ 공작물의 뒤틀림이 없어 정확한 치수를 얻을 수 있다.
- ㉣ 대형 연삭숫돌이 사용되어 숫돌의 마멸을 최소화 할 수 있다.
- ㉤ 센터를 필요로 하지 않으므로 센터구멍이 필요없어 중공의 원통을 연삭하는 데 편리하다.
- ㉥ 지름이 작은 공작물을 연속적으로 연삭할 수 있어 대량생산에 적합하다.

✎ 직업기초능력평가

1   ④

④ '발굴'은 세상에 널리 알려지지 않거나 뛰어난 것을 찾아 밝혀낸다는 의미로, 發(필 발)掘(팔 굴)로 쓴다.

2   ④

④ '제공(提供)'은 '갖다 주어 이바지함'의 의미로 '자료 제공', '정보 제공' 등의 형태로 쓰인다. 홈페이지에 게시된 콘텐츠나 홈페이지에서 지원하고 있는 서비스를 모두 포괄할 수 있는 맥락에서 보기 중 빈칸에 들어가기 가장 적절한 단어는 '제공'이다.

① 공급 : 요구나 필요에 따라 물품 따위를 제공함

② 공고 : 국가 기관이나 공공 단체에서 일정한 사항을 일반 대중에게 광고, 게시, 또는 다른 공개적 방법으로 널리 알림

③ 공표 : 여러 사람에게 널리 드러내어 알림

⑤ 생산 : 인간이 생활하는 데 필요한 각종 물건을 만들어 냄

3   ⑤

⑤ 형태가 일정한 물체의 회전 운동 에너지는 회전 속도의 제곱에 정비례하므로 물체의 회전 속도가 2배가 되면 회전 운동 에너지는 4배가 된다.

4   ④

① 돌림힘의 크기는 회전축에서 힘을 가하는 점까지의 거리와 가해 준 힘의 크기의 곱으로 표현된다. 따라서 갑의 돌림힘의 크기는 $1m \times 300N = 300N \cdot m$이고, 을의 돌림힘의 크기는 $2m \times 200N = 400N \cdot m$이다. 따라서 갑의 돌림힘의 크기가 을의 돌림힘의 크기보다 작다.

② 두 돌림힘의 방향이 서로 반대이므로 알짜 돌림힘의 방향은 더 큰 돌림힘의 방향과 같다. 따라서 알짜 돌림힘의 방향의 을의 돌림힘의 방향과 같다.

③ 두 돌림힘의 방향이 반대이지만, 돌림힘의 크기가 다르므로 알짜 돌림힘은 0이 아니고, 돌림힘의 평형도 유지되지 않는다.

⑤ 두 돌림힘의 방향이 서로 반대이면 알짜 돌림힘의 크기는 두 돌림힘의 크기의 차가 된다. 따라서 알짜 돌림힘의 크기는 $400 - 300 = 100N \cdot m$이다.

5   ②

제시된 제7조~제12조까지의 내용은 각 조항별로 각각 인원보안 업무 취급 부서, 비밀취급인가 대상자, 비밀취급인가 절차, 비밀취급인가대장, 비밀취급인가의 제한 조건, 비밀취급인가의 해제 등에 대하여 언급하고 있다.

② 비밀의 등급이나 비밀에 해당하는 문서, 정보 등 취급인가 사항에 해당되는 비밀의 구체적인 내용에 대해서는 언급되어 있지 않다.

6   ③

1천만 원 이상의 과태료가 내려지게 되면 공표 조치의 대상이 되나, 모든 공표 조치 대상자들이 과태료를 1천만 원 이상 납부해야 하는 것은 아니다. 과태료 금액에 의한 공표 대상자 이외에도 공표 대상에 포함될 경우가 있으므로 반드시 1천만 원 이상의 과태료가 공표 대상자에게 부과된다고 볼 수는 없다.

① 행정처분의 종류를 처분 강도에 따라 구분하였으며, 이에 따라 가장 무거운 조치가 공표인 것으로 판단할 수 있다.

7   ②

- 첫 날 매출 : $3,000 \times 10 = 30,000$
- 둘째 날 매출 : $2,500 \times 10 = 25,000$
- 셋째 날 매출 : $2,000 \times 10 = 20,000$
- 넷째 날 매출 : $1,500 \times 10 = 15,000$
- 다섯째 날 매출 : $1,000 \times 10 = 10,000$

따라서 해당 제품은 5일 동안 판매되었다.

8 ⑤

⑤ E에 들어갈 값은 37.9 + 4.3 = 42.2이다.

9 ③

재정력지수가 1.000 이상이면 지방교부세를 지원받지 않는다. 따라서 3년간 지방교부세를 지원받은 적이 없는 지방자치단체는 서울, 경기 두 곳이다.

10 ②

인사이동에 따라 A지점에서 근무지를 다른 곳으로 이동한 직원 수는 모두 32 + 44 + 28 = 104명이다. 또한 A지점으로 근무지를 이동해 온 직원 수는 모두 16 + 22 + 31 = 69명이 된다. 따라서 69 − 104 = −35명이 이동한 것이므로 인사이동 후 A지점의 근무 직원 수는 425 − 35 = 390명이 된다.

같은 방식으로 D지점의 직원 이동에 따른 증감 수는 83 − 70 = 13명이 된다. 따라서 인사이동 후 D지점의 근무 직원 수는 375 + 13 = 388명이 된다.

11 ④

④ 범수 = 30 + 4 × 7 = 58

① 용식 = 5 + 5 × 10 = 55

② 재원 = 25 + 2 × 10 = 45

③ 효봉 = 20 + 4 × 7 = 48

⑤ 지수 = 35 + 6 × 2 = 47

12 ①

A : 20,000,000 + 10(2,000 × 1,700) = 54,000,000원

D : 35,000,000 + 10(1,000 × 1,700) = 52,000,000원

따라서 A자동차의 필요경비가 D자동차의 필요경비보다 많다.

13 ③

지방도로의 주행거리에서 가장 높은 수단과 가장 낮은 수단과의 주행거리 차이는 승용차의 주행거리에서 화물차의 주행거리를 뺀 값으로 (61,466 − 2,387 = 59,079km)이다.

14 ④

④ 대학로점 손님은 마카롱을 먹지 않은 경우에도 알레르기가 발생했고, 강남점 손님은 마카롱을 먹고도 알레르기가 발생하지 않았다. 따라서 대학로점, 홍대점, 강남점의 사례만을 고려하면 마카롱이 알레르기 원인이라고 볼 수 없다.

15 ①

㉠ 갑과 을 모두 경제 문제를 틀린 경우

갑과 을의 답이 갈리는 경우만 생각하면 되므로 2, 4, 6, 7번만 생각하면 된다.

갑은 나머지 문제를 틀리게 되면 80점을 받을 수 없다. 을은 2, 4, 6, 7을 모두 맞췄다면 모두 10점짜리라고 하더라도 최대 점수는 60점이 되므로 갑과 을 모두 경제 문제를 틀린 경우는 있을 수 없다.

㉡ 갑만 경제 문제를 틀렸다면 나머지는 다 맞춰야 한다.

- 2, 4, 6, 7번 중 하나가 경제일 경우 갑은 정답이 되고 을은 3개가 틀리게 된다. 3개를 틀려서 70점을 받으려면 각 배점은 10점짜리이어야 하므로 예술 문제를 맞춘 게 된다.

- 2, 4, 6, 7번 중 하나가 경제가 아닌 경우 을은 4문제를 틀린 게 되므로 70점을 받을 수 없다. 그러므로 갑이 경제 문제를 틀렸다면 갑과 을은 모두 예술 문제를 맞춘 것이 된다.

㉢ 갑이 역사 문제 두 문제를 틀렸다면

- 2, 4, 6, 7번 문항에서 모두 틀린 경우 을은 2, 4, 6, 7번에서 2문제만 틀리고 나머지는 정답이 되므로 을은 두 문제를 틀리고 30점을 잃었으므로 경제 또는 예술에서 1문제, 역사에서 1문제를 틀린 게 된다.

- 2, 4, 6, 7번 문항에서 1문제만 틀린 경우 을은 역사 1문제를 틀리고, 2, 4, 6, 7번에서 3문제를 틀리게 된다. 그러면 70점이 안되므로 불가능하다.

- 2, 4, 6, 7번 문항에서 틀린 게 없는 경우 을은 역사 2문제를 틀리고, 2, 4, 6, 7번에서도 틀리게 되므로 40점이 된다.

16 ④

甲 국장은 전체적인 근로자의 주당 근로시간 자료 중 정규직과 비정규직의 근로시간이 사업장 규모에 따라 어떻게 다른지를 비교하고자 하는 것을 알 수 있다. 따라서 국가별, 연도별 구분 자료보다는 ④와 같은 자료가 요청에 부합하는 적절한 자료가 된다.

17 ④

㉠ a를 '을'팀이 맡는 경우 : 4개의 프로젝트를 맡은 팀이 2팀이라는 조건에 어긋난다. 따라서 a를 '을'팀이 맡을 수 없다.

갑	c, d, e	0 → 3개
을	a, b	1 → 3개
병		2 → 3개
정		2 → 3개
무		3 → 4개

㉡ f를 '갑'팀이 맡는 경우 : a, b를 '병'팀 혹은 '정'팀이 맡게 되는데 4개의 프로젝트를 맡은 팀이 2팀이라는 조건에 어긋난다. 따라서 f를 '갑'팀이 맡을 수 없다.

갑	f	0 → 1개
을	c, d, e	1 → 4개
병	a, b	2 → 4개
정		2 → 3개
무		3 → 4개

㉢ a, b를 '갑'팀이 맡는 경우 기존에 수행하던 프로젝트를 포함해서 2개의 프로젝트를 맡게 된다.

갑	a, b	0 → 2개
을	c, d, e	1 → 4개
병		2 → 3개
정		2 → 3개
무		3 → 4개

18 ④

①④ 거짓이나 그 밖의 부정한 방법으로 승인을 받은 경우에는 그 승인을 취소하여야 한다.

② 철도운영자는 안전관리체계의 변경승인을 받지 아니한 경우 6개월 이내의 기간을 정하여 업무의 제한이나 정지를 명할 수 있다.

③ 안전관리체계를 지속적으로 유지하지 아니하여 중대한 지장을 초래한 경우 국토교통부장관은 그 승인을 취소하거나 6개월 이내의 기간을 정하여 업무의 제한이나 정지를 명할 수 있다.

⑤ 안전관리체계의 유지 조항에 따른 시정조치명령을 이행하지 않은 경우 정당한 사유가 없을 시에만 처분 대상이 된다.

19 ⑤

제38조의9(인증정비조직의 준수사항) 제5호에서 '철도차량정비가 완료되지 않은 철도차량은 운행할 수 없도록 관리할 것'이라고 명시되어 있다.

20 ④

④ 예능 프로그램 2회 방송의 총 소요 시간은 1시간 20분으로 1시간짜리 뉴스와의 방송 순서는 총 방송 편성시간에 아무런 영향을 주지 않는다.

① 채널1은 3개의 프로그램이 방송되었는데 뉴스 프로그램을 반드시 포함해야 하므로, 기획물이 방송되었다면 뉴스, 기획물, 시사정치의 3개 프로그램이 방송되었다.

② 기획물, 예능, 영화 이야기에 뉴스를 더한 방송시간은 총 3시간 40분이 된다. 채널2는 시사정치와 지역 홍보물 방송이 없고 나머지 모든 프로그램은 1시간 단위로만 방송하므로 정확히 12시에 프로그램이 끝나고 새로 시작하는 편성 방법은 없다.

③ 9시에 끝난 시사정치 프로그램에 바로 이어진 뉴스가 끝나면 10시가 된다. 기획물의 방송시간은 1시간 30분이므로, 채널3에서 영화 이야기가 방송되었다면 정확히 12시에 기획물이나 영화 이야기 중 하나가 끝나게 된다.

⑤ 채널5에서는 1시간 30분짜리 기획물이 연속 2편 편성되었으므로 총 3시간이고, 1시간짜리 뉴스와, 20분짜리 지역 홍보물이 방송되고 정확히 12시에 어떤 프로그램이 끝나기 위해서는 40분짜리 예능이 방송되어야 한다.

21 ④

④ 채널2에서 영화 이야기 프로그램 편성을 취소하면 3시간 10분의 방송 소요시간만 남게 되므로 정각 12시에 프로그램을 마칠 수 없다.

① 기획물 1시간 30분 + 뉴스 1시간 + 시사정치 2시간 30분 = 5시간으로 정각 12시에 마칠 수 있다.

② 뉴스 1시간 + 기획물 1시간 30분 + 예능 40분 + 영화 이야기 30분 + 지역 홍보물 20분 = 4시간이므로 1시간짜리 다른 프로그램을 추가하면 정각 12시에 마칠 수 있다.

③ 시사정치 2시간 + 뉴스 1시간 + 기획물 1시간 30분 + 영화 이야기 30분 = 5시간으로 정각 12시에 마칠 수 있다.

⑤ 기획물 1시간 30분 × 2회 + 뉴스 1시간 + 영화 이야기 30분 × 2회 = 5시간으로 정각 12시에 마칠 수 있다.

22 ③

③ 정밀안점검사는 설치 후 15년이 도래하거나 결함 원인이 불명확한 경우, 중대한 사고가 발생하거나 또는 그 밖에 행정안전부장관이 정한 경우에 실시한다. 에스컬레이터에 쓰레기가 끼이는 단순한 사고가 발생하여 수리한 경우에는 수시검사를 시행하는 것이 적절하다.

23 ⑤

⑤ 쇼핑카트나 유모차, 자전거 등을 가지고 층간 이동을 쉽게 할 수 있도록 승강기를 설치하는 경우에는 계단형의 디딤판을 동력으로 오르내리게 한 에스컬레이터보다 평면의 디딤판을 동력으로 이동시키게 한 무빙워크가 더 적합하다.

24 ④

④ 조직 B와 같은 조직도를 가진 조직은 사업이나 제품별로 단위 조직화되는 경우가 많아 사업조직별 내부 경쟁을 통해 긍정적인 발전을 도모할 수 있다.

25 ④

OJT는 각 부서의 장이 주관하여 업무에 관련된 계획 및 집행의 책임을 지는 부서 내 교육훈련이므로 다수의 인원을 한 번에 교육시키기에는 부족하다.

26 ④

제시된 상황에서 오류 문자는 'TLENGO'이고, 오류 발생 위치는 'MEONRTD'이다. 두 문자에 사용된 알파벳을 비교했을 때 일치하는 알파벳은 T, E, N, O 4개이다. 판단 기준에 따라 '3 < 일치하는 알파벳의 개수'에 해당하므로 Final code는 Nugre이다.

27 ④

제시된 상황에서 오류 문자는 'ROGNATQ'이고, 오류 발생 위치는 'GOLLIAT'이다. 두 문자에 사용된 알파벳을 비교했을 때 일치하는 알파벳은 O, G, A, T 4개이다. 판단 기준에 따라 '3 < 일치하는 알파벳의 개수'에 해당하므로 Final code는 Nugre이다.

28 ②

입고연월일 250422 + 입고시간 P0414 + 경상북도 목장2 05J + 염소 치즈 5B
따라서 코드는 '250422P041405J5B'가 된다.

29 ④

경북 지역의 지역코드는 05이다. 보기에 제시된 제품코드의 지역코드가 모두 05이므로 모두 경북 지역에서 생산된 제품이라 폐기 대상이다. 다만 털 제품을 제외한다고 하였으므로 제품 종류가 산양 털(6C)인 ④는 폐기 대상이 아니다.

30 ③

③ 인공지능 전기·전자공학 연구 개발업 : dvAI70121

31 ④

④ ○○그룹에게 있어 A자원의 실익은 100만 원이고 B자원의 실익은 150만 원이므로 더 큰 실제의 이익을 주는 자원은 B자원이다.

32 ②

전체 예산은

$9,994 + 49,179 + 91 + 669 + 7 + 60 = 60,000$(백만 원)이다.

이 중 철도차량교체 예산의 비중은

$9,994 \div 60,000 = 16.65666\cdots$이므로 16.7%이다.

33 ②

㈎ 지방의 아파트가 2.5억 원일 경우 수도권의 아파트는 3억 원이므로 전세가는 각각 1.875억 원과 2.22억 원이 되어 차이가 2천만 원을 넘게 된다.

㈏ 연립주택은 수도권이 매매가 대비 전세가가 65%로 더 낮고, 단독주택은 지방이 46%로 더 낮다.

㈐ '종합'의 수치는 각각 세 가지 유형 주택의 전세가 지수의 단순 평균값이 아니다. 지역별 주택유형의 실제 수량에 근거한 수치이므로 해당 지역의 주택유형 분포 비율에 따라 평균값과 다르게 나타난다.

㈑ 지방의 연립주택이 2억 원일 경우 수도권의 연립주택은 2.4억 원이므로 전세가는 각각 1.38억 원과 1.56억 원이 되어 차이가 2천만 원을 넘지 않게 된다.

34 ⑤

실외기 설치 시 주의사항에서는 실외기에서 토출되는 바람, 공기 순환, 보수 점검을 위한 공간, 지반의 강도, 배관의 길이 등을 감안한 위치 선정을 언급하고 있다. 따라서 보기 ⑤의 '배관 내 충진된 냉매를 고려한 배관 길이'가 실외기 설치 장소의 주요 감안 요건이 된다.

35 ②

보행자에게 토출구에서 나오는 바람이 닿지 않도록 하는 것은 설치 시 주의해야 할 사항이나, 토출구를 안쪽으로 돌려 설치하는 것은 뜨거운 공기가 내부로 유입될 수 있어 올바른 설치 방법으로 볼 수 없다.

36 ③

① 실무형 ② 주도형 ③ 순응형

④ 수동형 ⑤ 소외형

※ 팔로워십 유형

㉠ 소외형

- 개성이 강한 사람으로 조직에 대해 독립적이고 비판적인 의견을 내어 놓지만 역할 수행에 있어서는 소극적인 유형
- 리더의 노력을 비판하면서도 스스로는 노력을 하지 않거나 불만스런 침묵으로 일관하는 유형으로 전체 팔로워의 약 15~20%를 차지
- 소외는 충족되지 않는 기대나 신뢰의 결여에서 비롯
- 본래 모범적인 팔로워였으나 부당한 대우나 리더와의 갈등 등으로 인해 변했을 가능성이 높음
- 모범적인 팔로워가 되기 위해서는 독립적, 비판적 사고는 유지하면서 부정적인 면을 극복하고 긍정적 인식을 회복하여 적극적으로 참여하는 사람이 되어야 함

㉡ 수동형

- 의존적이고 비판적이지 않으면서 열심히 참여도 하지 않는 유형
- 책임감이 결여되어 있고 솔선수범 하지 않으며 지시하지 않으면 주어진 임무를 수행하지 않는 유형으로 전체 팔로워의 약 5~10%의 소수를 차지
- 맡겨진 일 이상은 절대 하지 않음
- 리더가 모든 일을 통제하고 팔로워에게 규정을 지키도록 위협적인 수단을 사용할 때 많이 생기는 유형
- 모범적인 팔로워가 되기 위해서는 부하의 진정한 의미를 다시 배워야 하며, 자신을 희생하고 모든 일에 적극적으로 참여하는 방법을 익혀야 함

㉢ 순응형

- 독립적 비판적인 사고는 부족하지만 열심히 자신의 역할을 수행하는 유형
- 역할에는 불편해 하지 않지만 리더의 명령과 판단에 지나치게 의존하는 '예스맨' 유형으로 전체 팔로워의 약 20~30%를 차지
- 순종을 조장하는 사회적 풍토나 전체적인 리더 하에서 많이 나타나는 유형
- 모범적인 팔로워가 되기 위해서는 독립적이고 비판적인 사고를 높이는 자기 자신의 견해에 대해 자신감을 기르고, 조직이 자신의 견해를 필요로 함을 깨우쳐야 함

ㄹ 실무형

- 별로 비판적이지 않으며 리더의 가치와 판단에 의문을 품기도 하지만 적극적으로 대립하지도 않는 유형
- 시키는 일은 잘 수행하지만 모험을 보이지도 않는 유형으로 전체 팔로워의 약 25~30%를 차지
- 실무형 팔로워는 성격 탓도 있지만 사회나 조직이 불안한 상황에서 많이 나타남
- 모범적인 팔로워가 되기 위해서는 먼저 목표를 정하고 사람들의 신뢰를 회복해야 하며 자기보다는 다른 사람의 목표달성을 돕는 것에서부터 시작해야 함

ㅁ 주도형

- 스스로 생각하고 알아서 행동할 줄 알며 독립심이 강하고 헌신적이며 독창적이고 건설적인 비판도 하는 유형으로 리더의 힘을 강화시킴
- 자신의 재능을 조직을 위해서 유감없이 발휘하는 유형으로 전체 팔로워의 약 5~10%를 차지
- 솔선수범하고 주인의식이 있으며, 집단과 리더를 도와주고, 자신이 맡은 일보다 훨씬 많은 일을 하려고 함
- 다른 사람들도 배우고 따를 수 있는 역할과 가치관이 있음
- 적극적인 성향은 경험이나 능력에 기인하며, 동일 조직이나 다른 조직의 사람들과 상호 작용할 기회가 증대되어 사고와 행동성향이 훨씬 더 발전할 수 있음

37 ③

甲이 안전관리 수준평가에서 우수운영자 지정을 받기 위해서는 평가 기준에 맞게 행동해야 한다. ③은 안전관리 수준평가와 동떨어진 행동이므로 옳지 않다.

※ 철도운영자등에 대한 안전관리 수준평가의 대상 및 기준 등〈철도안전법 시행규칙 제8조〉

① 법 제9조의3제1항에 따른 철도운영자등의 안전관리 수준에 대한 평가의 대상 및 기준은 다음 각 호와 같다. 다만, 철도시설관리자에 대해서 안전관리 수준평가를 하는 경우 제2호를 제외하고 실시할 수 있다.
  1. 사고 분야
    가. 철도교통사고 건수
    나. 철도안전사고 건수
    다. 운행장애 건수
    라. 사상자 수
  2. 철도안전투자 분야 : 철도안전투자의 예산 규모 및 집행 실적
  3. 안전관리 분야
    가. 안전성숙도 수준
    나. 정기검사 이행실적
  4. 그 밖에 안전관리 수준평가에 필요한 사항으로서 국토교통부장관이 정해 고시하는 사항
② 국토교통부장관은 매년 3월말까지 안전관리 수준평가를 실시한다.
③ 안전관리 수준평가는 서면평가의 방법으로 실시한다. 다만, 국토교통부장관이 필요하다고 인정하는 경우에는 현장평가를 실시할 수 있다.

38 ⑤

단기 일자리를 제공하는 임시 고용형태는 육아와 일, 학업과 일을 병행하거나 정규직을 찾지 못한 사람 등이 주축이 되는 경우가 많으며, 제대로 운용할 경우 적절한 직업으로 거듭날 수도 있는 방식이다. 따라서 이런 임시 고용형태 자체를 무조건 비판하고 부정하는 것은 적절하지 않다.

39 ⑤

⑤ 타인에 의한 외부적인 동기부여가 효율적이라고 생각한다.

40 ③

철도안전법 제20조 제1항에 따르면 운전면허의 철도차량 운전 상의 위험과 장해를 일으킬 수 있는 약물 또는 알코올 중독자로서 대통령령으로 정하는 사람은 운전면허를 받을 수 없다. 형이 철도차량을 운전하는 것은 법에 위반되는 행위이고 운전 상의 위험과 장해를 일으킬 수 있기 때문에 형에게 스스로 알릴 것을 권한 후 형이 알리지 않을 시에는 직접 회사에 알려야 한다.

✎ 직무수행능력평가(기계일반)

1 ②

$$f = f_z \times z \times n$$

- f : 테이블의 이동 속도(mm/min)
- f_z : 밀링 커터날 1개의 이송(mm)
- z : 밀링 커터 날의 수
- n : 밀링 커터의 회전 수(rpm)

2 ①

① 펠턴 수차는 충동 수차의 일종으로서 $200 \sim 1,800$m의 고낙차로서 수량이 비교적 적은 곳에 이용된다.

3 ⑤

형상기억합금 ⋯ 변형이 일어나도 처음에 모양을 만들었을 때의 형태를 기억하고 있다가 일정 온도가 되면 그 형태로 돌아가는 특수 금속

4 ①

연삭가공의 연삭비＝피연삭재의 연삭된 부피/숫돌바퀴의 소모된 부피

5 ②

레이디얼 구름 베어링은 일반적으로 궤도륜(내륜), 전동체(볼) 및 케이지[리테이너(유지기)]로 구성되어 있다.

6 ④

마찰각은 나선각보다 크거나 같아야 하므로
$\tan\rho = \mu \geq \tan\lambda$가 되어야 한다.

7 ①

① 여유각을 크게 하면 인선강도가 저하된다.

여유각 ⋯ 공구의 여유면과 피삭재의 마찰을 적게 하기 위한 것

8 ⑤

강에서 <u>퀜칭(quenching)</u>이라 함은 변태점 온도 이상으로 가열한 후 물 또는 기름과 같은 냉각제 속에 넣어 급랭시키는 열처리를 말하며, 일반적으로 강은 급랭시키면 <u>마르텐사이트(martensite)</u>조직이 된다.

9 ④

$U = \dfrac{1}{2}T\theta \rightarrow \dfrac{T}{2} = \dfrac{Tl}{GI_P} \rightarrow \dfrac{T}{2}\dfrac{32\,Tl}{G\pi d^4}$ 여기서, 두 개의 원형 단면 축 길이는 L_1, L_2이고, 지름은 D_1, D_2이므로 L과 D를 제외한 탄성

에너지 $\dfrac{U_1}{U_2} = \dfrac{\dfrac{L_1}{D_1^4}}{\dfrac{L_2}{D_2^4}} = \dfrac{L_1 D_2^4}{L_2 D_1^4} = \left(\dfrac{D_2}{D_1}\right)^4 \dfrac{L_1}{L_2}$ 가 된다.

단면 2차 극모멘트로 $I_P = \dfrac{\pi d^4}{32}(mm^4)$ 이다.

10 ③

공작물의 재질에 따른 스크레이퍼 날끝 각도

	주철, 연강	황동, 청동	연금속
거친 작업시 날끝 각도(˚)	70~90	70~80	60
다듬질 작업시 날끝 각도(˚)	90~120	75~85	70

11 ③

① 오른나사이다. (왼나사의 경우 '좌' 또는 'L'로 표시하지만 오른나사의 경우 표시하지 않는다.)
② 2줄 나사이다.
④ 유효지름이 아닌 바깥지름(호칭지름)이 8mm이다.
⑤ 피치는 1mm인 나사이다.

12 ②

① 원통형 커플링 : 가장 간단한 구조의 커플링으로서 두 축의 끝을 맞대어 일직선으로 놓고 키 또는 마찰력으로 전동하는 커플링
③ 셀러 커플링 : 머프 커플링을 셀러가 개량한 것으로 주철제의 바깥 원통은 원추형으로 이고 중앙부로 갈수록 지름이 가늘어지는 형상
④ 플랜지 커플링 : 큰 축과 고속정밀회전축에 적합하며 커플링으로서 가장 널리 사용되는 방식
⑤ 기어 커플링 : 한 쌍의 내접기어로 이루어진 커플링으로 두 축의 중심선이 다소 어긋나도 토크를 전달할 수 있어 고속 회전 축이음에 사용

13 ①

② 베벨기어의 축을 엇갈리게 한 것으로서, 자동차의 차동 기어장치의 감속기어로 사용되는 것은 하이포이드기어이다.
③ 간섭이 일어나는 한 쌍의 기어를 회전시킬 때 발생하는 기어의 언더컷은 압력각이 작을 때 발생하기 쉽다.
④ 두 축 사이의 중심거리가 400mm인 한 쌍의 평기어에서 잇수가 $Z_1 = 30$, $Z_2 = 50$라면 모듈 $m = 10$이다.

$$400 = \dfrac{10 \times (30 + 50)}{2}$$

⑤ 모듈 $m = 4$, 잇수 $Z_1 = 30$, $Z_2 = 45$인 한 쌍의 평기어에서 두 축 사이의 중심거리는 150mm이다.

$$150 = \dfrac{4 \times (30 + 45)}{2}$$

14 ④

삼침법은 나사의 유효지름 측정에 주로 이용되며, 오버핀법은 기어의 이두께 측정에 이용된다.
• 삼침법 : 지름이 같은 3개의 와이어를 이용하여 나사의 유효지름을 측정하는 방법
• 오버핀법 : 톱니바퀴의 이홈과 그 반대쪽 이홈에 핀 또는 구를 넣고, 바깥 톱니바퀴에서는 핀 또는 구의 바깥 치수를, 안쪽 톱니바퀴의 경우에는 안쪽 치수를 측정하여 이의 두께를 구하는 측정법

15 ⑤

㉠ 용적형 펌프의 종류

- 정토출형 펌프 : 기어 펌프, 나사 펌프, 베인 펌프, 피스톤 펌프
- 기변토출형 펌프 : 베인 펌프, 피스톤 펌프

㉡ 비용적형 펌프의 종류

- 원심력 펌프, 액시얼 프로펠라 펌프, 혼류형 펌프, 로토젯 펌프

16 ⑤

원심 주조법의 특징

㉠ 장점

- 재질이 치밀하고, 강도가 크다.
- 코어가 필요없다.
- 기포, 용재의 개입이 적어 탕구, 라이저, 압탕구가 필요없다.
- 잔류응력이 거의 없다.

㉡ 단점

- 주형을 회전시키기 위한 장치가 필요하다.
- 주물의 내측부에 불순물이 포함된다.

17 ①

E → 전기용접봉의 뜻

43 → 용착금속의 최저인장강도(kg/mm^2)

0 → 용접자세

1 → 피복제의 종류

18 ③

용접 후 잔류응력을 없애기 위해 풀림처리를 해야 한다.

19 ④

절삭속도 $\cdots$ $V = \dfrac{\pi dN}{1,000} (m/\min)$

20 ③

두랄루민의 주요성분은 Al(알루미늄), Cu(구리), Mg(마그네슘), Mn(망간)이다.

21 ②

㉢ 공구의 여유면과 절삭면과의 마찰로 발생하는 것은 플랭크(여유면) 마모이다.

22 ⑤

구분	미끄럼 베어링	구름 베어링
회전상태	고속회전에 유리하고 저속회전에 부적당하다.	고속회전에 부적당하고 저속회전에 적당하다.
구조	구조가 간단하다.	축과 베어링 하우징에 내외륜이 끼워지기 때문에 끼워맞춤에 주의해야한다.
내충격성	충격에 강하다.	충격에 약하다.
소음, 진동	유막상태가 좋아 발생이 적다.	볼과 궤도면의 정밀도에 따라 발생하기 쉽다.
마찰특성	마찰이 크다.	마찰이 작다.

23 ③

피스톤의 구비조건

- 폭발압력을 유효하게 이용할 것
- 가스 및 오일 누출 방지
- 마찰로 인한 기계적 손실 방지
- 기계적 강도가 클 것
- 가벼울 것

24 ③

WA → 숫돌 입자

54 → 입도

L → 결합도

M → 조직

V → 결합체

25 ③

③ 회전하는 축의 설계에서 비틀림 각에 대해서는 비틀림 모멘트를 계산해야 하며, 허용 비틀림 응력 범위 내에 포함되는지 검토해야 한다.

26 ④

① 전지저항용접

② 초음파용접

③ 테르밋용접

⑤ 플라즈마용접

27 ③

③ 담금질을 하면 강도와 경도 모두 올라간다.

28 ④

아주 매끄러운 원통관에 흐르는 공기가 층류유동일 때, 레이놀드 수는 공기의 밀도에 비례하고, 점성계수에 반비례한다.

29 ①

㉠ 아연의 융점 : 420℃

※ 주요금속의 용융점

W	Ta	Mo	Fe	Ni	Cu	Au	Ag	Al	Mg	Zn	Hg
3,407	3,017	2,617	1,538	1,453	1,083	1,063	960	660	650	420	-38.4

30 ④

④ 나비형 밸브는 조름 밸브라고도 하며 평면 밸브의 흐름과 직각인 방향으로 회전시켜 유량을 조절한다.

31 ⑤

① 압연의 주목적은 재료의 두께를 감소시키기 위한 것이다.

② 냉간 압연은 열간 압연에 비해 표면이 매끈하고 깨끗하다.

③ 압연에 의하여 폭은 약간 늘어난다.

④ 압연은 주조 조직을 파괴한다.

32 ①

축지름을 d, 최대 비틀림 모멘트를 T, 축 재료의 전단응력을 τ_a라 할 때, 비틀림 모멘트 $T = \dfrac{\pi d^3}{16}\tau_a$이다.

33 ④

① 디젤기관－압축착화, 가솔린기관－전기불꽃점화

② 평균유효압력 차이가 크지 않아 회전력 변동이 작은 것은 디젤기관이다.

③ 디젤기관은 가솔린기관에 비해 중량이 무거우며 제작비가 비싸다.

⑤ 연소속도가 느린 경유나 중유를 사용하므로 기관의 회전속도를 높이기 어려운 것은 디젤기관이다.

34 ②

① 용접할 물체에 전류를 통하여 접촉부에 발생되는 전기 저항열로 모재를 용융상태로 만들어 외력을 가하여 접합하는 용접방법이다.

③ 20KHz 정도의 초음파에 의해 발생된 고주파 진동에너지에 의해 가압된 모재 사이에 존재하는 이물질을 제거하고, 모재 사이의 틈새는 원자간 거리로 인하여 좁혀지는 용접방법이다.

④ 용접할 물체의 접합면에 압력을 가한 상태로 상대적인 회전을 시켜 마찰발열로 접합부가 고온에 도달하였을 때 상대회전속도를 0으로 하고 가압력을 증가시켜 용접하는 방법으로 마찰압접이라고도 한다.

⑤ 지름 10mm 이하의 강철 및 황동제의 스터드 볼트 등과 같은 짧은 봉과 모재 사이에 보조링을 끼우고 봉에 압력을 가하여 통전시키면 스터드와 모재 사이에 아크가 발생하여 1초 이내에 모재의 용접부분이 용융상태가 되고 보조링은 적열상태가 될 때 스터드에 가해진 압력으로 인하여 모재가 밀착되고 전류는 자동차단되면서 용접하는 방법이다.

※ 플라즈마 용접 … 고도로 전리된 가스체의 아크를 이용한 용접방법으로 이행형과 비이행형으로 분류하여 플라즈마 아크와 플라즈마 제트로 구분한다. 용접에서는 열이 높은 플라즈마 아크를 주로 사용한다.

35 ②

- ㉠ 용도에 의한 분류
  - 차축 : 주로 굽힘 모멘트를 받으며, 토크를 전하는 회전축과 전하지 않는 정지축이 있다.
  - 전동축 : 주로 비틀림과 굽힘 모멘트를 동시에 받으며, 축의 회전에 의하여 동력을 전달하는 축이다.
  - 스핀들 : 주로 비틀림 하중을 받으며, 공작기계의 회전축에 쓰인다.
- ㉡ 형상에 의한 분류
  - 직선축 : 일반적으로 동력을 전달하는 데 사용되는 축이다.
  - 크랭크축 : 왕복운동과 회전운동의 상호변환에 사용되는 축으로 다시 말하자면 직선운동을 회전운동으로 또는 회전운동을 직선운동으로 바꾸는 데 사용되는 축이다.
  - 플렉시블축 : 철사를 코일 모양으로 2~3중으로 감아서 자유롭게 휠 수 있도록 만든 것으로 전동축이 큰 굽힘을 받을 때 축방향으로 자유로이 변형시켜 충격을 완화하는 축이다.

36 ②

① 회전자에서 나온 물의 흐름이 축에 대하여 경사면으로 송출되며 축의 안내깃에 유도되어 회전방향의 성분을 축방향 성분으로 변환시켜 송출하는 펌프로 경량제작이 가능하며 고속 회전을 할 수 있다.

③ 프로펠러 펌프라고도 하며 물이 날개차에 대하여 축방향으로 유입되는 형식이다. 배출량이 많고 농업용수용, 한해 및 냉해 양수용, 상·하수도용, 빗물 배수용으로 사용한다.

④ 다수의 회전자가 케이싱을 고속 회전하며 원심력에 의해 중심에서 흡입하여 측면으로 송출하면 에너지를 얻어서 펌프의 작용이 이루어진다.

⑤ 실린더 속의 피스톤 또는 플런저를 왕복 운동시켜 액체를 흡입, 가압하여 송출하는 펌프이다.

37 ①

① 드릴링은 절삭가공에 속한다.

38 ③

㉠ 연삭 숫돌바퀴의 입도는 숫돌 입자의 크기를 나타낸 것으로, 숫돌 입자의 크기는 굵기를 표시하는 숫자로 나타낸다.

㉣ 연삭 숫돌바퀴의 조직의 기호를 표시할 때, 치밀한 것은 C, 중간 것은 M, 거친 것은 W로 표시한다.

39 ④

④ 베이나이트는 탄소강 또는 합금강을 담금질 온도에서 550~1500℃ 열욕으로 담금질하여 등온변태를 일으켰을 때 생기는 조직이다. 유중 또는 수중 담금질에서는 이루기가 어려운 조직이다.

40 ③

① 릴리프 밸브 : 회로 내의 압력을 설정치로 유지한다.

② 무부하 밸브 : 회로의 압력이 설정치에 달하면 펌프를 무부하 상태로 변화시키는 밸브

④ 감압 밸브 : 출구측 압력을 입구측 압력보다 낮은 설정압력으로 조정하는 밸브

⑤ 시퀀스 밸브 : 둘 이상의 분기회로가 있는 회로 내에서 그 작동 시퀀스 밸브순서를 회로의 압력 등에 의해 제어하는 밸브